本书由上海文化发展基金会
图书出版专项基金资助出版

## πολιτικά

  我(苏格拉底)跟得上你的道路吗？我说，你说的那门专业似乎指政治专业，而且还许诺把男子教成好的政治人？

  就是就是，他(普罗塔戈拉)说，苏格拉底哟，这正是我的专职。

  真漂亮，我说，你搞到的这门专业漂亮，要是你真的搞到了的话——我没法不说出自己的真实想法，尤其对你，——其实，我自己一直以为，普罗塔戈拉噢，这专业没办法教。可你现在却那样子说，我不知道该怎么看你的话。不过，为何我觉得这专业不可传授，没法由一个人递给另一个人，还是说清楚才好。

——柏拉图,《普罗塔戈拉》,139a2-319b3

**子曰:**
可与共学,未可与适道;
可与适道,未可与立;
可与立,未可与权。

——《论语·子罕》

πολιτικά
政治哲学文库

甘阳 刘小枫 | 主编

史应勇 著

《尚书》郑王比义发微

华东师范大学出版社

华东师范大学出版社六点分社　策划

本稿荣获古典文明研究工作坊
2010年"天骃学术奖"

# 总　序

甘　阳　刘小枫

政治哲学在今天是颇为含混的概念,政治哲学作为一种学业在当代大学系科中的位置亦不无尴尬。例如,政治哲学应该属于哲学系还是政治系？应当设在法学院还是文学院？对此我们或许只能回答,政治哲学既不可能囿于一个学科,更难以简化为一个专业,因为就其本性而言,政治哲学是一种超学科的学问。

在20世纪的相当长时期,西方大学体制中的任何院系都没有政治哲学的位置,因为西方学界曾一度相信,所有问题都可以由各门实证科学或行为科学来解决,因此认为"政治哲学已经死了"。但自上世纪七八十年代以来,政治哲学却成了西方大学内的显学,不但哲学系、政治系、法学院,而且历史系、文学系等几乎无不辩论政治哲学问题,各种争相出场的政治哲学流派和学说亦无不具有跨院系、跨学科的活动特性。例如,"自由主义与社群主义之争"在哲学系、政治系和法学院同样激烈地展开,"共和主义政治哲学对自由主义政治哲学的挑战"则首先发端于历史系(共和主义史学),随后延伸至法学院、政治系和哲学系等。以复兴古典政治哲学为己任的施特劳斯政治哲学学派以政治系为大本营,同时向古典学系、哲学系、法学院和历史系等扩展。另一方面,后现代主义和后殖民主义把文学系几乎变成了政治理论系,专事在各种文本中分析种族、性别和族群等当代最敏感的政治问题,尤其福科和德里达等对"权力—知识"、"法律—暴力"以及"友爱政治"等问题的政治哲学追问,其影响遍及所有人文社会科学领域。最后,女性主义政治哲学如水银泻地,无处不在,论者要么批判西方所谓"个人"其实是"男性家主",要么强烈挑战政治哲学以"正义"为中心无异于男性中心主义,提出政治哲学应以"关爱"为中心,等等。

以上这一光怪陆离的景观实际表明,政治哲学具有不受现代学术分工桎梏的特性。这首先是因为,政治哲学的论题极为广泛,既涉及道德、法律、宗教、习俗以至社群、民族、国家及其经济分配方式,又涉及性别、友谊、婚姻、家庭、养育、教育以至文学艺术等表现方式,因此政治哲学几乎必然具有跨学科的特性。说到底,政治哲学是一个政治共同体之自我认识和自我反思的集中表达。此外,政治哲学的兴起一般都与政治共同体出现重大意见争论有关,这种争论往往涉及政治共同体的基本信念、基本价值、基本生活方式以及基本制度之根据,从而必然成为所有人文社会科学的共同关切。就当代西方政治哲学的再度兴起而言,其基本背景即是西方所谓的"60年代危机",亦即上世纪60年代由民权运动和反战运动引发的社会大变动而导致的西方文化危机。这种危机感促使所有人文社会学科不但反省当代西方社会的问题,而且逐渐走向重新认识和重新检讨西方17世纪以来所形成的基本现代观念,这就是通常所谓的"现代性问题"或"现代性危机"。不妨说,这种重新审视的基本走向,正应了政治哲人施特劳斯多年前的预言:

> 彻底质疑近三四百年来的西方思想学说是一切智慧追求的起点。

政治哲学的研究在中国虽然才刚刚起步,但我们以为,从一开始就应该明确:中国的政治哲学研究不是要亦步亦趋与当代西方学术"接轨",而是要自觉形成中国学术共同体的独立视野和批判意识。坊间已经翻译过来不少西方政治哲学教科书,虽然对教书匠和应试生不无裨益,但从我们的角度来看,其视野和论述往往过窄。这些教科书有些以点金术的手法,把西方从古到今的政治思想描绘成各种理想化概念的连续统,盲然不顾西方政治哲学中的"古今之争"这一基本问题,亦即无视西方"现代"政治哲学乃起源于对西方"古典"政治哲学的拒斥与否定这一重大转折;还有些教科书则仅仅铺陈晚近以来西方学院内的细琐争论,造成"最新的争论就是最前沿的问题"之假象,实际却恰恰缺乏历史视野,看不出当代的许多争论其实只不过是用新术语争论老问题而已。对中国学界而言,今日最重要的是,在全球化时代戒绝盲目跟风赶时髦,始终坚持自己的学术自主性。

要而言之,中国学人研究政治哲学的基本任务有二:一是批判地考察西方政治哲学的源流,二是深入疏理中国政治哲学的传统。有必要说明,本文库两位主编虽近年来都曾着重论述施特劳斯学派的政治哲学,但我们决无意主张对西方政治哲学的研究应该简单化为遵循施特劳斯派路向。无论对施特劳斯学派,还是对自由主义、社群主义、共和主义或后现代主义等,我们都主张从中国的视野出发深入分析和批判。同样,我们虽强调研究古典思想和古典传统的重要性,却从不主张简单地以古典拒斥现代。就当代西方政治哲学而言,我们以为更值得注意的或许是,各主要流派近年来实际都在以不同方式寻求现代思想与古典思想的调和或互补。

以自由主义学派而言,近年来明显从以往一切讨论立足于"权利"而日益转向突出强调"美德",其具体路向往往表现为寻求康德与亚里士多德的结合。共和主义学派则从早年强调古希腊到马基雅维里的政治传统逐渐转向强调罗马尤其是西塞罗对西方早期现代的影响,其目的实际是缓和古典共和主义与现代社会之张力。最后,施特劳斯学派虽然一向立足于柏拉图路向的古典政治哲学传统而深刻批判西方现代性,但这种批判并非简单地否定现代,而是力图以古典传统来矫正现代思想的偏颇和极端。当然,后现代主义和后殖民主义各派仍然对古典和现代都持激进的否定性批判态势。但我们要强调,当代西方政治哲学的各种流派无不从西方国家自身的问题出发,因而必然具有"狭隘地方主义"(provincialism)的特点,中国学人当然不应该成为任何一派的盲从信徒,而应以中国学术共同体为依托,树立对西方古典、现代、后现代的总体性批判视野。

中国政治哲学的开展,毫无疑问将有赖于深入地重新研究中国的古典文明传统,尤其是儒家这一中国的古典政治哲学传统。历代儒家先贤对理想治道和王道政治的不懈追求,对暴君和专制的强烈批判以及儒家高度强调礼制、仪式、程序和规范的古典法制精神,都有待今人从现代的角度深入探讨、疏理和发展。近百年来粗暴地全盘否定中国古典文明的风气,尤其那种极其轻佻地以封建主义和专制主义标签一笔抹煞中国古典政治传统的习气,实乃现代人的无知狂妄病,必须彻底扭转。另一方面,我们也并不同意晚近出现的矫枉过正,即以过分理想化的方式来看待儒家,似乎儒家或中国古典传统不但与现代世界没有矛盾,还包含了解决一切现代问题的答案,甚至以儒家传统来否定"五四"以来的中国现代传统。深入研究儒家和中国古典文明不应采取理想化的方式,而是要采取问题化的方式,重要的是展开儒家和中国古典传统内部的问题、矛盾、张力和冲突;同时,儒家和中国古典传统在面对现代社会和外部世界时所面临的困难,并不需要回避、掩盖或否认,倒恰恰需要充分展开和分析。中国政治哲学的开展,固然将以儒家为主的中国古典文明为源头,但同时必以日益复杂的中国现代社会发展为动力。政治哲学的研究既要求不断返回问题源头,不断重读古代经典,不断重新展开几百年甚至上千年以前的古老争论,又要求所有对古典思想的开展,以现代的问题意识为归依。古老的文明中国如今已是一个高度复杂的现代国家,处于前所未有的全球化格局之中,我们对中国古典文明的重新认识和重新开展,必须从现代中国和当代世界的复杂性出发才有生命力。

政治哲学的研究在我国尚处于起步阶段,无论是批判考察西方政治哲学的源流,还是深入疏理中国政治哲学传统,都有待学界同仁共同努力,逐渐积累研究成果。但我们相信,置身于21世纪开端的中国学人正在萌发一种新的文明自觉,这必将首先体现为政治哲学的叩问。我们希望,这套文库以平实的学风为我国的政治哲学研究提供一个起点,推动中国政治哲学逐渐成熟。

2005年夏

# 目　录

序一（彭林）/ 1
序二（虞万里）/ 5

导言：《尚书》学简史及本书研究取向 / 1
凡例 / 23
《尧典》/ 27
《舜典》/ 62
《皋陶谟》/ 108
《益稷》/ 116
《禹贡》/ 131
《盤庚上》/ 167
《盤庚中》/ 176
《盤庚下》/ 179
《高宗肜日》/ 183

《西伯戡黎》/ 185

《牧誓》/ 188

《洪范》/ 191

《金縢》/ 215

《大诰》/ 230

《酒诰》/ 240

《召诰》/ 242

《洛诰》/ 244

《多士》/ 246

《无逸》/ 249

《君奭》/ 256

《多方》/ 260

《立政》/ 262

《顾命》/ 264

《吕刑》/ 282

《费誓》/ 287

《秦誓》/ 292

《书》序内容之郑、王义解比勘 / 295

**主要参考文献** / 319

跋 / 323

# 序 一

郑玄与王肃,两人都是中国经学史上的达才通人。

郑学兴起于东汉。郑玄早年往太学受业,师事第五元先,通《京氏易》《公羊春秋》等今文学,再从张恭祖受《周官》《礼记》《左氏春秋》《韩诗》《古文尚书》等,又西入关,师从马融学古文学。十余年后,郑玄回归高密乡里,"学徒相随已数百千人",其学之盛可见。党锢之祸后,郑玄潜心于学术,遍注群经,所注有《周易》《尚书》《毛诗》《三礼》《论语》《孝经》等,凡百余万言。郑玄"括囊大典,网罗众家,删裁繁诬,刊改漏失,自是学者略知所归",其著述之富可见。范晔的祖父范宁"每考先儒经训,而长于玄,常以为仲尼之门不能过也"(《后汉书·郑玄传》),其学殖之精可见。郑玄博闻强识,著作等身,不慕权势,不受朝服,究心于经术,卓行高节,为天下景仰,从学者盈千累万,人称伊洛以东,淮汉以北,仅此一人而已,乃中国经学史上当之无愧的一代宗师。

王学兴起于三国魏。王肃出身于经学门第,其父王朗,"以通经拜郎中,除菑丘长",著《易》《春秋》《孝经》《周官》传等,"咸传于世"(《三国志·魏书本传》),为三国时期经学名家。王肃亦擅长经学,曾"采会同异,为《尚书》《诗》《论语》《三礼》《左传》解"(《三国志·魏书本传》),成为当时遍注群经的名家。王学试图挑战郑玄经学盟主的地位,故其经注处处与郑玄立异,太多的敌忾之气。王肃将女儿嫁与晋文帝司马昭,彼此联姻,炙手可热,由此参预朝政,官至太常,总领五经博士,并挟势将自己所注经籍尽行列入学官,与郑学等博士并列,从而得官学地位,其学大盛,风靡一时。

王肃编集《圣证论》,以此讥短郑玄。与王肃论战的是孙叔然。孙叔然是郑玄的再传弟子,学识博洽,人称"东州大儒",面对王肃之论,他"驳而释之"(《三国志·魏书》王肃本传),并对《周易》《春秋》《毛诗》等经典做了新注。王学来势很猛,消退也很迅速。由于司马氏政声极之不善,数十年而亡,王学随之烟消云散,终究未能撼动郑学的地位。

"郑王之争"历时不长,但彼此交战的焦点却每每集中于郊祀、圜丘、禘祫、祧庙等经学研究的重大问题上,因而历来受到学界的关注。由于王肃的人品与学品与郑玄恰成鲜明对比,学者间不免以褒郑抑王者居多。不过,许多个案研究表明,二氏在经学上的是非,不能一概而论,郑是而王非者固然不少,王是而郑非者也并不鲜见。王氏有王氏的问题,郑氏也有郑氏的问题,学术研究不能因人废言,当如荀子所说,"是是非非",始可求得尽可能公正的评价。

"郑王之争",给后人留下的看点不在少数,例如,郑玄与王肃,都是遍注群经的大家,都是兼采今古文而偏向于古文经学,其学术观点何以大相径庭?《三国志·魏书》王肃本传说,王肃的经学旨趣是"善贾、马之学,而不好郑氏",言下之意是,贾、马之学与郑玄之学迥然有别。但是,熟悉郑玄的人都知道,郑氏与马融的关系远较王肃为深,郑氏曾经师从马融,登堂入室,受其亲炙。王肃之于马融,年代遥隔,至多不过是私淑而已。王肃操马融之戈以伐郑玄,殊觉不可解。其中的原因究竟何在？需要作全面的研究来加以廓清。所幸的是，台湾学者李振兴先生的大作《王肃与经学》一书，专就王学与马融学说的关系作系统研究，取得重要进展。

当然，由于王肃的著作几乎都已亡佚，学者只能从后世的注疏中窥见其说之梗概，研究上有相当的难度，故学界对"郑王之争"的研究总体上显得比较寂寥。令人欣喜的是，大陆学者史应勇先生矢志于"郑王之争"的研究，三年前，即以《郑玄通学及郑王之争研究》稿本见示，并索序于我。如今又以《尚书郑王比义发微》稿本见示，并再次邀序。此书并非简单的资料罗列与对比，不少残存的郑王之注，不容易真正读懂，需要会通伪孔传、《经典释文》、《尚书正义》，方能得出结论。作者是在李振兴先生既有成果的基础上深耕细作，厘订补充，因而后出转精，成为目前有关《尚书》"郑王之争"资料搜罗最为齐全的本子。不仅如此，作者在比勘郑王异同的基础上，时出新说。史先生告知，渠有心就郑王交锋的每一部著作做逐条比勘，此书是其宏大研究规划之第一步，其后将就《毛诗》《周官》等书逐一展开，渠弘道之坚韧果毅，自甘寂寞，令人不能不有"后生可畏"之叹！

经学是中国传统学术的主体，是中华民族传统价值体系、生活方式、社会发展模式等等的理论形态，是中华文化的核心，意义非同一般。经学研究的程度如何，直接关乎人们对中国文化的认识。近代的经学研究不绝如缕，悬于一线，荒芜积久，需要垦殖之地尤多。我们有理由相信，像史应勇这样坚毅的经学拓荒者，一定会群起而辈出之，中国经学在经历多年的沉寂之后，必将迎来经学研究的辉煌时代。

是为序。

彭林

2010年3月27日于清华园

## 序　二

　　学术史由多维因素交织而成,方闪烁一现,即倏忽而逝,旋遗无穷疑玄,扰人神思,费人猜想。郑玄与王肃之经学纷争,即为典型一例。建安五年(200),一代宗师郑康成(142—200)下世时,王子雍(195—256)年仅五岁。子雍"成童始志于学,而学郑氏学",至嘉平间作《家语序》而云"郑氏学行五十载矣",知康成虽弃捐而其学则盛行于世,故童稚启蒙,无不习之。然经典由先秦专述微言大义之"传",进而演为西汉中期繁琐之"章句",复蜕演为东汉专重名物典制训诂之"注",此皆由传注体式之内因与政治、经济、社会之外因同时作用之结果。东汉末年以至三国鼎立数十年间,今古文之界划渐趋泯灭,此郑康成与有功焉;官学渐趋没落而地方之学兴盛一时,此刘景升与有力焉。康成糅合古今,偃息纷争,遍注群经,独成一家,弛声北疆,引领风骚。而景升"广开廱泮,设俎豆,陈罍彝,亲行乡射,跻彼公堂。笃志好学,吏民子弟受学之徒盖以千计。洪生巨儒,朝夕讲诲,闿闿如也",由是形成荆州学派。景升主持风会,以南阳宋忠为领袖,"延朋徒"开讲授业,一时名儒自四方至者几数百人。就中王粲、王凯系刘表之友王畅之孙，自然归依。至后进英髦如王肃、尹默、李仁、潘浚辈，亦翕然从忠授业。王粲《汉末英雄记》云："州界群寇既尽，表乃开立学官，博求儒士，使綦毋闿、宋忠等撰定《五经章句》，谓之'后定'。"卢弼以为"后定"犹"新定"。五经章句本官方今学，自西汉末、东汉初已几经删减，诏定一经在二十万字许。刘表、宋忠等所以要重新撰定，应如《刘镇南碑》所云景升"深愍末学远本离实，乃令诸儒改定五经章句，删划浮辞，艾除烦重"。一百余年后，荆州学派犹以官定章句为繁而进一步删浮辞，削烦重，可见刘、宋学术质简之风格。《华阳国志》谓宋忠传古学，则新定《五经章句》中亦必有古学传记之内容，故其典献虽湮灭，而忠学简化章句，以解说义理直抉经典本意之方式似略可推知。康成之学虽亦熔铸古今，简化经说，然其注重典制名物，以"注"之形式训解经典，且牵引五行、谶纬以说经，未尽脱东汉窠臼，是以"通人颇讥其繁"。缘此已可知西南荆州之学与东北高密之学虽皆糅合古今，而旨趣宗尚亦微有不同。及至弟子各守门户，攻诘异端，纷争乃起。

《三国志·蜀志·李譔》云："李譔字钦仲，梓潼涪人也。父仁字德贤，与同县尹默俱游荆州，从司马徽、宋忠等学。譔具传其业，又从默讲论义理，五经、诸子无不该览"。"延熙元年（238），后主立太子，以譔为庶子，迁为仆射，转中散大夫右中郎将，犹侍太子"。"著《古文易》《尚书》《毛诗》《三礼》《左氏传》《太玄指归》，皆依准贾、马，异于郑玄，与王氏殊隔，初不见其所述，而意归多同。景耀中（258—262）卒"。譔尽传父业，又从默讲论义理，是其学出于刘、宋荆州学派之再传。《魏志·王肃传》云："年十八，从宋忠读《太玄》，而更为之解。"是肃乃忠之嫡传，故史载"肃善贾、马之学，而不好郑氏。采会同异，为《尚书》《诗》《论语》《三礼》《左氏解》，及撰定父朗所作《易传》，皆列于学官"。肃之"善贾、马之学，而不好郑氏"，与譔之"皆依准贾、马，异于郑玄"如出一辙。譔之学于肃为晚辈,故本传言其"与王氏殊隔,初不见其所述,而意归多同",盖意其非袭取王说,是皆本之于忠也。仲宣依刘表,识宋忠,沃闻其学,而嗟怪郑注《尚书》意犹未尽。此皆足见宋忠及荆州学派经学旨要与高密郑学确有违异。抑不仅此,虞翻曾"奏郑玄解《尚书》违失事目",又云"玄所注《五经》违义尤甚者百六十七事,不可不正。行乎学校,传乎将来,臣窃耻之"。翻虽狂直,然亦可窥汉末虽郑学风行,而学者不无微词。

学术异同,本无可诧异。其所以引起纷争,亦与个人性格、学术氛围、政治动荡等因素相关。譔遍注五经,异于郑学,而与"师事刘熙,善郑氏学",且亦"治《易》《尚书》《三礼》《毛诗》《论语》"之许慈同立刘蜀后主朝。慈"矜己妬彼",与胡潜"更相克伐,谤讟忿争",而譔与慈是否有异同争论事,史阙未闻,即有辩驳,亦随蜀国鼎覆而湮灭。翻持独见,而身窜海隅,虽传弟子,无法抗衡中原。至于子雍,尊为司马昭之岳丈,官居高位,亲炙名师,遍注群经,陈寿谓其"性嗜荣贵而不求苟合"。其于郑学自解云:"然寻文责实,考其上下,义理不安,违错者多,是以夺而易之。然世未明其款情,不谓其苟驳前师,以见异于前人,乃慨然而叹曰:'予岂好难哉?予不得已也!'"性既不求苟合,师承复异郑学,故虽少习而终至驳难。学术之异同驳质,先秦诸子、两汉经师已肇其端,然魏晋之际之所以形成郑、王之学而未形成郑李、郑虞之学,除却王肃好胜性格、学术异趣及政治地位,亦与郑王弟子之卫护、坚守师说,互相攻讦有关。

方康成甫殁,仲宣即有《尚书问》之讦难。郑门弟子田琼、韩益申明师说,遂有《尚书释问》之书。是笃守师说,攻讦异端肇始于斯。郑说行五十年,而"王肃著诸经传解及论定朝仪,改易郑玄旧说",郑门再传弟子王基"据持玄义,常与抗衡"。似壁垒已成。及肃作《圣证论》以讥短康成,郑门再传孙叔然"驳而释之";肃"规玄数十百件",守郑学之博士马昭亦"上书以为肃缪"。高贵乡公曹髦于是"诏王学之辈占答以闻，又遣博士张融案经论诘。融登召集，分别推处，理之是非，具《圣证论》"。《隋志》又有"《尚书王氏传问》二卷、《尚书义》二卷，范顺问，吴大尉刘毅答"。此则孙吴学者有关郑王之义问答也。经师异议，弟子恪守，帝王复诏议之，遂开启六朝南王北郑经学对峙之局面。冲远领衔纂辑《正义》，融合南北，折衷郑王。然刘子玄犹云："至若郑玄、王肃，述五经而各异；何休、马融，论三传而竞爽。欲加商榷，其流实烦。"盖折衷融合，意在著者主观取舍，而欲客观裁断是非，则非并陈两说，条分缕析，旁征博引，以归一是不可。惜乎唐宋已还，虽有学者引为谈资，而竟无人专事比勘。有清乾嘉学人董理经义，辑佚汉注，勾稽书志，于郑王学述优劣时有评骘。若张皋文云："肃著书务排郑氏，其托于贾、马以抑郑而已。故于《易》义马、郑不同者则从马，马与郑同则并背马"，"然其训诂大义则出于马、郑者十七，盖《易注》本其父朗所为，肃更撰定。疑其出于马、郑者，朗之学也；其掊击马、郑者，肃之学也。"马竹吾云："肃既撰《毛诗义驳》，专攻郑氏……康成大儒，先通鲁、韩二家，后笺《毛诗》，其与毛不尽同者，意在两存其是，肃必欲尽废郑说，驳之不已，复陈诸奏，何见疾之深乎？"孙仲容亦以为郊社禘祫，郑是而王非；庙制昏期，则王长而郑短。侯君模云："王肃解经，平易近人，故晋宋以下多从之。近世崇尚郑学攻肃者，几于身无完肤。平心而论，肃解经岂无一得，其立异于郑，犹郑立异于贾、马，何许此得彼失？"诸儒固皆专门名家，观其所云或祖郑护王，或析是论非，然皆示君鸳鸯，深秘金针，使人莫知所据。

降及近代，学术不变，专著专论，继踵迭出。吴承仕作《尚书传王孔异同考》，陈品卿作《尚书郑氏学》，许春雄作《王肃之尚书学》，李威熊作《马融之经学》，李振兴作《王肃之经学》。吴氏《异同考》录得王肃义二百三十五条，其中同于孔传者百有七事，异于孔传者百二十八事。陈书专论郑学，搜集清人辑本，校勘精良，鲜及王注。许作则意在王学。二李之书,抉摘马、王《易》《书》《诗》《三礼》《春秋》(王氏为《左传》)《孝经》《论语》之佚文,条分缕析,殿以评述案断。其于马、郑、王之经学异同,多辅以表谱形式图示之。唯各有侧重,非直接评判,故郑、王学术,仍有待发覆以见泾渭。

予友史君应勇沉潜笃实,不务声华,转益名师,不以自多。方其攻博复旦,即以《郑玄礼学的经学史考察》为题;旋又负笈川大,仍以《郑玄通学及郑王之争研究》为务;既而执教江南,乃著成《尚书郑王比义发微》书稿。是其浸想郑学已十有余年矣。《研究》一书,区为四类,第四篇为"郑王之争",纂辑郑玄、王肃《周易》《尚书》《毛诗》《丧服》《礼记》《论语》六种经注佚文,两相比勘,简单案断,而后归纳要点,并作文化史分析。此篇引言有云:王肃所以遍注群经与郑玄立异,殆其于经学之体认与郑不同。作者对时下学者未谨慎考虑留存之郑王经注佚文率尔所作之宏观评说颇不以为然。故其搜辑罗列郑王经注残句佚文,谓"今后可逐一结合孔疏予以研究"。《发微》一书,即其结合孔疏研究之第一种。

《发微》缘《研究》所列之郑王《尚书》注文比勘申论,而实际于《研究》所列之基础上更事搜辑,《研究》所列郑王《尚书》注文不足五十条,而《发微》则达一百二三十条,殆为原先二倍有余。《发微》旨在比郑王之义,故或备列原文,或撮举义旨,务使一目了然。其迻录孔传孔疏原文,意在广事比勘,而摘抄李振兴案语,则示不略人美,略存学术史迹之意。若李案有误或所见不同,更直抒己见,盖争鸣求是不稍宽假也。

评议经注异同,殊非易事。古人经注,有师承来源、经义体认及遣词表述诸多不同;复有后人注解,有意转换视角,变换词汇、短语、句式等以求异于前注,而理解则一。应勇兄注意及此,于郑王之说,多仔细比勘而条理之,标识异点,而后一一疏通证明;其于李说评判含混处,亦时有修正。

《发微》引录孔传及孔疏文以事勘同，另有一重特别意义，即孔传与王肃之关系。自《释文序录》有"王肃亦注今文，而解大与古文相类，或肃私见《孔传》而秘之乎"之疑，清代惠定宇、王西庄皆疑王肃伪作，至丁晏更出四证以实之。一时吠影随声，不一而足。虽陈澧举《禹贡》"三百里蛮"、《洪范》"农用八政"二条孔王之异，以证"似非王肃作也"。吴承仕作《异同考》，罗列事实，摧破丁说，至今犹有疑云浑水。鄙意《发微》既已一一比义评议，于王、孔违异亦时加点明，若能取元朗以来旧说，叙其源流，指其得失，则非唯可进一步澄清、了断此案，抑或亦可发微显幽，于《尚书》学史不无裨益也。

　　《隋志》有王肃《尚书注》十一卷，又有《尚书驳议》五卷，二书不知其作之先后，要皆子雍求异康成、驳议郑说者。《发微》既专事评议郑王，于王肃之书，自当指明坐实。如《书·禹贡》"二百里流"孔疏："故肃注此云：'贾、马既失其实，郑玄尤不然矣。禹之功在平治山川，不在拓境广土。土地之广三倍于尧，而书传无称也，则郑玄创造，难可据信。汉之孝武，疲弊中国，甘心夷狄，天下户口，至减大半，然后仅开缘边之郡而已。禹方忧洪水，三过其门不入，未暇以征伐为事，且其所以为服之名，轻重颠倒，远近失所，难得而通矣。先王规方千里以为甸服，其余均分之公、侯、伯、子、男，使各有寰宇，而吏（使）甸服之外诸侯入禾藁，非其义也。史迁之旨，盖得之矣。是同于孔也。若然，《周礼》王畿之外别有九服，服别五百里，是为方万里，复以何故三倍于尧？'又《地理志》言……"此段文字《诗·商颂·殷武》孔疏引至"是同于孔也"，无"若然"三十字一句。"何故三倍于尧"问句承接上文郑注之意，亦子雍注文。是整段皆王说，而黄怀信标点本仅将"贾、马既失其实，郑玄尤不然矣"十二字为王注，其它为孔疏，固失检误断。观整段文字不似汉魏经注，程元敏谓为王肃《尚书驳议》文，不为无见。然《殷武》孔疏前云"王肃注《尚书》，总诸义而论之云"，则所据似为子雍《尚书注》。孔疏源自二刘,上溯蔡大宝、巢猗、费甝、顾彪,诸家必皆亲见子雍二书及弟子诘难之著。考六朝经疏,直引意引,转录转述,以符疏体,则此条及书中"难郑"云云,是否皆《释驳》文,虽年代邈远,颇难征信,是亦稽古者所当深思,著作者所当措意也。应勇兄有志于郑王之学,续后尚有《毛诗郑王比义发微》诸作,愿于经义、目录及文献流传隐迹多方关注,并于比义之外,更事归纳引申,抉摘经典奥义,寻究经学史蜕演轨迹,此予将企足翘首、拭目以待者也。

庚寅年疴月朔日虞万里序于榆枋斋

# 导言:《尚书》学简史及本书研究取向

## 1

《尚书》,春秋战国年代人们习惯称其为《书》,后来则称为《尚书》。为什么由《书》而改称《尚书》,汉以后的经学家有不同的解说。一种意见认为,尚者,上也,称《尚书》,是因为它的内容距人们时间久远,是上古之书,故称《尚书》。另一种意见认为,"尚者,上也,尊而重之,若天书然,故曰《尚书》",一个"尚"字,表达了一种相当的神圣意义,《尚书》乃是一部神圣的书。①

---

① 《书》何时被人们称为《尚书》,具体时间难考,大约在秦汉以后。——参陈梦家《尚书通论(外二种)》,二十世纪中国史学名著丛书,河北教育出版社 2000,页 8—36 (下引版本同)。清代学者赵翼考《尚书》之名起自伏生。——参《陔余丛考》卷一,学术笔记丛刊,中华书局 2006 年重印本(下引版本同)。今人王葆玹根据出土帛书等材料的研究,认为"《尚书》一名的产生时间,应在秦始皇三十四年以后,西汉以前"。与伏生的时间基本相同。——见王葆玹《今古文经学新论》,中国社会科学出版社 2004,页 31—32。而有的学者考证"尚书"的概念早在先秦时 (转下页)

这部书的内容主要是所谓誓、命、典、诰①，相传为孔子所编订。而孔子编订此书的目的，据说是"恢弘至道，示人主以轨范也。帝王之制，坦然明白，可举而行"。据说孔子当时收入的内容有100篇②，可惜后来大都散失了，侥幸留存下来的部分，则在汉朝以后被官方奉为经典。

汉以后的儒家经典一般都被写在二尺四寸长的竹木简上。《易》、《书》、《诗》、《礼》、《乐》、《春秋》皆然。"传"则被书写在更短的竹木简上。如《孝经》被书写在一尺二寸长的竹木简上，《论语》则只有一尺（郑玄言八寸），等等③，说明它们的地位不及上述六经。

孔子编订的《尚书》100篇在孔子之后、秦汉以前数百年间的传承线索，后人已难知详情。④ 这里我们只扼要说明一下《尚书》在汉以后的传承问题。

经过秦朝的焚书，汉以后最早传授《尚书》的是济南人伏生。他是秦二世时的一位朝廷博士，本是《尚书》学的专家。他手中的

---

（接上页注①）就有，甚至有人认为孔子时就有，只是那时的"尚书"，泛指上古之书，非特指《尚书》这一部书。——参马士远《周秦尚书学研究》，中华文史新刊，中华书局2008，页29—32（下引版本同）。看来，后来人们解释《尚书》之所以称《尚书》，是因为乃"上古之书"，"尚者，上也"，其说有自，非新创也。——参本书卷后《〈书〉序内容之郑王义解比勘》。

① 誓、命、典、诰乃概括语，《尚书》具体内容据孔颖达《正义》分十类："一曰典，二曰谟，三曰贡，四曰歌，五曰誓，六曰诰，七曰训，八曰命，九曰征，十曰范。"——见阮刻《十三经注疏》，中华书局1980年影印本，页117下（下引版本同）。
② 依纬书的说法，孔子所收为102篇，孔子从所见到的"黄帝元孙帝魁之书迄秦穆公凡三千二百四十篇"文字中，"定可以为世法者百二十篇，以百二篇为《尚书》，十八篇为《中候》，以为去三千一百二十篇以上取黄帝元孙，以为不可用也。"——皮锡瑞《六艺论疏证·书论》，光绪己亥（1899）刊本，收入《续修四库全书》经部群经总义类。参拙著《郑玄通学及郑王之争研究》，巴蜀书社2007，页135（下引版本同）。
③ 参陈梦家《尚书通论（外二种）》页37。
④ 新近清华大学接受校友捐赠一批战国简书，十分令人关注，据说其中有《尚书》之篇章，或许将来能帮助人们探讨《尚书》在先秦的传承问题，当然，人们更为关注的是，其中有一些现存《尚书》中没有的一些旧篇章。

《尚书》,据说原来是完整的,即 100 篇,遇秦焚书令颁布,《尚书》在禁令中,他只好将之藏至墙壁中。"其后兵火起……",至汉初禁令解,"发其书",却只找到 29 篇。① 伏生就用这 29 篇《尚书》重

---

① 《史》《汉》所述伏生壁藏《尚书》而丢失大半的事实,学人尽知,兹不备引,只略引一句示之。而据《史》《汉》所述,伏生所传《尚书》为 29 篇,但据后人所考,伏生当初所传或只有 28 篇,《泰誓》后得补入,遂有 29 篇之说。关于《泰誓》后得之事,史多有述。如刘向《别录》云:"武帝末,民有得《泰誓》书于壁内者,献之,与博士使读说之,数月,皆起传以教人。"又如《后汉史》献帝建安十四年黄门侍郎房宏等说云,宣帝本始元年,河内女子有坏老子屋,得古文《泰誓》三篇。王充《论衡·正说篇》云:"孝宣皇帝之时,河内女子发老屋,得逸《易》、《礼》、《尚书》各一篇,奏之,宣帝下示博士,然后《易》、《礼》、《尚书》各益一篇,而《尚书》二十九篇始定矣。"([清]孙星衍《尚书今古文注疏》,十三经清人注疏本,中华书局 2004 年第 2 版,页 264。本书后引简称"孙《疏》"。)刘歆《移让太常博士书》亦曰:"孝文皇帝始使掌故晁错从伏生受《尚书》。《尚书》初出屋壁,朽折散绝,《太誓》后得,博士集而读之。"(《戴震文集》卷第一《尚书今文古文考》,中国历史文集丛刊,赵玉新点校,中华书局 1980,下引版本同。)以伏生所传本为 28 篇,后得《泰誓》,才有 29 篇,后人多是其说。如蔡沈曰:"伏生本但有《尧典》、《皋陶谟》、《禹贡》、《甘誓》、《汤誓》、《盘庚》、《高宗肜日》、《西伯戡黎》、《微子》、《牧誓》、《洪范》、《金縢》、《大诰》、《康诰》、《酒诰》、《梓材》、《召诰》、《洛诰》、《多方》、《多士》、《立政》、《无逸》、《君奭》、《顾命》、《吕刑》、《文侯之命》、《费誓》、《秦誓》,凡二十八篇,今加《泰誓》一篇,故为二十九篇。"(《尚书通考》卷一,[元]黄镇成撰,四库本,经部书类。下引版本同)清人戴震亦均是其说。之所以称"29 篇",清人或以"连序一篇言之",朱彝尊、李慈铭等均如是说。(李慈铭《越缦堂读书记》一,新世纪万有文库本,由云龙辑,虞云国整理,辽宁教育出版社 2001,页 12。)今人陈梦家、马雍亦以伏生所传本实只有 28 篇。马雍述伏生所传本为 28 篇,分别是:1《尧典》、2《皋陶谟》、3《禹贡》、4《甘誓》、5《汤誓》、6《盘庚》、7《高宗肜日》、8《西伯戡黎》、9《微子》、10《牧誓》、11《洪范》、12《金縢》、13《大诰》、14《康诰》、15《酒诰》、16《梓材》、17《召诰》、18《洛诰》、19《多士》、20《无逸》、21《君奭》、22《多方》、23《立政》、24《顾命》、25《费誓》、26《吕刑》、27《文侯之命》、28《秦誓》。(马雍《尚书史话》,中华书局 1982,页 9—10。下引版本同)当然,也有人认为《泰誓》一篇本来就在 29 篇中,如清人孙星衍。(孙《疏》,页 264。吴通福《晚出古文尚书公案与清代学术》,上海古籍出版社 2007,页 136。下引版本同)而陈梦家复原的伏生本 29 篇篇目为:《尧典》1、《皋陶谟》2、《禹贡》3、《甘誓》4、《汤誓》5、《盘庚》6、《高宗肜日》7、《西伯戡黎》8、《微子》9、《牧誓》10、《洪范》11、《金縢》12、《大诰》13、《康诰》14、《酒诰》15、《梓材》16、《召诰》17、《洛诰》18、《多士》19、《无逸》20、《君奭》21、《多方》22、《立政》23、《顾命》24、《康王之诰》25、《费誓》26、《吕刑》27、《文侯之命》28、《秦誓》29。(陈梦家《尚书通论(外二种)》,页 77)将后分出之《康王之诰》列人,似不妥。

新开始在齐鲁间教授生徒。秦焚书令是在汉惠帝时才解禁的。据司马迁及后来的汉代史家记述,从惠帝到景帝这数十年间,天下传授《尚书》学的,似也只有伏生这一位宗师。文帝时"欲求能治《尚书》者","天下无有",好不容易查问到这位济南人伏生(或作"伏胜")"能治","欲召之",也因他年事已高,未能成行。于是伏生一直只在齐鲁间传授《尚书》学。经过数十年的传学,伏生《尚书》学的影响在当地蔚为大观。"学者由是颇能言《尚书》。诸山东大师无不涉《尚书》以教矣"。①

伏生所传《尚书》学,自有他的特色,若不从诠释特色方面说,单从文本上看,他的《尚书》是用秦汉以来通行的新字体写定,即所谓"今文《尚书》"。我们知道《尚书》是一部古老的文献,历代传写的文本字体不一样,这本来是个很好理解的问题,但因为后来汉朝人又发现了所谓"古文《尚书》",字体比伏本的"今文《尚书》"古老得多,所以人们不免又要探究一个更为具体的问题:伏生那个今字体本,是自他传世就如此?还是由他从古字体改抄成今字体的?如果他有古字体本,那么它是什么字体?他当初藏在壁中的那个本子是什么字体?还有一种说法:伏生晚年传授《尚书》是靠口诵,不是用他的原底本给学员们抄写,于是学员们听他背诵而记录的文字自然会是当时通行的隶书。②总之,这些具体细节问题,尽管两千多年来人们一直努力探究,但还是个谜,无法找到答案。可有一个事实是被人们基本确信

---

① 《史记·儒林列传》。
② 伏生所传授的《尚书》文本,到底是从他家墙壁中发出来的原本还是他依据记忆重新默写的新文本,史上一直有疑。如依元人黄镇成所述:"孔安国曰:汉室龙兴,开设学校,旁求儒雅,以阐大猷,济南伏生,年过九十,失其本经,口以传授,裁二十余篇……史谓伏生壁藏而安国云失其本经,口以传授者,盖伏生初实壁内得之,传教既久,诵文则熟,至错往受,不执经而口授之耳。"(《尚书通考》卷一)而据明代梅鷟所考,所谓伏生"失其本经,口以传授",乃晋人之无稽之谈。([明]梅鷟《尚书考异》卷一,文渊阁四库全书本,经部书类。下引版本同。)

的,即在西汉前期很长一个历史时期,《尚书》学的传承,只有伏生这一派,文本是"今文",从内容解说的方面说,也逐渐自成体系,形成从伏生到欧阳、大小夏侯等《尚书》学家一脉相承的"今文《尚书》学"。

## 2

可是,据说在西汉景、武之际,以好治宫室闻名的鲁恭王刘余在拆毁孔家旧宅时,于墙壁中发现了不少用先秦时旧文字即所谓"蝌蚪文"写成的孔家旧传文献。① 这件事情发生的原因,大概与伏生当初将《尚书》藏在壁中是一样的。而在这批新发现的"蝌蚪文"古文献中就有《尚书》。当时,伏生所传的"今文《尚书》学"已成气候,人们自然要用它与这个"蝌蚪文"本进行对比,于是发现,这个"蝌蚪文"本《尚书》,有一部分与伏生所传 29 篇《尚书》内容基本相同,只是文字书写更古雅而已,篇目也一样;另有 16 篇则是伏生本所没有的,据后人考订,这 16 篇分别是:1《舜典》、2《汩作》、3《九共》、4《大禹谟》、5《弃稷》、6《五子之歌》、7《胤征》、8《典宝》、9《汤诰》、10《咸有一德》、11《伊训》、12《肆命》(或作《伊陟》)、13《原命》、14《武成》、15《旅獒》、16《冏命》。②

这部"蝌蚪文"本的《尚书》在被发现后,当事人是怎么处

---

① 先秦时六国古文各自有不同,所谓"蝌蚪文"到底是何种形态,是哪国文字,后人并不确知。鲁恭王刘余,孝景前二年(前 155)立为淮阳王,吴楚反破,于孝景前三年(前 154)徙王鲁。史言恭王立二十八年薨,则约当武帝元朔三年(前 126)。故史言鲁恭王坏孔宅得古文旧书在景、武之际。参《汉书·景十三王传》。并参陈梦家《尚书通论(外二种)》,页 40—46。

② 据考,此为郑注《书序》所述逸《书》16 篇之目。参《戴震文集》卷一《尚书今文古文考》;吴通福《晚出古文尚书公案与清代学术》,页 140;马雍《尚书史话》,页 13。其中《弃稷》一篇,吴通福所述作《益稷》,恐误,依戴震所考为《弃稷》,马雍《尚书史话》亦作《弃稷》。

理的？这也是个谜。据说孔家后人孔安国"以今文读之，因以起其家"，后来则把它献给了朝廷。孔安国到底如何"以今文读之"？据考证就是所谓"隶古定"，即把那些"蝌蚪文"用当时通行的隶书翻抄出来。但孔安国只翻抄了与通行的伏生本相同的部分，多出来的16篇则搁置没有翻抄，原因是什么，也难知其究竟，或许因为与伏生本相同的部分易于识读，增多的部分则难于识读，不便翻抄；又或许如清代学者赵翼所推测的，孔安国本来就不认识古文字，能和今文对上的就读出来了，不能对上的部分就只好搁置了。① 而即便与伏生本相同的部分，也因为要根据古文字形态翻抄为隶书，因此其文字及其解读自会与伏生本有不同，这大概就是孔安国能够"因以起其家"的原因。而东晋以后出现的伪《古文尚书》序文中说孔安国曾"承诏作传"，据考完全是编造的伪说，所有汉代文献都没有这样的记载。②

这经过孔安国"隶古定"及未能"隶古定"出来的《古文尚书》，到底在什么时候献入朝廷秘府，是不是孔安国本人献上，也还是个谜。据说献入朝廷以后，因为其文字、内容均与伏生本《今文尚书》有所不同，有人建议将它立在学官，作为一门有特色的新《尚书》学进行教授，但此时朝廷发生"巫蛊之乱"而未能成功，于是这部《古文尚书》就只能"经藏秘府，传藏私家，伏而未发"。③

除了献入朝廷秘府这条线索外，孔府发现的《古文尚书》流传，还有另一条线索，据说民间一直有传习这部《古文尚书》者，人们考证其传承线索大体是：孔安国——都尉朝——胶东庸生——

---

① 参赵翼《陔余丛考》卷一。
② 详参刘起釪《东晋出现伪古文尚书》，见氏著《尚书研究要论》，齐鲁书社2007（下引版本同）。
③ 见王劼《尚书后案驳正》，引自吴通福《晚出古文尚书公案与清代学术》，页184。

杜林——贾逵——马融——郑玄①，而传承的文本则是孔安国"隶古定"过的部分，"逸《书》十六篇"则"绝无师说"。②但要对这个传承线索再深入追究，则又处处迷雾，不得而知。今人要想了解这段历史，主要有三部史书：《史记》、《汉书》和《后汉书》，但于此记载亦皆语焉不详。我们只知道西汉晚期刘向、歆父子曾负责校理过朝廷秘府所藏的所有文献，并且对勘过《古文尚书》与《今文尚书》的文字，发现了一些问题。刘歆校理秘书时，古文经受到重视，这是经学史上公认的事实，因此他校勘秘府文献，主要可能是以古文来校正今文。我们从根据这次校书记录所写成的《汉书·艺文志》得知，到东汉初，《尚书》门类在秘府中收藏的书籍主要有："《尚书古文经》四十六卷，为五十七篇。《经》二十九卷。（大小夏侯二家。《欧阳经》三十二卷)《传》四十一篇。《欧阳章句》三十一卷。《大小夏侯章句》各二十九卷。《大小夏侯解故》二十九篇。《欧阳说义》二篇。……"③其中《尚书古文经》为什么是"四十六卷，为五十七篇"？根据清代学者的考订，之所以《汉志》统计为57篇而不是45篇(29+16)，是因为今文《尚书》在传习过程中篇次发生了变化，如欧阳氏《尚书》中的《盘庚》篇被一分为三，后得之《泰誓》篇也被一分为三，《顾命》篇的后半部分又被分出为《康王之诰》篇，这样原有的今文29篇就变成34篇，而《古文尚书》经

---

① 参《后汉书·儒林传》及[明]梅鷟《尚书考异》卷一等。关于汉代《古文尚书》传承线索的复杂性，清代学者考辨颇多。如程廷祚指出，马、郑《尚书》可能不尽出于杜林，贾逵父贾徽受《古文尚书》于涂恽，贾逵传其父业，或更以林本参校。参吴通福《晚出古文尚书公案与清代学术》，页139—140。
② 参马雍《尚书史话》；刘起釪《尚书及其整理研究》，刊氏著《尚书研究要论》。而王鸣盛则认为在民间的《古文尚书》传承过程中，各位《古文尚书》家并未舍弃"逸《书》16篇"不注，而是所有篇章都作过注的，王肃也曾注有"逸《书》16篇"，只是由于其它《尚书》家习惯不注"逸《书》16篇"，后来这部分逸《书》注丢失了，才有了晋人的伪造。详见王鸣盛《尚书后案·序》，乾隆45年礼堂刻本，收入《续修四库全书》经部书类(45)(下引版本同)。
③ 《汉书》卷三十《艺文志第十》，中华书局分册点校本，页1705。

过校理,篇次分合也遵从了这种分法,并与欧阳氏的分法取得了一致。这样我们发现,经过刘向、歆父子校理的官方《尚书》文本,在文字上是用后发现的古文《尚书》本,来校定先传世的伏氏今文《尚书》本,而篇次分合,则是遵从伏氏今文《尚书》学的系统。另外,"逸书"16篇中的《九共》,也不知什么原因,被拆分为9篇,共得24篇。这样,《尚书》总计为58篇。之所以《汉志》记为"五十七篇",是《武成》篇在建武之际亡失(郑玄有其说),而《汉书》成书在东汉章帝建初中[①],故为57篇。百篇《书序》又单独为一卷,是在东汉以后才补入的。原本29篇加逸《书》16篇,篇卷相合,为45卷,后加《书序》一卷,遂得46卷。于是到《汉志》所记,卷数依旧次增加一卷,而篇数则多有增加,成"四十六卷五十七篇"。[②]

## 3

自东汉后期以来,中国社会日渐进入一个动荡混乱的时代。这个动荡混乱的时代一直延续了数百年,直到公元六世纪晚期,中国才又重新实现了全国的统一与安定。当文化学术事业遇到乱世时,旧文化难保、新文化开新的现象必然出现。据考,汉代官方传下来的诸多秘府藏书,在公元四世纪初的"永嘉之乱"中几乎全部毁掉了,包括上述多部今文《尚书》与古文《尚书》著作。而在民间,汉末最有影响的学术文化集大成者郑玄,也在魏晋以后遭到多方面的批评,较为著名的驳郑者有王粲、虞翻、王肃等。学术文化开新是一个趋势,却需要一个历史过程,不可能一蹴而就。王肃等人的驳郑,依然是在郑学的框架内,如王肃的《尚书》学虽多与郑立异,但篇目内容还是守着传统的框架,即不注"逸书16

---

① 参张孟伦《中国史学史》,甘肃人民出版社1983,页149。
② 参《戴震文集》卷一《尚书今文古文考》;马雍《尚书史话》,页19—31。

篇",因为这16篇历史上"绝无师说",这是汉代留下的"例"。到王肃等人之后就不同了,连这个"例"也被打破。

不过,经学开新也还要有经学文本依据,否则就成为无源之水,无本之木。自从汉武帝"罢黜百家,独尊儒术"以后,两千多年的帝制中国,人们始终没有离开这种精神依托,尽管期间经学的形态经常发生变化。魏晋以后学术文化的开新,自然还要表现为经学形态的变化,经学形态的变化又离不开经学文本依据的变化。这次经学的文本依据发生了怎样的变化?其它经不说,这里我们只说《尚书》。

西晋"永嘉之乱"后不久,司马氏王朝被胡人逼迫得无法在北方存在下去,只好拉家带口南逃,过长江这道天险后重新落脚,立了一个新的王朝,就是历史上所说的东晋王朝。对于这个因胡人血洗和严重政治内乱而被迫南迁的流亡政府来说,一切都得重新开始,文化事业也是如此。那时的南方相对于北方来说,还是文化落后地区,要发展文化事业,还要接续北方的文脉。可是,官方学术文化的基础被破坏殆尽,怎么办?"礼失而求诸野"。社会动荡对于官方与民间的文化学术传播都有所破坏,但民间更有文化学术生存的缝隙,就像经过秦朝那么严酷的"挟书律"之后,汉初的文化学术重兴还是要依赖民间。面对魏晋以后的乱世,官方的文化学术事业基本靠不住,民间却有零星的学术生命还存在着。据考,西晋时,社会上有传习孔安国《古文尚书》者,陈汉章先生即主此说[①],只是我们无法知道它的来源,当然也无法断定其真伪。如果是真的,那么他们为何不传西汉的大小夏侯、欧阳《尚书》学?如果失传了,为何不传习影响很大、绝不可能在此时失传的郑玄《尚书》学,偏偏传习西汉时代未受重视的孔安国《古文尚书》学?

---

① 详见陈汉章《西晋有书孔传说证》,载《国故月刊》第4期。参陈梦家《尚书通论(外二种)》,页248;马雍《尚书史话》,页44。

东汉晚期以来中国出现的学术新变化中最明显的一个特色就是好古。这个特色笔者在拙著《郑玄通学及郑王之争研究》中已有所论说。为什么好古而不好今,还需要进一步研究。但在这种好古学而不好今学的客观形势下,新建立的东晋王朝元帝时(公元317—322)出了一件事:有一个叫梅颐(或曰梅赜)的人,时官豫章内史,献给新朝廷一部《古文尚书》,据说就是西汉鲁恭王刘余在孔家老宅中发现的"蝌蚪文"《古文尚书》,而且是孔子后人孔安国作过注解的完整本。

前文已述,后人对于孔府发现的这部"蝌蚪文"《古文尚书》的具体情况以及它与孔安国本人的关系,实在有诸多疑点难以解答。距离孔安国时代只有四百年左右的东晋人,对于这件事情的了解,恐怕远不及一千多年以后的清代学者。因此梅颐这部书被献上后,没有什么人怀疑它的真伪,很快得到了认可,并开始流传。面对文化事业急待建设的新王朝,突然有人献上这样一部据说是孔子后人亲自解说过的儒家经典,人们很容易予以相当的重视。具体情况是:梅颐献上这部《古文尚书》时,《舜典》一篇有经文而无孔安国的传文。得到人们认可后,据说在东晋末年著名的经学家范宁还为这部孔传《古文尚书》作过注解,但《舜典》一篇一直有经而无传。到南齐建武四年(497),有一位吴兴人名姚方兴,偶然在南京大航头得到一篇有孔安国注解的《舜典》篇,即刻献给朝廷。原先梅颐所献的孔传《古文尚书》中的《舜典》篇经文相当于郑注本的《尧典》篇后半部分,即"慎徽五典"四字以下的部分。而姚方兴所献的《舜典》经文在"慎徽五典"前多了"曰若稽古帝舜,曰重华,协于帝"十二个字,这是郑玄本中没有的。南齐朝廷曾对姚方兴所献的《舜典》进行审查,但后来不了了之,直到梅颐所献孔传《古文尚书》在梁朝流传时,《舜典》一篇依然没有孔安国的注解,人们就采用王肃对《尧典》后半所作的注解以及范宁替

《舜典》所作的注解来弥补这个缺陷。①

就这样,这部孔传《古文尚书》就逐渐在学界流行起来,取代了先前最有影响的郑玄《尚书注》。至于姚方兴所献的那篇《舜典孔传》,一直单独流传,后来在多出的十二字之外,又多出十六个字:"濬哲文明,温恭允塞,玄德升闻,乃命以位",这样总共多出了二十八个字。梁朝人阮孝绪曾见到姚方兴所献的《舜典孔传》,在《七录》中提到后出的这十六个字来历不明,或以为是姚方兴献书时所加。② 直至陆德明撰《经典释文》,《舜典》篇仍用梅颐所献孔传《古文尚书》本,注解仍采王肃的旧注。总之,姚本《舜典》在南朝始终没有取得学术界的公认,而梅颐所献孔传《古文尚书》日渐流行。③ 但到北齐末年,南方出现的这部孔传《古文尚书》传到了北方,北方著名学者刘炫为这部书作了"疏"。据说刘炫学问很好,人品不好,隋初购求天下遗书时,他伪造古书一百多卷献给朝廷,骗取了一大笔赏赐,后来有人告发他,故受到处分。正是在这次购求天下遗书时,姚方兴本《舜典孔传》被收进。后来刘炫作隋朝学士,他就采用了姚本《舜典》,将它收进了晚出孔传《古文尚书》中,并也替它作了"疏",于是晚出孔传《古文尚书》就正式以多出二十八字的姚本《舜典》为定本,抛弃了南朝人所用的王肃旧注本。后来这部书在全国通行。唐初朝廷作《五经正义》,用的也是刘炫这个本子。因为以后科举考试都以《五经正义》为准,所以其他不同的经典文本就逐渐散失了。

据推测,当初梅颐所献的孔传《古文尚书》,既然说是孔安国

---

① 这是根据《尚书正义》所述整理出的基本故事情节,其中诸多具体问题疑点颇多。参马雍《尚书史话》,页53。
② 阮氏《七录》已佚。转引自陆德明《经典释文》中的《尚书·舜典》篇。
③ 我们今天所见到的《经典释文》是宋朝的删节本,其原本已失传。但近年来在敦煌发现了唐朝前朝《经典释文》写本的残卷,其中恰好保留了《舜典》篇部分的原貌。——马雍《尚书史话》,页54。

本,即是"隶古定"本。到唐朝时,通行的字体已变成了楷书。于是在唐玄宗天宝三年(744),朝廷命一个叫卫包的学者,把这部孔传《古文尚书》全部改为楷书。从此以后,《尚书》就变成了今天人们见到的样子。唐朝还于开成二年(837)刻了一次石经,所谓"开成石经",刻的便是楷书,其中《尚书》用的就是卫包改写后的本子。①

## 4

这部孔传《古文尚书》自唐朝以后成为官方经学定本流传于世。此后其它的《尚书》文本也就逐渐散失了。这部孔传《古文尚书》共58篇,据考,其中33篇篇目与郑玄注本、伏生传本相同,分别是:《尧典》1、《舜典》2、《皋陶谟》3、《益稷》4、《禹贡》5、《甘誓》6、《汤誓》7、《盘庚》8、9、10、《高宗肜日》11、《西伯戡黎》12、《微子》13、《牧誓》14、《洪范》15、《金縢》16、《大诰》17、《康诰》18、《酒诰》19、《梓材》20、《召诰》21、《洛诰》22、《多士》23、《无逸》24、《君奭》25、《多方》26、《立政》27、《顾命》28、《康王之诰》29、《吕刑》30、《文侯之命》31、《费誓》32、《秦誓》33。其余25篇篇目为:《大禹谟》、《五子之歌》、《胤征》、《仲虺之诰》、《汤诰》、《伊训》、《太甲上》、《太甲中》、《太甲下》、《咸有一德》、《说命上》、《说命中》、《说命下》、《泰誓上》、《泰誓中》、《泰誓下》、《武成》、《旅獒》、《微子之命》、《蔡仲之命》、《周官》、《君陈》、《毕命》、《君牙》、《冏命》。② 前33篇经文内容与郑注本、伏生传本相同,这基本无异议,虽然篇数或还有不同说法,这并不要紧,因为唐以前经典篇目分合并不太固定,只要内容是那些即可。后25篇则显与前述逸16篇《尚书》内容有

---

① 参马雍《尚书史话》,页54—59。
② 参黄怀信整理本《尚书正义·校点前言》,上海古籍出版社2007(下引版本同)。

出入,《仲虺之诰》、《太甲》三篇、《说命》三篇、《微子之命》、《周官》、《君陈》、《毕命》、《君牙》共 12 篇为前述 16 篇所无,而前述 16 篇中之《汩作》、《九共》、《典宝》、《肆命》、《原命》5 篇则晚出孔传本又无。但就是这部晚出的孔传《古文尚书》,自唐朝至清朝千余年,一直扮演着帝国意识形态钦定教科书的角色。①

宋代一度疑经成风,对已通行几百年的晚出孔传《古文尚书》的疑惑以吴棫(? —1154)、朱熹(1130—1200)、蔡沈(1167—1230)等人为代表。他们的理由主要在于:(1)为什么所谓今文《尚书》反倒诘屈聱牙,古文《尚书》反倒文从字顺?(2)种种迹象表明,东晋时突然出世的《古文尚书》所附孔安国《书序》不像是真正的西京孔安国所作,各小序也不像是孔子的作品。② 总体上说,宋人疑传世《古文尚书》主要还是从文法方面的疑点来说的。

又过了几百年,从明代的梅鷟③开始,晚出孔传《古文尚书》内容本身的疑点才引起重视。梅鷟"以安国序并增多之二十五篇,悉杂取传记中语以成文,逐条考证,详其所出",而至清朝"阎若璩

---

① 孔颖达《尚书·尧典·正义》引及现已失传的《晋书·皇甫谧传》,述及晚出孔传《古文尚书》的渊源:三国时魏学者郑冲,荥阳开封人,《古文尚书》学家。冲传扶风苏愉,愉传天水梁柳,柳传臧曹,曹传汝南梅赜(或作赜)。梅颐任东晋豫章内史时将这部《古文尚书》奏上朝廷,时当东晋元帝时。《四库全书总目提要》认为此《晋书》乃南齐臧荣绪(415—488)所修,故其内容唐修《晋书》无。关于梅颐献书的时代,陆德明以为在东晋元帝时,孔颖达则以为在"前晋"或"东晋之初"。据马雍考证,东晋时期只有豫章太守而没有豫章内史这个官职,而东晋时作过豫章太守的是梅颐的弟弟梅陶,不是梅颐,梅陶作豫章太守是在东晋成帝时(326—342),不在元帝时(317—322),因此上述孔颖达《尚书正义》所引梅颐献书之事本身大有疑问。而刘起釪则认为当时称"太史"为"内史"者并不奇怪。详参陈梦家《尚书通论(外二种)》,页 267;马雍《尚书史话》,页 51—52;刘起釪《东晋出现伪古文尚书》(见《尚书研究要论》,齐鲁书社 2007)。
② 详参[元]黄镇成撰《尚书通考》卷一;杨新勋著《宋代疑经研究》,南京师范大学古典文献研究丛刊,中华书局 2007。
③ 梅鷟,具体生卒年不详,旌德人,明正德癸酉(1513)举人,南国子监助教,盐课司提举。阎若璩《尚书古文疏证》卷八据《旌德县志》对其生平略有叙述。参吴通福《晚出古文尚书公案与清代学术》第二章。

《古文尚书疏证》出,条分缕析,益无疑义,论者不能复置一词"。①其实,阎氏《古文尚书疏证》面世后,还是有诸多的争议②,但东晋以后突然出现的这部所谓孔安国本《古文尚书》,确实不是真正的孔安国本,至清代以后基本成为定案,其中除了与伏生所传今文《尚书》相同的部分外尚可信外,其余部分就是赝品,所谓伪书。就是这样一部伪书,却雄踞帝国意识形态殿堂达千余年。

这部伪作之所以在千余年后才被识破,宋以前的原因暂不说,宋以后,主要是因为帝国主要的意识形态还离不开这部伪书,识破并揭穿它,就会动摇帝国的文化根基,因此这一识破的过程自然就会很漫长,但它最终还是被识破了。至于这部晚出《古文尚书》到底是谁造的假,历来有不同的考辨,或说皇甫谧;或说梅赜;或说王肃③;或说宋元嘉(424—452)以后人所为④;或说为晋宋之间宗王肃者伪撰以驳郑义而伸肃义⑤;或说为东晋晚叶孔安国所作,包括注文和序文,经文则有可能采《尚书》逸篇入之者⑥;或说为历史上先后两次作伪的结果⑦;等等,不一而足。

古人距离历史的真相比今人时间更近,但古人的认知水平不及今人则是事实,这更多的是由于神圣性掩盖了理性。一个人、一部书,一但获得了神圣的地位,人们就很难、也不太愿意拨去其

---

① 参[明]梅鷟撰《尚书考异》(四库本)所附《四库提要》。
② 详参吴通福《晚出古文尚书公案与清代学术》。
③ 主张东晋以来的所谓孔传《古文尚书》为王肃伪者,创自清人丁晏,详所著《尚书余论》。陈梦家不信此说,认为丁氏证据非常薄弱。见《尚书通论(外二种)》,页135。
④ 清程廷祚即认为"晚《书》"出于宋元嘉以后,后来的崔述则以为在齐、梁之间。参吴通福《晚出古文尚书公案与清代学术》,页168—172。
⑤ 此为晚清崔述说,见氏著《古文尚书辨伪》。此引自吴通福《晚出古文尚书公案与清代学术》,页174。
⑥ 此为陈梦家说。"似奉晋孝武帝(公元373—396年在位——笔者注)诏命而作……书出,徐邈注音,范宁变隶古定为今字,东晋之末行于民间,齐时已立于学官,此后南朝盛行……"——详《尚书通论(外二种)》,页124—146、149—150。
⑦ 见马雍《尚书史话》。

身上的迷雾。陆德明距离伪孔传《古文尚书》的造作时间很近了，但他在撰《经典释文》时，却认定晚出孔传《古文尚书》就是汉代孔安国传本。以后唐初的经学宗师孔颖达也延用了这一说法，并进一步予以确认："孔注之后，历及后汉之末，无人传说。至晋之初犹得存者，虽不列学官，散在民间，事虽久远，故得犹存。"（《尧典·正义》）①

当然，后来也有为晚出《古文尚书》"翻案"的，如清代的梁上国（1748—1815），但其说被认为"抹杀或曲解证据"；再如赵翼（1727—1814）、王劼、林春溥（1775—1862）等等，但所论都显得证据不足。② 近年来又有人为晚出《古文尚书》"翻案"，主要理由是，古人的所谓伪托之书，并不是凭空胡编，并不如现代浅俗之徒那样造假。他们的"造伪"，主要是依据传世的一些相关典籍进行再次拼凑，在本质上，这种文化行为在汉代整理传世文献的过程中并不少见，既然依据的是传世的典籍，那么，其经文本身并不绝对伪，传文虽不是所托名的原作，但也是根据作者见到的前人经典诠释文字进行再次编著，如所谓的伪孔传文字，大多与马、郑、王之注相关。③ 还有人认为它当与真的孔安国有一定渊源关系。④ 然而，不能不承认的是，现在见到的比今文《尚书》多出来的25篇，与后人考定的当初真的孔安国所见"逸《书》16篇"无疑出入很大。⑤ 清代学者程廷祚还详考曾从孔安国问故的司马迁《史记》所引《汤诰》文字与晚出孔传《古文尚书·汤诰》大不同，《汉书·律

---

① 参陈梦家《尚书通论（外二种）》，页266—267。
② 详见吴通福《晚出古文尚书公案与清代学术》，页181—196。
③ 参李振兴《王肃之经学》，页313—314。
④ 参黄怀信整理本《尚书正义·校点前言》。
⑤ 清代学者已将这二者之间的出入考订清楚，主要的证据是郑玄所列逸《尚书》篇目与晚出之二十五篇篇目不一样，郑玄所列逸《尚书》篇目自较可信，晚出之二十五篇自不可信。——参［清］段玉裁《经韵楼文集补编·古文尚书撰异自序》，刊《经韵楼集（附补编、年谱）》，钟敬华校点，上海古籍出版社2008，页364。

历志》作于东汉初,应该见过真正的孔安国《古文尚书》,所引《伊训》、《武成》、《毕命》也与晚出《古文尚书》的相应篇章内容不同。①想要否认这部书的赝品性质,看来是不可能的了。

## 5

本书要探讨的郑、王《尚书》义解问题,本不涉及晚出孔传《古文尚书》的真伪,但作为一部研究《尚书》的专门著作,却不能绕开这个复杂的问题。马、郑、王注《尚书》时,伪《古文尚书》还未出现,他们的《尚书》注本的经文部分,正是后来伪《古文尚书》33篇经文的来源,因此这部分经文是可信的,伪的主要是另外25篇经文以及全部的所谓孔安国传文。孔颖达主持修撰《尚书正义》时,马、郑、王的《尚书》注本还能见到,因此《尚书正义》所引及的马、郑、王《尚书》注文,是后人了解马、郑、王《尚书》义解的惟一依据,因为如前文已述,自孔颖达《尚书正义》颁行后,其它《尚书》注本都陆续散失了。本书根据孔颖达《正义》所引郑、王对《尚书》经文的注解,对比郑、王对同一条经文所作的诠释,分析其间的异同。之所以还备引伪孔传文,也是为了在对比中明晰其学术来源。通过对比,我们将看到,伪孔传实际上主要是综合了马、郑、王的经注。备引相关《正义》文字,则是为了明晰所引郑、王义解的来源及其诠释。

基本可靠的33篇《尚书》经文,就历史学的角度看,本来是对夏、商、周三代历史较为可靠的文献记录,但对这些历史事实的理解与诠释,在中国的传统社会,不是简单的历史档案问题,而更多的是政治问题,也是意识形态问题,它与历代王朝诸多

---

① 见程廷祚《晚书订疑》。引自吴通福《晚出古文尚书公案与清代学术》,页166—168。而程氏认为"逸《书》16篇"从来就是子虚乌有,则与阎若璩、惠栋不同。

现实事务有相当的关联。如魏晋南北朝时期是"郑、王之争"产生现实影响力的主要时代,期间朝廷定期举行的郊祀礼,曹魏与北朝就基本采用郑玄的郊祀礼说,西晋及南朝则基本采用王肃的郊祀礼说。这其中的差异就颇值得制度史、文化史研究者关注。

此次笔者对于"郑王之争"的研究,视角不主要在文化制度史的探讨,而是试图从郑、王对于同一部经典、同一条经文的不同与相同的诠释中,看出点什么。这在中国学术思想史的研究中,无疑是有意义的。近年,海峡两岸哲学界的同仁们纷纷热议"经典诠释学"的问题。笔者不是"经典诠释学"的专家,也不是哲学出身,但因为某种机缘,近年不得不将诸多精力用于跨学科的思考中,如哲学、人类学、文学等等,这些思考使我常常获得一些传统历史学思维所难有的认识。"经典诠释学"是来自于西方哲学界的概念。西方人在抽象问题、形而上问题的理解方面有较中国人深厚得多的传统。本来西方人与中国都有经典,也都有经典诠释的问题,但中国人至少在两千多年的经典诠释史上,不知出现过多少位经典诠释者,却一直只是见仁见智,各自诠释,没有人从中提炼什么关于经典诠释的系统理论著作,可欧洲却在十八、十九世纪之际出现了施莱尔马赫(Friedrich Schleiermacher,1768—1843)这样的人物,他被誉为诠释学之父。这个学派的人看起来也是讨论经典诠释的问题,却与中国成千上万的中国经学家的思维大不相同,他们除了探求中国经学家们似有、又似没有的一般意义上的经典诠释方法论问题外,又要"探求某些超出方法层面之上,属于所有理解活动共通的性质"。这个学派的后起之秀、同样是德国人的高达美(H. Gadamer,1900—2002),则又特别关注:对于经典,"恢复"与"复原"到底有没有可能,有没有意义,"诠释理解真正起的作用……是对现在有益的'再发现'(Wiederentdeckung),重新发现某些原本并非完全不知道、但是其意义业已因为日久堙没而变得有点陌生的东西"。"对有效的诠释而言,重要的是发明作品中的'事理之真'('die sachliche Wahrheit'),而非追究其原意或原样如何。对事理的理解(Sachverständnis),远超过对于原先的人或原先的时代之理解。"此所谓"较好地理解"。①

这类思考和总结,笔者认为正是传统中国学者所缺乏的。而中西文化交流的一个有益效应,正是通过对比,相互发现自己思维的弱项,从而相互开启智慧。现在海峡两岸的哲学界同仁们试图用这种源自西方人的智慧,思考中国人的经典诠释问题,自不失为一种有益的尝试。然而,要想让这种尝试取到有效的进展,首先必须对中国浩如烟海的经典诠释文献做基础的梳理分析工作。本书正是要做这样的工作。

"郑、王之争"所涉及到的经典,其经典地位在以后的历史长河中又维持了一千多年,而以后的经典诠释者,在解经过程中几乎都绕不开"郑、王之争"。郑、王本身的经典解释争议,首先能印证这两位经学大师的方法差异,观念差异。"郑王之争"后一千几百年间历代的经典诠释者关于郑、王意见的取舍,又能印证历代经学家的经典诠释方法与观念差异,如宋元以后学者大部分赞同王肃的"一天说"而不用郑玄的"六天说",清代经学家则大多尊郑而贬王②,等等。这种经典诠释方法与观念的差异,正是经典诠释学的基本问题。

---

① 张鼎国《"较好地"还是"不同地"理解:从诠释学论争看经典注疏中的诠释定位与取向问题》,刊《中国经典诠释传统(一):通论篇》,儒学与东亚文明研究丛书,黄俊杰主编,华东师范大学出版社 2008,页 15—18。
② 张寅成一文将清儒分为郑学、王学二派,举孙星衍、孙诒让、黄以周等为郑学派,却未及何人为王学派代表。此类分法笔者不敢苟同。据笔者考察,清代的汉学家大多尊郑而抑王,虽然有人在一些具体问题上不得不承认王肃说有理,这一点张寅成文也提及,但说有一个王学派,则似未有。参拙作《清代郑学概说》,刊《第二届中国经学国际学术研讨会论文集》,三秦出版社 2009。

当然,清代以后的经学家及经学史家就相关问题进行的诸多探讨,对于澄清这类经典诠释问题,无疑有着相当积极的意义。如清人孙星衍就郑、王"六天说"与"一天说"之分歧认为:"肃有无君之心,乃有无天之说,后世议礼者奈何扬其波也。"他认为王肃与司马氏缔结姻亲关系,已无事君之心,所以诋毁郑学,郑玄之孙郑小同亦遭司马氏下毒,皇帝高贵乡公喜好郑学,而博士官等多为司马氏党羽,称扬肃言,"帝因此愤懑而卒"。① 孙星衍显然没有走出传统经学价值取舍的窠臼。清代以后逐步走出这一窠臼的经学家及经学史家,开始由主观价值取舍转向客观描述。如他们在研究郑玄三《礼》注后几乎都发现,郑玄明显有将三《礼》系统化的观念在其中,这是他不同于以往注《礼》者的突出之处。郑玄以晚出之《周礼》为中心,以《周礼》为国家大一统之蓝图,而重建大一统国家秩序的观念基础却不是一种理性思考,而是那时代人离不开的一种宗教性情感依托,因此郑玄非常重视和信奉谶纬。② 日本学者藤川正数指出,郑玄经说中权威主义和形式主义色彩较重,王肃经学则人间主义和实质主义色彩较重;郑玄与中央集权之统治阶级结合,王肃则与地方分权的豪强集合;郑玄是体制主义,王肃是反体制主义。加贺荣治又认为,王肃更注重合理主义的解释态度和实用的现实主义性格,因此他否定谶纬,批判神秘的、非合理的郑玄解经方法,开启了魏晋经学的新潮流。台湾学者简博贤则认为,"郑、王之争"的关键在亲亲与尊尊。

---

① 孙星衍《六天及感生帝辨》,《问字堂集》,收入《清经解》卷774。参张寅成《郑玄六天说之研究》,《史原》(台湾)第15期,1986,4。关于高贵乡公因郑、王的经学争议而"愤懑"致死之说,这不知是张氏之说,还是孙星衍的原话,总之笔者不敢苟同。据笔者所考,高贵乡公是在亲自参加清除司马氏的战斗中牺牲的。参《三国志·魏书四·三少帝纪》,本书正文《尧典》篇第一条。
② 参拙作《郑玄礼学的"非学术"意义》,刊《江南大学学报》(人文社会科学版)2002年第2期;[日]加贺荣治《中国古典解释史·魏晋篇》,东京,劲草书房,昭和39年,张寅成《郑玄六天说之研究》引。

此外，当学界走出传统经学价值取舍窠臼后，客观理性的思想史、学术史探讨又能在"郑、王之争"中发现颇有意义的思想史、学术史演进路。如钱穆先生发现郑玄是误将后出的《月令》与先前的邹衍一派学说混同，才有了五德转移受命的感生帝说。徐复观又指出，郑玄五帝说是将"刘邦完成的五帝"与《吕览》的相关说法糅为一个系统。日本的小岛祐马认为，改朝换代意味着制度的变革，曹魏代汉，非改革制度不可，不得不着手礼经的新注释，王肃的礼注就这样出现了。郑玄的礼说合于后汉，王肃的礼说则合于魏。（小岛祐马《中国思想史》，东京，创文社，昭和43年）还有学者着力探讨"郑、王之争"与"今古文之争"的关系问题，不少学者都发现"郑、王之争"不能代表"今古文之争"的问题。等等。

以往相关研究的成就自然不容忽视，但这些研究大多只是从"郑、王之争"的某一个具体问题入手，试图看出二人具有一般意义的方法或观念取向，如上述相关研究，再如杨晋龙先生《神统与圣统——郑玄、王肃感生说异解探义》（《中央研究院中国文哲研究集刊》第三期，台北，1993，3）等等。也正因为如此，这些基于个案研究的一般观念抽象，时常会遇到矛盾或疑点，如上述日本学者藤川正数的意见，就遇到同仁的质疑；关于郑、王不同的礼说，孙星衍与藤川正数认为王肃礼说是为晋朝政权服务的，小岛祐马则认为王肃礼说是为曹魏政权服务的。[1]

笔者在完成现存所有郑、王经注的初步比勘后[2]，一直有意将这一研究细化，认为如果能把现存可对应比勘的所有郑、王经注文字，逐条结合《五经正义》之后历代主要的相关经学诠释取舍进行分析，这将为中国的经典诠释学研究者提供基础的文献依据。

---

[1] 此部分所引多位学者的意见，并参张寅成《郑玄六天说之研究》，甘怀真《郑玄、王肃天神观探讨》，同刊《史原》（台湾）第15期，1986，4。

[2] 参拙著《郑玄通学及郑王之争研究》。

本书就是这项工作的第一步。今后条件允许,本人还会进行第二步,如《毛诗郑王比义发微》等。希望这第一步首先能得到方家同仁的批评指正。

# 凡　例

（一）《尚书》自传世以来，篇目次第多有不同。自唐代将东晋南朝以后出现的伪孔传本《尚书》作为官本作疏义颁行后，《尚书》的篇目次第大体定型，清人《十三经注疏》即以此本为据，至今它仍是我们研读《尚书》的主要依据。本书的篇目次第主要以此伪孔本之篇目次第为据。

（二）本书正文篇题次序以据伪孔本而成的唐官修《尚书正义》本为基本依据，但关于《书序》内容的郑、王义解对勘，置于书末，以从清代以来之成说。清人朱彝尊曾说："古者书序自为一卷，列于全书之后。"[①]其后清人解《尚书》，《书序》多置于书后，近人亦多如之。而关于《尚书》篇次之考辩，或有马、郑、王本不同者，笔者则加案语在正文中予以说明。

（三）各篇题下所录经文，有郑、王解义可对应比勘者则录，

---

[①] 《曝书亭集》卷 55《书论二》。引自徐有富《书序考》，刊《古代文献的考证与诠释——海峡两岸古典文献学国际学术会议论文集》，李浩、贾三强主编，上海古籍出版社 2006。

无则不录。《尚书》郑、王注之全本今皆不存,后人所辑,主要以孔颖达《尚书正义》所征引为据,其内容本身不尽完整,其中郑、王义解可对应比勘者又少。如一条经文下,《正义》所引郑玄之解与王肃之解对应的诠释对象是相同的,此即为可对应比勘者;或某条经文下,虽均引有郑、王义解,但郑释此而王释彼,此为不可对应比勘者;或某条经文下,郑注有引而王注未见引,王注有引而郑注未见引,此亦为不可对应比勘者;此类本书均不录。但有的经文下虽《正义》所引郑、王《尚书》此条注文不能对应比勘,但其它《尚书》篇章及其它经解篇文下,《正义》或有引郑、王之相关解说,可与此对应比勘,此可弥补本条经文下《正义》所引之不足,此类本书亦录之。如《尚书·禹贡》:"至于衡漳。"《正义》引王肃注云:"衡、漳,二水名。"而不见郑注文。但《诗·邶鄘卫谱·正义》引郑康成对相关经义之解云:"衡漳者,漳水横流入河。"此可与上述王肃《尚书》注文相对应比勘,此类则本书亦收录之。

（四）本书正文基本体例为:先逐条钞录涉及郑、王经注并可对应比勘之经文,然后排比可对应比勘之郑、王解义,再录相应的伪孔传文及《经典释文》(文中简称《释文》)文字,再录相应的孔颖达《正义》文字,再录李振兴案语,最后下笔者之案语。

（五）本书之所以在《正义》文字后独列李振兴案语,是因为据笔者孤陋所知,在清人辑佚马、郑、王残存经义后,在笔者从事郑、王经义详细比勘之前,梳理对比马、郑、王经义条目最为详尽者为台湾学者李振兴。然李振兴之研究着眼点是王肃之经学,不是"郑、王之争",他只是为了厘清王肃经学,详尽地梳理对比了与王肃经学密切相关、也是王肃经学来源的马、郑经注。本书以郑、王《尚书》解义之比勘为职志,自不应忽视李振兴对于郑、王《尚书》解义的梳理对比及其案语。本书所列郑、王《尚书》解义可对应比勘之条目,基础依据自是清人《尚书郑玄注》和《尚书王肃注》的辑佚本(袁钧辑本和马国翰本),在详细对勘郑、王《尚书注》辑佚本的基础上,再参考前人相关学术著作,如[清]孙星衍《尚书今古文注疏》,[清]阮元校刻《十三经注疏·尚书正义》,近人李威熊《马融之经学》、李振兴《王肃之经学》,等等,从而最大限度地穷尽郑、王《尚书》注文可对应比勘之条目。经过此次重新厘订,笔者发现李振兴所录可对应比勘之郑、王经注条目仍有缺漏,此次在书中再作订补。

（六）本书之所以在各条郑、王经注对勘文字下详录相关伪孔传、《释文》和《正义》文字,是因为要明了残存的各条非常简略的郑、王注义,必须先阅读相关的伪孔传、《释文》和《正义》文字。考虑到篇幅,太与本条对勘之郑、王义解无关之内容,笔者在引录时尽可能从略。《释文》文字不涉及解义之音读内容多从略,主要节引其释义部分,涉及解义之音读部分则如例引之。

（七）笔者在写作此书时,黄怀信整理本《尚书正义》(上海古籍出版社 2007 年 12 月版)尚未到手,因此所据主要是阮刻《十三经注疏》(缩印)本。初稿完成后,黄怀信整理本《尚书正义》购得,笔者特据之对引录文字进行了校订,但未据黄怀信整理本全文重录,标点亦未全依黄怀信本,标点责任自在笔者。《正义》中所引经史文字加引号者,笔者均已与传世本原文核校过。《正义》文字若明显有误且阮元《校勘记》已明示,或黄怀信整理本已改,则径改,不再重录《校勘记》文以出注;若有疑,则注出《校勘记》文以辨证。

（八）"郑王之争"后一千几百年间,《尚书》诠释者可谓汗牛充栋,笔者案语中引证到的只是历史上主要几家与"郑王之争"相关的《尚书》诠释者的意见,主要包括伪孔、《释文》、《正义》、蔡沈《书经集传》、江声(1721—1799)《尚书集注音疏》、王鸣盛(1722—1797)《尚书后案》、段玉裁(1735—1815)《古文尚书撰异》、孙星衍(1753—1818)《尚书今古文注疏》、皮锡瑞《今文尚书考证》等数家,另有一些现代学者对于厘清"郑王之争"问题有意义的一些研究意见也适当收入。

（九）因操作原因,本书以简体字出版,但为了不影响经义之陈述与表达,书中适当保留了若干繁体字与异体字。

## 《尧典》

**"曰若稽古帝尧,曰放勋,钦明文思安安……"**

"郑玄信纬,训'稽'为同,训'古'为天,言能顺天而行之,与之同功。"

王肃云:"顺考古道而行之。"(《三国志·魏书四·三少帝纪》)

伪孔传:"若,顺;稽,考也。言能顺考古道而行之者,帝尧也①。勋,功;钦,敬也。言尧放上世之功,化而以敬、明、文、思之四德,安天下之当安者。"《释文》:"放,方往反,注同。徐云:郑、王如字。勋,许云反,功也。马云:放勋,尧名。皇甫谧同。一云:放勋,尧字。钦明文思,马云:威仪表备谓之钦,照临四方谓之明,经纬天地谓之文,道德纯备谓之思。"②

---

① 阮元《校勘记》曰:"古本'能'上有'言'字,'尧'下有'也'字。"——阮刻《十三经注疏》,页124中。
② 见阮刻《十三经注疏》,页118下—119上。

《正义》:"史将述尧之美,故为题目之辞曰:能顺考校古道而行之者,是帝尧也。又申其'顺考古道'之事曰:此帝尧能放效上世之功而施其教化,心意恒敬,智慧甚明,发举则有文谋,思虑则能通敏,以此四德安天下之当安者,在于己身,则有此四德;其于外接物,又能信实恭勤、善能谦让。恭则人不敢侮,让则人莫与争。由此为下所服,名誉著闻,圣德美名充满被溢于四方之外,又至于上天下地。言其日月所照,霜露所坠,莫不闻其声名,被其恩泽。此则稽古之事也。○传'若顺'至'帝尧'。○正义曰:'若,顺',《释言》文。《诗》称'考卜惟王'。《洪范》考卜之事谓之'稽疑'。是'稽'为考,经传常训也。《尔雅》一训一也,孔所以约文,故数字俱训,其末以一'也'结之,又已经训者,后传多不重训,显见可知,则径言其义,皆务在省文故也。言'顺考古道'者,古人之道非无得失,施之当时,又有可否,考其事之是非,知其宜于今世,乃顺而行之。言其行可否,顺是不顺非也。考古者,自己之前,无远近之限,但事有可取,皆考而顺之,今古既异,时政必殊,古事虽不得尽行,又不可顿除古法,故《说命》曰:'事不师古,以克永世,匪说攸闻。'是后世为治,当师古法,虽则圣人,必须顺古,若空欲追远,不知考择,居今行古,更致祸灾,若宋襄慕义,师败身伤;徐偃行仁,国亡家灭;斯乃不考之失。故美其能'顺考'也。郑玄信纬,训'稽'为同,训'古'为天,言能顺天而行之,与之同功。《论语》称惟尧则天。《诗》美文王'顺帝之则'。然则圣人之道,莫不同天合德,岂待'同天'之语,然后得同之哉?《书》为世教,当因之人事,以人系天,于义无取,且'古'之为'天',经无此训。高贵乡公皆以郑为长,非笃论也。"①

李振兴案:王承马(融)说也。《魏志·高贵乡公》引贾、马之言曰"顺考古道"。《尔雅·释言》云:"若,顺也。"《小尔雅·广

---

① 阮刻《十三经注疏》,页119上。

言》、《广雅·释言》并曰:"稽,考也。"郑康成云:"稽,同也;古,天也……(见上引——笔者注)"郑、王二氏之说,夙有定评,如《三国志·魏书·高贵乡公纪》:"帝问曰:郑玄曰'稽古同天',言尧同于天也。王肃云'尧顺考古道而行之。'二义不同①,何者为是?博士庾峻对曰:'先儒所执,各有乖异,臣不足以定之。然《洪范》称:三人占,从二人之言,贾、马及肃皆以为'顺考古道',以《洪范》言之,肃义为长。'"《正义》云:"郑玄信纬,训'稽'为同,训'古'为天,言能顺天而行之……(见上引——笔者注)"又案:"王逸《鲁灵光殿赋》云'粤若稽古帝汉',张载注:'若,顺也;稽,考也。言能顺天地,考行古之道者,帝也。'此张载用《礼记·谥法》'德象天地'之义。天统地,故郑可言'同天'也。然则《魏志》引贾、马及肃皆以为'顺考古道'者,但不兼帝字生义,究与郑说不异也。政莫大乎稽古,稽古即法天也。古之圣人制作,无所本则求之于仰观俯察。"(见孙星衍《问字堂集》)言法古虽则义同,然郑氏未若王氏义明也。②

**应勇案:**此句为《尧典》首句,乃盛赞尧之功德。若依郑玄之解,神圣的尧就像天一样,与天同功德;若依王肃之解,尧只是能顺应古来治人治国之道,能仿效上世之功德而施其教化。伪孔传之解近王肃义。《正义》以疏不破注为原则,力主伪孔传说而驳郑之说。前已言,郑玄对六经的理解,颇具神意,王肃则相对淡化了神意。这一点除由本条对勘可见外,已由其它礼经文字下郑、王

---

① 今本《三国志》作"三义不同"。见《三国志·魏书四·三少帝纪》,中华书局点校本,1959(下引版本同)。

② 李振兴《王肃之经学》,页154—155。此处李振兴所引孙星衍一段文字有脱漏及断句错误。此据中华书局1996年版《问字堂集、岱南阁集》(骈宇骞点校)重新校订。而其中《鲁灵光殿赋》一句,骈宇骞与李振兴出现同样的断句错误,断为"王逸《鲁灵光殿赋》云'粤若稽古帝'。汉张载注:……"(《问字堂集》卷三《帝尧皋陶稽古论》)又,据考,《鲁灵光殿赋》作者为王逸之子王延寿,而非王逸。此处孙星衍或亦有误。

的不同解说所证实,相关研究已颇多。① 三国魏甘露元年(256)夏四月的一天,时在位的高贵乡公曹髦到太学里专门讨论经学,其间就讨论到了《尚书》中的这一句,曹髦问:郑玄与王肃的解说各自不同,到底该以谁说为是?博士官庾峻以少数服从多数为理由,回答说:既然贾、马、王肃都解为"顺考古道",而且《洪范》中也有"三人占,从二人之言"之说,那么应该以"顺考古道"为是。帝曰:"仲尼言'唯天为大,唯尧则之'。尧之大美,在乎则天。顺考古道,非其至也。今发篇开义以明圣德,而舍其大,更称其细,岂作者之意邪?"意思是说,郑玄的解说并非无据,经典都是以孔子为宗的,都想努力接近孔圣人的真谛,权威的《论语》记载孔子说"唯天为大,唯尧则之",就是在盛赞"尧之大美",这"大美"恰在于尧能遵从天道,那么郑玄的解说不是更有道理吗?这是《尚书》开宗明义一句,当然彰显的应该是这种最根本的"大美",若如王肃之说,那种神圣性就淡化了许多,所谓"舍其大而更称其细",这难道能符合《尚书》作者的本意?博士庾峻一听皇帝都这样说了,只好说:"臣奉遵师说,未喻大义,至于折中,裁之圣思。"这一年正是王肃(195—256)的卒年。我们不知道进行这场经学讨论之时的"夏四月丙辰"日,王肃是否已经离开人世,但王肃的女婿、路人皆知其篡魏之心的司马昭就在这一年受"衮冕之服"、可以"剑履上殿",曹魏政权的覆亡已基本定型。当然,这位"才同陈思,武类太祖"、却在清除司马氏的斗争中丢了性命、死后连个皇帝名号都未能得到的少年统治者②,在这场经学讨论中,是否因痛恨与王肃联姻的司马氏而偏袒郑说,驳正王肃,我们不好妄下断语。李振兴先生引说极力弥合郑、王之不同,但不能不承认郑、王解经在思想史意义上的明显不同。后来宋人蔡沈《书经集传》解此句则近王

---

① 参刘柏宏《开创与影响:王肃礼学义理及中古传播历程》,台湾政治大学中文系硕士学位论文,2007。乐胜奎《王肃礼学初探》,《孔子研究》2004 年第 1 期。
② 参《三国志・魏书四・三少帝纪》及《王肃传》。

肃说而远郑说。① 清人孙星衍《尚书今古文注疏》则广征博引,既言"顺考古道"之有据,又言"稽古同天"之不无依据,令人有不知所从之惑。(孙《疏》,页 2—4)据桓谭《新论》及《汉书·儒林传》所述,汉代著名的《尚书》学家"小夏侯"夏侯建的再传弟子秦恭延君,曾将《尚书》开篇这四个字"曰若稽古"解说至三万字的篇幅,虽然我们由此可见出今文章句之学的繁琐,但从另一个角度,却也可见这四字的思想史意义有多么重要,否则当时人不会为此四字费那么多笔墨。惜其说皆不可考。由此亦可见郑、王关于此四字解说不同的思想史意义。皮锡瑞博引以证郑说之非,以王说为是。而皮氏以孙星衍此条从郑说,笔者不敢苟同。孙氏之书主旨在疏证《尚书》之解说哪些是古文家说,哪些是今文家说,一般不明示取舍。② 今人刘起釪之《尚书校释译论》亦以马、王之说为是而以郑说为非。③

"乃命羲、和,钦若昊天,历象日月星辰,敬授人时。分命羲仲,宅嵎夷,曰旸谷,寅宾出日,平秩东作,日中星鸟,以殷仲春,厥民析,鸟兽孳尾;申命羲叔,宅南交,平秩南讹,敬致,日永星火,以正仲夏,厥民因,鸟兽希革;分命和仲,宅西,曰昧谷,寅饯纳日,平秩西成,宵中星虚,以殷仲秋,厥民夷,鸟兽毛毨;申命和叔,宅朔方,曰幽都,平在朔易,日短星昴,以正仲冬,厥民隩,鸟兽氄毛。……"

郑玄注:(1)"郑注此云:日长者,日见之漏五十五刻;日短者,日见之漏四十五刻。"(2)"以为星鸟、星火谓正在南方,春分之昏

---

① 见[宋]蔡沈《书经集传》,上海古籍出版社据世界书局影印,1987(下引版本同,不再出注)。
② 皮锡瑞《今文尚书考证》卷一,光绪二十三年(1897)师伏堂刊本,收入《续修四库全书》经部书类(下引版本同)。
③ 顾颉刚、刘起釪《尚书校释译论》第一册,中华书局 2005,页 6(下引版本同)。

七星中,仲夏之昏心星中,秋分之昏虚星中,冬至之昏昴星中,皆举正中之星,不为一方尽见。此其与孔异也。至于举仲月以统一时,亦与孔同。"(3)"夏不言'日明都'三字,摩灭也。"(《正义》)

王肃注:(1)王肃难郑云:"知日见之漏减昼漏五刻,不意马融为传已减之矣,因马融所减而又减之,故日长为五十五刻,因以冬至反之,取其夏至夜刻以为冬至昼短,此其所以误耳。"(《正义》)"日永则昼漏六十刻,夜漏四十刻。日短则昼漏四十刻,夜漏六十刻。日中、宵中,则昼夜各五十刻。"(《诗·齐风·东方未明·正义》引马融、王肃)(2)"王肃亦以星鸟之属为昏中之星,其要异者,以所宅为孟月,日中、日永为仲月,星鸟、星火为季月,以殷以正,皆惣三时之月。读仲为中,言各正三月之中气也。以马融、郑玄之言不合天象,星火之属仲月未中,故为每时皆历陈三月。言日以正仲春,以正春之三月中气。若正春之三月中,当言以正春中,不应言'以正仲春'。"(《正义》。《玉海》卷九引同。又卷二引作:宅嵎夷,孟月也,日中、日永,皆中仲月也;星鸟:火、虚、昴,季月也。①)(3)夏无"明都",避"敬致"然,即幽足见明,阙文相避。(《正义》)

伪孔传:"重、黎之后羲氏、和氏,世掌天地四时之官②,故尧命之使敬顺昊天。昊天,言元气广大。星,四方中星。辰,日月所会。历象其分节,敬记天时,以授人也。此举其目,下别序之。"《释文》:"羲、和,马云:羲氏掌天官,和氏掌地官,四子掌四时。……重,直龙反,少昊之后。黎,高阳之后。日月所会,谓日月交会于十二次也。寅曰析木,卯曰大火,辰曰寿星,巳曰鹑尾,午曰鹑火,未曰鹑首,申曰实沈,酉曰大梁,戌曰降娄,亥曰娵訾,子曰玄枵,丑曰星纪。"

---

① 参李振兴《王肃之经学》,页156。
② 阮元《校勘记》曰:《史记》集解无"四时"二字,按疏意似亦无此二字。——阮刻《十三经注疏》,页124下。

伪孔传："宅,居也。东表之地称'嵎夷'。旸,明也。日出于谷而天下明,故称'旸谷'。旸谷、嵎夷,一也。羲仲,居治东方之官。"《释文》："嵎,音隅。马曰嵎,海嵎也;夷,莱夷也。《尚书考灵耀》及《史记》作禺銕。旸音阳。谷,工木反,又音欲,下同。马云:旸谷、海嵎,夷之地名。'日出于谷',本或作'日出于阳谷'。阳,衍字。"

伪孔传："寅,敬;宾,导;秩,序也。岁起于东而始就耕,谓之'东作'。东方之官,敬导出日,平均次序东作之事以务农也。"《释文》："……宾……马云从也。……平,如字,马作苹,普庚反,云使也。……"

伪孔传："日中,谓春分之日。鸟,南方朱鸟七宿。殷,正也。春分之昏,鸟星毕见,以正仲春之气节。转以推季、孟则可知。"《释文》："中,贞仲反,又如字。殷……马、郑云中也。宿,音秀,下同。见,贤遍反,下同。"

伪孔传："冬寒无事,并入室处。春事既起,丁壮就功。厥,其也。言其民老壮分析。乳化曰孳,交接曰尾。"《释文》："……《说文》云:人及鸟生子曰乳,兽曰产。"

伪孔传："申,重也。南交,言夏与春交,举一隅以见之。此居治南方之官。"《释文》："重,直用反。"

伪孔传："讹,化也。掌夏之官,平叙南方化育之事,敬行其教,以致其功。四时①同之。亦举一隅。永,长也,谓夏至之日。火,苍龙之中星。举中则七星见可知。以正仲夏之气节,季、孟亦可知。因,谓老弱因就在田之丁壮,以助农也。夏时鸟兽毛羽希少改易。革,改也。昧,冥也。日入于谷而天下冥,故曰'昧谷'。'昧谷'曰西,则'嵎夷'东可知。此居治西方之官,掌秋天之政也。饯,送也。日出言导,日入言送。因事之宜秋,西方万物咸成,平

---

① 阮元《校勘记》曰:"《纂传》时作方。"——阮刻《十三经注疏》,页119下。

序其政,助成万物。"《释文》:"饯,贱衍反,马云灭也。灭犹没也。"

伪孔传:"宵,夜也。春言日,秋言夜,互相备。虚,玄武之中星。亦言七星皆以秋分日见,以正三秋。夷,平也。老壮在田,与夏平也。毨,理也。毛①更生整理。北称朔,亦称方。言一方,则三方见矣。北称'幽都',南称'明',从可知也。都,谓所聚也。易,谓岁改易于北方。平均在察其政以顺天常。上揔言羲、和敬顺昊天。此分别仲、叔各有所掌。日短,冬至之日。昴,白虎之中星。亦以七星并见,以正冬之三节。隩,室也。民改岁入此室处,以辟风寒。鸟兽皆生㲉毷、细毛以自温焉②。"《释文》:"隩,于六反,马云燠也。氄,如勇反,徐又音而充反,马云温柔貌。辟音避……"

《正义》:"上言能明俊德,又述能明之事。尧之圣德美政如上所陈,但圣不必独理,必须贤辅,尧以须臣之故,乃命有俊明之人羲氏、和氏,敬顺昊天之命,历此法象,其日之甲乙,月之大小,昏明递中之星,日月所会之辰,定其所行之数,以为一岁之历。乃依此历,敬授下人,以天时之早晚,其总为一岁之历,其分有四时之异。既举揔目,更别序之。尧于羲、和之内,乃分别命其羲氏而字仲者,令居治东方'嵎夷'之地也,日所出处,名曰旸明之谷。于此处所主之职,使羲仲主治之。既主东方之事,而日出于东方,令此羲仲恭敬导引将出之日,平均次③序东方耕作之事,使彼下民务勤种植。于日昼夜中分,刻漏正等,天星朱鸟南方七宿合昏毕见。以此天之时候,调正仲春之气节。此时农事已起,不居室内,其时之民,宜分析适野,老弱居室,丁壮就功。于时鸟兽皆孕胎卵,挚

---

① 阮元《校勘记》:"古本'毛'下有'羽'字。"——阮刻《十三经注疏》,页124下。新出黄怀信整理本《尚书正义》(上海古籍出版社2007年12月版,下引版本同)则无"羽"字。
② 黄怀信整理本《尚书正义》无此"焉"字。(页40)
③ "次"字中华书影印阮刻《十三经注疏》本漫漶不清,似为"攒",据新出黄怀信整理本《尚书正义》,此字作"次",作"平均次序……"。

尾匹合。又就所分羲氏之内,重命其羲氏而字叔者,使之居治南方之职,又于天分南方与东交,立夏以至立秋时之事,皆主之,均平次序南方化育之事,敬行其教,以致其功。于日正长,昼漏最多,天星大火东方七宿合昏毕见。以此天时之候①,调正仲夏之气节。于时苗稼已殖,农事尤烦,其时之民,老弱因共丁壮就在田野。于时鸟兽羽毛希少,变改寒时。又分命和氏而字仲者,居治西方日所入处,名曰昧冥之谷。于此处所主之职,使和仲主治之。既主西方之事,而日入在于西方,令此和仲恭敬从送既入之日,平均次序西方成物之事,使彼下民务勤收敛。于昼夜中分,漏刻正等,天星之虚北方七宿合昏毕见,以此天时之候,调正仲秋之气节。于时禾苗秀实,农事未闲。其时之民,与夏齐平,尽在田野。于时鸟兽毛羽更生,已稍整治。又重命和氏而字叔者,令居治北方名曰幽都之地。于此处所主之职,使和叔主治之,平均视察北方岁改之事。于日正短,昼漏最少,天星之昴西方七宿合昏毕见。以此天时之候,调正仲冬之气节。于时禾稼已入,农事闲暇,其时之人皆处深隩之室,鸟兽皆生奥毳细毛以自温暖。此是羲、和敬天授人之实事也。羲、和所掌如是,故帝尧乃述而叹之曰:……○传'重黎'至'序之'。○正义曰:《楚语》云:'少昊氏之衰,九黎乱德,人神杂扰,不可方物,颛顼受之,乃命南正重司天以属神,火正黎司地以属民,使复旧常,无相侵渎。其后三苗复九黎之德②,尧复育重、黎之后,不忘旧者,使复典之,以至于夏、商。'据此文,则自尧及商,无他姓也。尧育重、黎之后,是此羲、和可知。是羲、和为重、黎之后,世掌天地之官,文所出也。《吕刑》先重后黎,此文先羲后和。扬子《法言》云:羲近重,和近黎。是羲承重而和承黎

---

① 上文作"以此天之时候",此下三处皆作"以此天时之候",阮刻本原文如此。
② 阮刻本作"复九黎之德",黄怀信整理本《尚书正义》作"复九黎之恶"。黄怀信整理本《校勘记》曰:"'恶',《楚语》作'德'。阮云:毛本'恶'作'德',作'恶'与《国语》异。今按:九黎之德,即谓其恶。"——黄怀信整理本《尚书正义》,页41、67。

矣。《吕刑》称'乃命重、黎',与此'命羲、和'为一事也。故《吕刑》传云:重即羲也,黎即和也。羲、和虽别为氏族,而出自重、黎,故《吕刑》以重、黎言之。《郑语》云'为高辛氏火正'①,则高辛亦命重、黎。故郑玄于此注云:高辛氏世命重为南正司天,黎为火正司地。是②'世掌'之文,用《楚语》为说也。《楚世家》云:'重黎为帝喾火正,能光融天下,帝喾命曰祝融。共工氏作乱,帝喾使重黎诛之而不尽,帝乃以庚寅日诛重黎,而以其弟吴回为重黎,复居火正为祝融。'案昭二十九年《左传》称少昊氏有子曰重,颛顼氏有子曰黎。则重、黎二人各出一帝。而《史记》并以'重黎'为楚国之祖,吴回为'重黎',以'重黎'为官号,此乃《史记》之谬。故束皙讥马迁并两人以为一,谓此是也。《左传》称重为句芒,黎为祝融,不言何帝使为此官,但黎是颛顼之子,其为祝融必在颛顼之世;重虽少昊之胤,而与黎同命,明使重为句芒,亦是颛顼时也。祝融火官,可得称为火正,句芒木官,不应号为南正,且木不主天,火不主地,而《外传》称'颛顼命南正司天,火正司地'者,盖使木官兼掌天,火官兼掌地,南为阳位,故掌天谓之南正;黎称本官,故掌地犹为火正。郑答赵商云:先师以来皆云'火'当③为'地',当云黎为北正。孔无明说,未必然也。昭十七年《左传》郯子称少昊氏以鸟名官,自颛顼以来,乃命以民事。勾芒、祝融皆以人事名官,明此当颛顼之时也。《传》④言'少昊氏有四叔',当为后代子孙,非亲子也。何则?《传》称共工氏有子曰句龙。共工氏在颛顼之前,多历年代,岂复共工氏亲子至颛顼时乎?明知少昊四叔亦非亲子。高辛所

---

① 《国语·郑语》原文作"夫黎为高辛氏火正"。——见四库本《国语》韦昭注。
② "是",阮刻本正文原作"据",《校勘记》曰:"宋本'据'作'是'。"(页124下)黄怀信整理本《尚书正义》径作"是"。
③ "当",阮刻本正文作"掌",《校勘记》曰:"按《诗·桧风·正义》引《郑志》作'火当为地'。"(页124下)
④ 此《传》指上文所引《左传》。

命重、黎,或是重、黎子孙,未必一人能历二代。又高辛前命后诛,当是异人。既有罪而诛,不容列在祀典,明是重、黎之后,世以重、黎为号,所诛重、黎,是有功重、黎之子孙也。《吕刑》说羲、和之事,犹尚谓之重、黎,况彼尚近重、黎,何故不得称之?以此知异世重、黎,号同人别。颛顼命重司天,黎司地,羲氏掌天,和氏掌地,其实重、黎、羲、和通掌之也。此云'乃命羲、和,钦若昊天',是羲、和二氏共掌天地之事,以乾坤相配,天地相成,运立施化者天,资生成物者地,天之功成,其见在地,故下言'日中星鸟'之类,是天事也;'平秩东作'之类,是地事也;各分掌其时,非别职矣。案《楚语》云'重司天以属神,黎司地以属人',天地既别,人神又殊,而云'通掌'之者,《外传》之文说《吕刑》之义,以为少昊之衰,天地相通,人神杂扰,颛顼乃命重、黎分而异之,以解'绝地天通'之言,故云各有所掌。天地相通,人神杂扰,见其能离绝天地,变异人神耳,非即别掌之。下文别序所掌,则羲主春夏,和主秋冬,俱掌天时,明其共职。彼又言'至于夏商,世掌天地。'《胤征》云:'羲、和湎淫,废时乱日,不知日食。'①羲、和同罪,明其世掌天地,共职可知。颛顼命掌天地惟重、黎二人,尧命羲、和,则仲、叔四人者,以羲、和二氏贤者既多,且后代稍文,故分掌其职事,四人各职一时,兼职方岳,以有四岳,故用四人。颛顼之命重、黎,惟司天地,主岳以否,不可得知。设令亦主方岳,盖重、黎二人分主东、西也。马融、郑玄皆以此'命羲、和'者,命为天地之官。下云'分命'、'申命'为四时之职。天地之与四时,于周则冢宰、司徒之属六卿是也。孔言此举其目,下别序之,则惟命四人,无六官也。下传云四岳即羲、和四子。《舜典》传称禹、益六人,新命有职,与四岳、十二牧,凡为二十二人。然新命之六人,禹命为百揆,契作司徒,伯夷为秩宗,皋陶为士,垂作共工,亦禹、契之辈即是卿官,卿官之外别

---

① 参黄怀信整理本《尚书正义》,页43;[宋]夏僎《尚书详解》(四库本)。

有四岳,四岳非卿官也。孔意以羲、和非是卿官,别掌天地,但天地行于四时,四时位在四方,平秩四时之人,因主方岳之事,犹自别有卿官,分掌诸职。《左传》称少昊氏以鸟名官,五鸠氏即周世之卿官也。五鸠之外,别有凤鸟氏,历正也,班在五鸠之上。是上代以来,皆重历数。故知尧于卿官之外,别命羲、和掌天地也。于时羲、和似尊于诸卿,后世以来稍益卑贱。《周礼》太史掌正岁年以序事,即古羲、和之任也。桓十七年《左传》云'日官居卿以底日',犹尚尊其所掌。周之卿官,明是尧时重之,故特言'乃命羲、和'。此'乃命羲、和',重述克明俊德之事,得致雍和所由。已上论尧圣性,此说尧之任贤。据尧身而言用臣,故云'乃命',非时雍之后方始命之。'使敬顺昊天',昊天者,混元之气,昊然广大,故谓之'昊天'也。《释天》云:春为苍天,夏为昊天,秋为旻天,冬为上天。《毛诗》传云:尊而君之则称皇天,元气广大则称昊天,仁覆闵下则称旻天,自上降监则称上天,据远视之苍苍然则称苍天。《尔雅》四时异名。《诗传》即随事立称。郑玄读《尔雅》云:春为昊天,夏为苍天。故《驳异义》云:春气博施,故以广大言之;夏气高明,故以远言之;秋气或生或杀,故以闵下言之;冬气闭藏而清察,故以监下言之;皇天者,尊而号之也;六籍之中诸称天者,以情所求言之耳,非必于其时称之。然此言尧敬大四天,故以广大言之。'星,四方中星'者,二十八宿布在四方,随天转运,更互在南方,每月各有中者。《月令》每月昏旦,惟举一星之中。若使每日视之,即诸宿每日昏旦莫不常中,中则人皆见之,故以'中星'表宿。'四方中星',揔谓二十八宿也。或以《书传》云:主春者张,昏中,可以种谷;主夏者火,昏中,可以种黍;主秋者虚,昏中,可以种麦;主冬者昴,昏中,可以收敛。皆云上告天子,下赋臣人,天子南面而视四方星之中,知人缓急,故曰'敬授人时'。谓此'四方中星'如《书传》之说。孔于虚、昴诸星,本无取中之事,用《书传》为孔说,非其旨矣。'辰,日月所会'者,昭七年《左传》士文伯对晋侯之辞也。

日行迟,月行疾,每月之朔,月行及日而与之会,其必在宿。分二十八宿,是日月所会之处。辰,时也。集会有时,故谓之辰。'日月所会'与'四方中星'俱是二十八宿。举其人目所见,以星言之;论其日月所会,以辰言之;其实一物,故星、辰共文。《益稷》称古人之象,日月星辰共为一象,由其实同故也。日月与星,天之三光,四时变化,以此为政,故命羲、和,令以算术推步,累历其所行,法象其所在,具有分数节候,参差不等,敬记此天时,以为历而授人。此言星、辰共为一物。《周礼·大宗伯》云:实柴祀日月星辰。郑玄云:星谓五纬,辰谓日月所会十二次者。以星、辰为二者,五纬与二十八宿俱是天星,天之神祇①,礼无不祭,故郑玄随事而分之。以此'敬授人时',无取五纬之义,故郑玄于此注亦以星、辰为一。观文为说也。然则五星与日月皆别行,不与二十八宿同为不动也。○传'宅居'至'之官'。○正义曰:'宅,居',《释言》文。《禹贡》青州云'嵎夷既略'。青州在东界外之畔,为表,故云'东表之地称嵎夷'也。阴阳相对,阴闇而阳明也,故以旸为明。谷无阴阳之异,以日出于谷而天下皆明,故谓日出之处为'旸谷',冬南夏北不常厥处,但日由空道,似行自谷,故以'谷'言之,非实有深谷而日从谷以出也。据日所出谓之'旸谷',指其地名即称'嵎夷',故云'旸谷、嵎夷一也'。又解'居'者,居其官不居其地,故云:'羲仲,居治东方之官。'此言'分命'者,上云'乃命羲、和',揔举其目,就'乃命'之内,分其职掌,使羲主春夏,和主秋冬,分一岁而别掌之,故言'分命'。就羲、和之内,又重分之,故于夏变言'申命'。既命仲而复命叔,是其重命之也。所命无伯、季者,盖时无伯、季,或有而不贤,则《外传》称'尧育重、黎之后,不忘旧者,使复典之',明仲、叔能守旧业,故命之也。此羲、和掌序天地,兼知人事,因主四时而分主四方,故举东表之地以明所举之域地。东举'嵎夷'之

---

① 阮刻本作"祇",黄怀信整理本《尚书正义》作"祇"。二字可通。

名,明分三方皆宜有地名。此为其始,故特详举其文。羲仲,居治东方之官,居在帝都而遥统领之。王肃云:皆居京师而统之,亦有时述职,是其事也。以春位在东,因治于东方,其实本主四方春政,故于'和仲'之下云:此居治西方之官,掌秋天之政。明此掌春天之政。孔以经事详,故就下文而互发之。○传'寅敬'至'务农'。○正义曰:'寅,敬',《释诂》文。宾者,主行导引,故'宾'为导也。《释诂》以'秩'为常。常,即次第有序。故'秩'为序也。一岁之事,在东则耕作,在南则化育,在西则成熟,在北则改易,故以方名配岁事为文,言顺天时气以劝课人务也。春则生物,秋则成物。日之出也,物始生长,人当顺其生长,致力耕耘。日之入也,物皆成熟,人当顺其成熟,致力收敛。东方之官当恭敬导引日出,平秩东作之事,使人耕耘。西方之官当恭敬从送日入,平秩西成之事,使人收敛。日之出入,自是其常,但由日出入,故物有生、成,虽气能生物,而非人不就,勤于耕稼,是导引之;勤于收藏,是从送之。冬、夏之文无此类者,南北二方,非日所出入,'平秩南讹'亦是导日之事,'平在朔易'亦是送日之事,依此春、秋而共为宾饯,故冬、夏二时无此一句。劝课下民,皆使致力,是敬导之。平均次序,即是授人田里,各有疆埸①,是平均之也。耕种收敛,使不失其次序。王者以农为重,经主于农事。'寅宾出日'为'平秩'设文,故并解之也。言'敬导出日'者,正谓平秩次序东作之事以务农也。郑以'作'为生计,秋言西成,春宜言东生。但四时之功皆须作力,不可止言力作,直说生成。明此以岁事初起,特言'东作',以见四时亦当力作,故孔以耕作解之。郑玄云'寅宾出日',谓春分朝日;又以'寅饯纳日'谓秋分夕日②也。○传'日中'至'可

---

① 黄怀信整理本《尚书正义·校勘记》曰:"埸,原作场,阮本作场。《正字》云:'埸从易,毛本误从昜。'今从改。"(页67)
② 此"日"字疑当为"月"。阮元《校勘记》中无此条校勘说明,但文中有校勘标记。黄怀信整理本《尚书正义》亦作"秋分夕日"。

知'。○正义曰：其仲春、仲秋、冬至、夏至，马融云：古制刻漏，昼夜百刻，昼长六十刻，夜短四十刻；昼短四十刻，夜长六十刻；昼中五十刻，夜亦五十刻。融之此言，据日出见为说。天之昼夜，以日出入为分；人之昼夜，以昏明为限。日未出前二刻半为明，日入后二刻半为昏。损夜五刻，以裨于昼，则昼多于夜复校五刻。古今历术与太史所候皆云夏至之昼六十五刻，夜三十五刻；冬至之昼四十五刻，夜五十五刻；春分、秋分之昼五十五刻，夜四十五刻。此其不易之法也。然今太史细候之法，则校常法半刻也。从春分至于夏至，昼渐长，增九刻半，夏至至于秋分所减亦如之，从秋分至于冬至昼渐短，减十刻半，从冬至至于春分，其增亦如之。又于每气之间增减刻数有多有少，不可通而为率。汉初未能审知，率九日增减一刻。和帝时待诏霍融始请改之。郑注《书纬考灵曜》仍云九日增减一刻。犹尚未觉误也。郑注此云：日长者，日见之漏五十五刻；日短者，日见之漏四十五刻。与历不同。故王肃难云：知日见之漏减昼漏五刻，不意马融为传已减之矣，因马融所减而又减之，故日长为五十五刻，因以冬至反之，取其夏至夜刻以为冬至昼短，此其所以误耳。'鸟，南方朱鸟七宿'者，在天成象，星作鸟形。《曲礼》说军陈象天之行，前朱雀，后玄武，左青龙，右白虎。雀即鸟也。武，谓龟甲捍御，故变文'玄武'焉。是天星有龙、虎、鸟、龟之形也，四方皆有七宿，各成一形，东方成龙形，西方成虎形，皆南首而北尾；南方成鸟形，北方成龟形，皆西首而东尾。以南方之宿象鸟，故言鸟谓'朱鸟七宿'也。此经举宿，为文不类，春言'星鸟'，揔举七宿；夏言星火，独指房、心。虚、昴惟举一宿。文不同者，互相通也。《释言》以'殷'为中。中、正义同。故'殷'为正也。此经冬、夏言'正'，春、秋言'殷'者，其义同。春分之昏，观鸟星毕见，以正仲春之气节。计仲春日在奎、娄而于入酉地，则初昏之时，井、鬼在午，柳、星、张在巳，轸、翼在辰，是朱鸟七宿皆得见也。春有三月，此经直云仲春，故传辨之云：既正仲春，转以推季、孟之月,则事亦可知也。天道左旋,日体右行,故星见之方与四时相逆,春则南方见,夏则东方见,秋则北方见,冬则西方见。此则势自当然。而《书纬》为文生说,言春夏相与交,秋冬相与互,谓之母成子,子助母。斯假妄之谈耳。马融、郑玄以为星鸟、星火,谓正在南方,春分之昏七星中,仲夏之昏心星中,秋分之昏虚星中,冬至之昏昴星中。皆举正中之星,不为一方尽见。此其与孔异也。至于举仲月以统一时,亦与孔同。王肃亦以'星鸟'之属为昏中之星,其要异者,以所宅为孟月,日中、日永为仲月,星鸟、星火为季月,以'殷'以'正',皆揔三时之月,读仲为中,言各正三月之中气也,以马融、郑玄之言不合天象,'星火'之属,仲月未①中,故为每时皆历陈三月,言日以正仲春,以正春之三月中气,若正春之三月中,当言以正春中,不应言'以正仲春'。王氏之说非文势也。孔氏直取毕见,稍为迂阔,比诸王、马,于理最优。○传'冬寒'至'曰尾'。○正义曰:'厥,其',《释言》文。其人老弱在室,丁壮适野,是老壮分析也。孳、字古今同耳。字,训爱也。产生为乳,胎孕为化,孕产必爱之,故'乳化曰孳'。鸟兽皆以尾交接,故'交接曰尾'。计当先尾后孳,随便言之。○传'申重'至'之官'。○正义曰:'申,重',《释诂》文。此官既主四时,亦主方面。经言'南交',谓南方与东方交。传言'夏与春交',见其时、方皆掌之。春尽之日,与立夏之初,时相交也。东方之南,南方之东,位相交也。言羲叔所掌与羲仲相交际也。四时皆举仲月之候,嫌其不统季、孟,于此言'交',明四时皆然,故传言'举一隅以见之'。春上无冬,不得见其交接,至是夏与春交,故此言之。○传'讹化'至'一隅'。○正义曰:'讹,化',《释言》文。禾苗秀穗,化成子实,亦胎生乳化之类,故'掌夏之官,平序南方化育之事'。谓劝课民

---

① 阮刻本作"未",黄怀信整理本《尚书正义》作"末"。黄怀信本亦未有"校勘记"说明之。

耘耨,使苗得秀实。'敬行其教,以致其功',谓敬行平秩之教,以致化育之功。农功岁终乃毕,敬行四时皆同,于此言之,见四时皆然,故云'举一隅'也。夏日农功尤急,故就此言之。○传'永长'至'可知'。○正义曰:'永,长',《释诂》文。夏至之日日最长,故知谓夏至之日。计七宿,房在其中,但房、心连体,心统其名。《左传》言'火中'、'火见',《诗》称'七月流火',皆指房、心为火,故曰'火,苍龙之中星'。特举一星,与鸟不类,故云'举中则七星见可知'。计仲夏日在东井而入于酉地,即初昏之时,角、亢在午,氐、房、心在巳,尾、箕在辰,是东方七宿皆得见也。○传'因谓'至'革改'。○正义曰:春既分析在外,今日因往就之,故言'因,谓老弱因就在田之丁壮以务农也'①。鸟兽冬毛最多,春犹未脱,故至夏始毛羽希少,改易往前。革,谓变革,故为改也。传之训字,或先或后,无义例也。○传'昧冥'至'之政'。○正义曰:《释言》云:晦,冥也。冥是暗,故昧为冥也。谷者,日所行之道。日入于谷而天下皆冥,故谓日入之处为昧谷,非实有谷而日入也。此经春、秋相对,春不言东,但举'昧谷'曰西,则嵎夷东可知。然则东言嵎夷,则西亦有地明矣,阙其文,所以互见之。传于春言东方之官,不言掌春,夏言掌夏之官,不言南方,此言居治西方之官,掌秋之政,互文,明四时皆同。○传'饯送'至'成物'也。○正义曰:送行饮酒谓之饯,故饯为送也。导者,引前之言;送者,从后之称。因其欲出,导而引之;因其欲入,从而送之。是其因事之宜而立此文也。秋位在西,于时万物成熟,平序其秋天之政,未成则耘耨,既熟则收敛,助天成物,以此而从送入日也。纳、入义同,故传以'入'解'纳'。○传'宵夜'至'三秋'。○正义曰:'宵,夜',《释言》文。舍人曰:宵,阳气消也。三时皆言日,惟秋言夜,故传辨之云:'春言日,秋言夜,互相备'也。互著明也。明日中宵亦中,宵中日

---

① 此处《正义》述伪孔传文与上伪孔传文文字有出入。

亦中。因此而推之,足知日永则宵短,日短则宵长,皆以此而备知也。正于此时变文者,以春之与秋,日夜皆等,春言出日,即以日言之;秋云纳日,即以夜言之,亦事之宜也。北方七宿则虚为中,故虚为玄武之中星。计仲秋日在角、亢而入于西地,初昏之时,斗牛在午,女、虚、危在巳,室、壁在辰,举虚中星言之,亦言七星皆以秋分之日昏时并见,以正秋之三月。○传'夷平'至'整理'。○正义曰:《释诂》云:夷、平,易也。俱训为易。是夷得为平。秋禾未熟,农事犹烦,故老壮在田,与夏平也。毨者,毛羽美悦之状,故为理也。夏时毛羽希少,今则毛羽复生,夏改而少,秋更生多,故言'更生整理'也。○传'北称'至'所掌'。○正义曰:《释训》云:朔,北方也。舍人曰:朔,尽也。北方万物尽,故言朔也。李巡曰:万物尽于北方,苏而复生,故言北方。是北称朔也。羲、和主四方之官,四时皆应言'方'。于此言方者,即三方尽见矣。春为岁首,故举地名;夏与春交,故言'南交';秋言西,以见嵎夷当为东;冬言方,以见三时皆有方。古史要约其文,互相发见也。幽之与明,文恒相对。北既称幽,则南当称明,从此可知,故于夏无文。经冬言'幽都',夏当云'明都'。传不言'都'者,从可知也。郑云:夏不言'曰明都',三字摩灭也。伏生所诵与壁中旧本并无此字,非摩灭也。王肃以夏无'明都',避'敬致'然。即幽足见明,阙文相避。如肃之言,义可通矣。都,谓所聚者。揔言此方是万物所聚之处,非指都邑聚居也。易,谓岁改易于北方者。人则三时在野,冬入隩室,物则三时生长,冬入囷仓,是人与物皆改易也。王肃云:改易者,谨约盖藏,循行积聚。引《诗》'嗟我妇子,曰为改岁,入此室处。'王肃言人物皆易,孔意亦当然也。《释诂》云:在,察也。舍人曰:在,见物之察。是'在'为察义。故言'平均在察其政,以顺天常'。以在、察须与平、均连言,不复训'在'为察,故《舜典》之传别更训之。三时皆言'平秩',此独言'平在'者,以三时乃役力田野,当次序之,冬则物皆藏入,须省察之,故异其文。秋日物成就,故传言'助成物'①。冬日盖藏,天之常道,故言'顺天常'。因明'东作''南讹'亦是助生物类,常道也。上摠言羲、和敬顺昊天,此分别仲、叔,各有所掌,明此四时之节,即顺天之政,实恐人以敬顺昊天直是历象日月,嫌仲、叔所掌非顺天之事,故重明之。② 〇传'隩室'至'温焉'。〇正义曰:《释宫》云:西南隅谓之隩。孙炎云:室中隐隩之处也。隩是室内之名,故以隩为室也。物生皆尽,野功咸毕,是岁改矣。以天气改岁,故入此室处以避风寒。天气既至,故鸟兽皆生奥毣细毛以自温焉。经言'氄毛',谓附肉细毛,故以'奥毣'解之。"③

李振兴案:此乃尧于"克明俊德,以亲九族,九族既睦,平章百姓,百姓昭明,协和万邦,黎民于变时雍"之后,"乃命羲、和(羲氏、和氏),钦若昊天,历象日月星辰,敬授人时",于是乃"分命羲仲,宅嵎夷,曰旸谷。"郑康成曰:"官名,盖春为秩宗,夏为司马,秋为士,冬为共工,通稷与司徒,是六官之名见也。仲、叔亦羲、和之子。尧既分阴阳为四时,命羲仲、和仲、羲叔、和叔等为之官,又主方岳之事,是为四岳,掌四时者曰仲、叔,则掌天地者其曰伯乎?"(见《周礼疏序》及《圣贤群辅录》)孙星衍云:"云'稷与司徒'者,谓天地官也。阴阳即谓天地,并四时为六官。郑以尧时有六官,不独据周制定之。《管子·五行篇》云:黄帝时得蚩尤,而明于天道,得大常而察于地利,得奢龙而辩于东方,得祝融而辩于南方,得大封而辩于西方,得后土而辩于北方。"(见《尚书今古文注疏》)是六官之名,盖有自来矣。

---

① 上传文作"助成万物",此处疏文所引脱一"万"字。阮元《校勘记》未有校释。黄怀信整理本《尚书正义》亦如之。
② 阮元《校勘记》:"浦镗云:此下当脱'日短'至'三节'传疏。内有'西方七宿则昴为中,故昴为白虎之中星,计仲冬日在斗,入于申、酉,则初昏之时,奎、娄在午,胃、昴在巳,毕、觜、参在辰'四十五字,余无考。"——阮刻《十三经注疏》,页125上。
③ 阮刻《十三经注疏》,页119中—121下。并参黄怀信整理本《尚书正义》。

"分命羲仲"者,因尧乃命羲、和,总举其目,就"乃命"之内,分其职掌,使羲主春夏,和主秋冬,分一岁而别掌之,故言"分命"。就羲、和之内,又重分之,故于夏变言"申命",既命仲而复命叔,是其重命之也。宅者,居也。谓居其官,不居其地也。羲仲,居治东方之官,居在帝都,而遥统领之。(见《正义》)居东方之官如是,其它亦当如是。是以王氏云:"皆居京师而统之,或有时述职"也。蔡沈《书经集传》(以下简称蔡《传》)云:"羲仲,所以官次之名,盖官在国都,而测候之所则在嵎夷东表之地也。"① 是也。既言"居京师而统之,亦有时述职",其制或与今之三军总部然,居京师以遥统各军区,其主官亦不时巡行视察,将其所见向最高当局报告,亦可谓之述职。或谓"分命羲仲宅嵎夷",即分别命令羲仲居于嵎夷一带,此地名曰旸谷。如以官居其地言,此释最符"宅嵎夷"之义。"日中"者,即春分之时,日夜之长度均等也。"星鸟",乃南方七宿之总名,于春分初昏之时,星鸟之七宿毕现。故王氏云"为昏中之星"也。马融云:"'日中'、'宵中'者,日见之漏与不见者齐也。古制刻漏昼夜百刻,昼长六十刻,夜短四十刻;昼短四十刻,夜长六十刻;昼中五十刻,夜亦五十刻。"郑康成曰:"'日中'、'宵中'者,日见之漏与不见者齐也。"日夜相等,即春分之时也。孙星衍《尚书今古文注疏》云:"史迁'仲'作'中',下同。马融、郑康成皆曰星鸟、星火,谓正在南方,春分之昏七星中,仲夏之昏心星中,秋分之昏虚星中,冬至之昏昴星中。皆举正中之星,不为一方尽见,举仲月以统一时。"郑又云:"星鸟,鹑火之方。"(《诗·七月·正义》)"殷,中也。"(《释文》)"春秋言温凉也。"(《文选》陆士衡《乐府》注)孙氏《疏》云:"经言'星鸟'者,鸟谓朱雀,南方之宿。《大传》云:'主春者张昏中。'又云:'天子南面而视四星之中。'故说经者知是昏中于南方也。张者,《天官书》云:'张,嗉。'即鸟之嗉也。'高诱

---

① 此句李振兴原引文将"候"字误作"侯",兹据蔡沈《书经集传》原文校。

注《淮南·主术训》云：'三月昏张，其星中于南方。张，南方朱雀之宿也。'《月令》：'季春之月，昏七星中。'七星者，《天官书》云：'七星，颈。'即鸟之颈。经云星鸟昏中为仲春，《月令》为季春。'仲春，昏弧中'者，《月令·疏》云：'弧星近井。'如郑康成之意，南方七宿总为鸟星，井星即鸟星之分，故云星鸟。与此同也。"①屈万里先生曰："中，均等。日中，谓日夜之长均等，此指春分时言。鸟，南方七宿之总名。星鸟，谓春分初昏时，鸟之七宿毕现。殷，正，犹言定准。以上二句谓以日中及星鸟，以定准仲春时节。"所言最能总众说之长。"南交"之说，不一其辞。伪孔传云：……（见上引——笔者注）郑康成曰：……（见上引——笔者注）孔颖达《尚书正义》云：……（见上引——笔者注）据《正义》之言，则郑、王二家义同，仅一"摩灭"、一"避敬致然"之异耳。是则均未得其正解。②

所谓日短者，乃指冬至之时日最短，故言日短也。《正义》云："马融之言，据日出见为说。天之昼夜，以日出入为分；人之昼夜，以昏明为限。日未出前二刻半为明，日入后二刻半为昏，损夜五刻以裨于昼，则昼多于夜复校五刻。古今历术与太史所候，皆云夏至之昼六十五刻，夜三十五刻，冬至之昼四十五刻，夜五十五刻，春分、秋分之昼五十五刻，夜四十五刻，此其不易之法也。郑玄此注云：'日长者，日见之漏五十五刻；日短者，日见之漏四十五刻。'与历不同。故王肃难云：'日见之漏，减昼漏③五刻，不意马融为传已减之矣，因马融所减而又减之，故日长为五十五刻，因以冬至反之，取其夏至夜刻以为冬至昼短，此其所以误耳。'"王氏之言，乃攻郑氏"日长者，日见之漏五十五刻"也。因日长者，乃夏至

---

① 此条李振兴原引孙《疏》文字、句读多有讹误，兹据新出中华书局十三经清人注疏本[清]孙星衍《尚书今古文注疏》重新校订过。（页16）
② 李振兴《王肃之经学》，页155—157。
③ 李振兴原引脱此"漏"字。

之日也，日最长，马融以古制刻漏昼夜百刻，昼长六十刻，夜短四十刻，因其"据日出见为说，天之昼夜以日出入为分，人之昼夜以昏明为限"，故损夜五刻以益日，是以王氏云"马融为传已减之矣"。亦即谓日长日见之刻当为六十五刻，而融言六十刻也。今郑氏云："日长者，日见之漏五十五刻。"故王氏云其"而又减之矣，此其所以误耳"。……至"星昴，以正仲冬"。《正义》引马融、郑玄之语曰："马、郑以为星鸟、星火，谓正在南方，春分之昏七星中，仲夏之昏心星中，秋分之昏虚星中，冬至之昏昴星中。皆举正中之星，不为一方尽见。此其与孔异也。至于举仲月以统一时，亦与孔同。王肃亦以星鸟之属为昏中之星。其要异者，以所宅为孟月，日中、日永为仲月，星鸟、星火为季月，以殷以正，皆总三时之月，读仲为中，言各正三月之中气也。以马融、郑玄之言不合天象，星火之属，仲月未①中，故为每时皆历陈三月，言日以正仲春，以正春之三月中气。若正春之三月中②，当言以正春中，不应言以正仲春。王氏之说，非文势也。孔氏直取毕现（案：即春分之昏，朱鸟七宿皆得见也。）稍为迂阔，比诸王、马，于理最优。"又案：屈万里先生于其《尚书释义》中云："昴，星名，西方七宿之一。星昴，言初昏时昴星在正南方。此冬至时之现象。"所谓日短星昴，以正仲冬者，即言于冬至黄昏之时，观昴星于南方，以正仲冬之节也。③ ……《史记·五帝本纪·索隐》云："孔注未是。然则冬与秋交，何故下无其文？且东嵎夷，西昧谷，北幽都，三方皆言地，而夏独不言地，乃云与春交，斯不例之甚也。然南方地有名交阯者，或古文略举一字名地，南交则是交阯不疑也。"④则是"交"当以"宅南"为句，"交"上当有"曰大"二字。宅南，犹言宅西、宅朔

---

① "未"，李振兴原引误作"之"。
② 李振兴原引脱此"中"字。
③ 李振兴《王肃之经学》，页 159—160。
④ 此条李振兴原引《索隐》文字亦有误，笔者据中华书局点校本《史记》重新校正之。

方也。"曰大交",犹言曰旸谷、曰昧谷、曰幽都也。《通鉴前编》引《书大传》:中祀大交与秋祀柳谷、冬祀幽都对文。郑注曰南称大交,《书》曰宅南交也。《大传》所称皆今文《尚书》,郑注《大传》所引皆古文《尚书》(如引经曰禋于六宗,与《大传》作湮异。……皆古文《尚书》也。)是古文作"交",今文作"大交"也。以"曰旸谷"、"曰昧谷"、"曰幽都"例之,则"大交"上亦当有"曰"字,古文《尚书》脱去"曰大"二字耳。幽都,山名(见《尔雅》)。"大交"与"幽都"对文,则亦山名也。其山盖在南裔交址之地。尧命羲叔居治南,其地至于大交之山,故云宅南,曰大交也。山名大交,已与幽都相对,则无事别求其地以配幽都矣。而郑乃以当有"曰明都"三字。案《墨子·节用篇》:古者尧治天下,南抚交址,北降幽都(降当为际。说见《墨子》),东西至日所出入,莫不宾服。《韩子·十过篇》:昔者尧有天下,其地南至交阯,出入日月,莫不率俾。三书皆言"交阯"而不及"明都"(《淮南·主术篇》亦未言"明都")。然则极南之地,无所谓"明都"者矣。岂得以北有"幽都"而强立"明都"之名乎?且"明都"乃豫州之薮,《禹贡》被孟猪,《史记·夏本纪》作明都是也,亦非极南之地。是言最能廓清众说。今从之。《释诂》云:"平,使也;在,察也。"平,马融本作苹,亦作辨、便。平、苹、辨、便,古通用(见王引之《经义述闻》,文繁不备录)。朔,北方也。(《释训》)王氏据经文"申命和叔,宅朔方,曰幽都,平在朔易",意在释"易"为改易也。且改易,有改岁义,故引《诗》以证之。言和叔为居北方之官,职在巡察人民,使改易之际"谨约盖藏,循行积聚"也。孔颖达承其义云:"易谓岁改易于北方,人则三时在野……孔意亦当然也。(见上引——笔者注)"宋蔡《传》亦主是说,其言云:"在,察也。朔易,冬月岁事已毕,除旧更新,所当改易事也。"至清孙氏星衍《尚书今古文注疏》,虽未明言改易,然有义寓焉。其言曰:"史迁作'便在伏物'。平,亦作辨。经言'在'者,《释诂》云:察也。平者,使也。史公作'便在伏物'者,《大传》文,见《史记·索隐》。《索隐》引《尸子》云：'北方者，伏方也。'《太平御览》十一引《大传》云：'天子以三冬命三公，谨盖藏，闭门闾，固封境，入山泽田猎，以顺天道，以佐冬固藏也。'《汉书·王莽传》云：'北巡以劝盖藏'。是'伏物'之义。"言"盖藏"，则一也。屈万里先生曰："治田曰易。孟子'深耕易耨''易其田畴'皆可证。'平在朔易'，言使民省察冬日治田之事也。"是说亦洽，兹并存之。①

**应勇案：**此段述尧设官分职之事。所谓设官分职之事，主要是叙述尧任命羲仲、羲叔、和仲、和叔四人分别掌管东方、南方、西方、北方四方之地，主要负责四方之地之历法与农事。此段经文之残存郑、王注可对应比勘者②有三：(1)一年四季及主要节气之昼长夜短问题。因经文中讲到"日中"、"日永"、"日短"之事，为了说明此一年中几个主要节令昼夜到底是多长多短，马融当年作注时即以"刻漏"（有类今之钟表）说明之，以为昼长六十刻，夜四十刻；昼短四十刻，夜六十刻；昼中五十刻，夜亦五十刻。郑玄作注时继承师法，继续以"刻漏"说明一年几个主要节令昼夜长短之具体指标，但他的说法与其师不同，以为"日长者，日见之漏五十五刻；日短者，日见之漏四十五刻。""日中"是多少？未见郑玄有释，或许取其中而为各五十。"好贾、马之学而不好郑氏"的王肃在这一名物制度的诠释上特别驳正了郑玄好标新立异而弄巧成拙的谬误。依《正义》之解说，人之昼夜当以昏明为限，此古今历法不易之法，而马融所释，乃指天之昼夜，以日之出入为分。这样，人之昼即比天之昼多五刻，因此马融已减去了人之昼多出的五刻，而得出天之昼长六十刻。王肃说，人家马融已经减过五刻了，你郑玄再减五刻，成了五十五刻，"此其所以误耳"。其实细阅《正义》所引马融之说，并无减刻之义，是《正义》之说牵强附会也。当

---

① 李振兴《王肃之经学》，页155—159。
② 参本书"凡例"。

然，郑玄五十五刻、四十五刻之解也就与减刻与否难说有关系，郑氏未有明说，不得而知。只是王肃与郑氏立异之旨如晦之见明。清代"惟郑是从"的王鸣盛对于此条的解释，又与《正义》之说不同，《正义》以"人之昼夜"与"天之昼夜"之参照系不同，解释"日短"、"日永"、"日中"之刻漏数之参差；王鸣盛则以所在地点不同，因而所见刻漏数不同予以解释。这样，马、郑之不同就各有各的道理，没有谁是谁非的问题，于是，王肃之驳郑也就没有了意义。①

（2）关于经文中所述各节气与星象的关系。马融、郑玄注都认为所谓"日中星鸟"、"日永星火"等等，都是指每个季节之中月，即中间一个月，此时在黄昏时分于正南方可见之星宿，春分之昏时可见南方朱雀七星井、鬼、柳、星、张、翼、轸都在正南方，仲夏之昏可见东方苍龙七宿中的心星在正南方，秋分之昏可见北方玄武七宿中的虚星在正南方，冬至之昏可见西方白虎七宿中的昴星在正南方。这与伪孔传"一方尽见"的说法有所不同。对于"日中星鸟"、"日永星火"是指黄昏时分在正南方所见之星，王肃与马、郑的意见是一致的。但王肃认为，所谓"日中"、"日永"、"星鸟"、"星火"并不都在中月，"以所宅为孟月，日中、日永为仲月，星鸟、星火为季月"，此与马、郑异，亦与伪孔异，马、郑与伪孔均以为"举仲月以统一时"，而王肃则以为经文意在各说各月，各月有各月的星象，那些历象不都在"仲月"，此"仲"当读为"中"，指整个季度之中气，所以王肃以为"马融、郑玄之言不合天象，星火之属仲月未中"。孔颖达《正义》亦不同意王说。此马、郑意见一致，伪孔传亦同，而王肃共驳马、郑而与伪孔传异，证伪孔传非王肃伪也。

（3）关于分治南方之官羲叔所居是否当称明都。② 郑玄、王肃都认为羲叔所居治之地应当称"明都"，理由就是这段经文中分治

---

① 详参王鸣盛《尚书后案》卷一。
② 依《正义》所引王肃义，羲仲、羲叔、和仲、和叔都居京师，"亦有时述职"，并不常居四方。这与伪孔所解"宅，居也"，其义似不同。

东、西、南、北之官所居之地名,按照"文势"来看都是对称的,东称"旸谷",西称"昧谷",北称"幽都",南自然应称"明都"。可经文中恰恰在述南方时没有"曰明都"三个字。郑玄认为之所以少了这三个字是因为经文在传习过程中"摩灭"了,本应当有。王肃则认为,之所以没有"曰明都",是因为经文在述南方之治时多了"敬致"二字,这样再有"曰明都"三字就与北方之治字数不对称,所以就省略了"曰明都",其实以北方所述之"幽",足以见南方当为"明","阙文相避"耳。这一点,本来在根本上郑、王意见是一致的,但因为王肃释经有意与郑玄立异,所以坚持在立论根据上找到了与郑玄的不同,郑玄说是后人传习过程中"摩灭"了,王肃则认为经文本来没有,就是省略了。孔颖达《正义》也以为郑说无据,因为"伏生所诵与壁中旧本并无此字,非摩灭也",王肃之说则可通。笔者曾论及,郑、王解经其实在根本上是相同的,王肃之驳郑多是在郑学的框架内逐条修正,而不是从根本上批郑。① 另,从此条郑、王经注及伪孔传、孔颖达《正义》来看,"我注六经"无论如何不能避免注经者主观的成份,此条经下历代解经者都依"文势"推导出经文中没有的内容,无论哪家解说得更可靠,这经文本来的意义与解经者解释出的意义之间的距离还是产生了。宋人蔡沈也认为南当有"曰明都"三字,但为什么这里没有,未解释。清人孙星衍则说郑玄之解"未详其义",那么,王肃之解呢?孙氏干脆不提。(孙《疏》,页17)李振兴相信《通鉴前编》之说最能廓清众说,亦以为郑说无据也。

"帝曰:咨,汝羲暨和,朞三百有六旬有六日,以闰月定四时成岁……"

郑康成云:"以闰月推四时,使启、闭、分、至不失其常,著之用

---

① 参拙著《郑玄通学及郑王之争研究》。

《尧典》

成岁历,将以授民时,且记时事。"(《公羊传》隐元年疏)(孙《疏》,页22)

王肃曰:"朞,四时是也。""四分日之一又入六日之内,举全数以言之,故云三百六十六日。""斗之所建,是为中气,日月所在,斗指两辰之间,无中气,故以为闰也。"(《正义》)

伪孔传:"咨,嗟也。暨,与也。匝四时曰朞。一岁十二月,月三十日,正三百六十日,除小月六为六日,是为一岁有余十二日未盈,三岁足得一月,则置闰焉,以定四时之气节,成一岁之历象。"

《正义》:"'咨,嗟';'暨,与';皆《释诂》文也。迊四时曰朞,朞即迊①也。故王肃云:朞,四时是也。然古时真历遭战国、秦而亡。汉存六历,虽详于五纪之论,皆秦汉之际假托为之,实不得正,要有梗棨之言:周天三百六十五度四分度之一,而日日行一度,则一朞三百六十五日四分日之一。今《考灵曜》、《乾凿度》诸纬皆然。此言三百六十六日者,王肃云:四分日之一又入六日之内,举全数以言之,故云三百六十六日也。传又解所以须置闰之意,皆据大率以言之。云一岁十二月,月三十日,正三百六十日也,除小月六,又为六日,今经云三百六十六日,故云余十二日不成朞,以一月不整三十日,今一年余十二日,故未至盈满三岁足得一月,则置闰也。以时分于岁,故云'气节',谓二十四气,时月之节,岁揔于时,故云'历象日月星辰,敬授人时',以相配成也。六历诸纬与《周髀》皆云日行一度,月行十三度十九分度之七,为每月二十九日过半。日之于法,分为日九百四十分之四百九十九,即月有二十九日半强,为十二月六大之外,有余分三百四十八,是除小月无六日。又大岁三百六十六日,小岁三百五十五日,则一岁所余,无十二日。今言十二日者,皆以大率据整而计之,其实一岁所余正十一日弱也,以为十九年七闰。十九年十一日,则二百九日。

---

① 据阮元《校勘记》,此"迊"与上传中之"匝"字同。

其七月,四大三小,犹二百七日,况无四大乎?为每年十一日弱分明矣。所以弱者,以四分日之一于九百四十分,则一分为二百三十五分,少于小月余分三百四十八,以二百三十五减三百四十八,不尽一百一十三,是四分日之一余矣。皆以五百为率。其小月虽为岁月残分所减,犹余一百一十三,则实余尚无六日。就六日抽一日为九百四十分,减其一百一十三分,不尽八百二十七分,以不抽者五日并三百六十日外之五日为十日,其余九百四十分日之八百二十七,为每岁实余。今十九年,年十日,得整日一百九十,又以十九乘八百二十七分,得一万五千七百一十三,以日法九百四十除之,得十六日,以并一百九十,为二百六日,不尽六百七十三分为日余。今为闰月得七,每月二十九日,七月为二百三日。又每四百九十九分以七乘之,得三千四百九十三,以日法九百四十分除之,得三日,以二百三日,亦为二百六日,不尽亦六百七十三为日余,亦相当矣。所以无闰时不定、岁不成者。若无闰,三年差一月,则以正月为二月,每月皆差,九年差三月,即以春为夏,若十七年差六月,即四时相反,时何由定,岁何得成乎?故须置闰以定四时。故《左传》云:'履端于始,序则不愆;举正于中,民则不惑;归余于终,事则不悖'是也。先王以重闰焉。王肃云:斗之所建,是为中气,日月所在,斗指两辰之间,无中气,故以为闰也。……"①

李振兴案:王氏之言是也。朞,匝也,周也,即周年之意。朞,……《说文》作稘。(见孙星衍《今古文注疏》)《淮南·天文训》云:"日行十三度七十六分度之二十六②,二十九日九百四十分日之四百九十九而为月,而以十二月为岁,岁有余③十日九百四十分之八百二十七,故十九岁而七闰。"又《白虎通·日月篇》云:"月有

---

① 阮刻《十三经注疏》,页121下。参校黄怀信整理本《尚书正义》,页50—51。
② "六",或作"八"。
③ 李振兴原引脱"余"字。详参《淮南鸿烈解》高诱注(四库本);孙《疏》,页22。

闰余何？周天三百六十五度四分度之一，岁十二月，日过十二度，故三年一闰，五年再闰，明阴不足阳有余也。"《四时篇》云："岁者，遂也，三百六十六日一周天，万物毕成，故为一岁也。"《后汉书·律历志》引杜预《长历》云："《书》称'朞三百有六旬有六日'云云，是以天子必置日官①，诸侯必置日御，世修其业，以考其术，举全数而言，故曰六日，其实五日四分之一日。日行一度，而月行十三度十九分度之七[一]②有畸，日官常会集此之迟疾，以考成晦朔，错综以设闰月，闰月无中气，而斗指两辰之间，所以异于他月也。积此以相通，四时八节无违，乃得成岁。"杜预之言，乃承王氏说也。是王氏直接影响杜氏，再影响蔡沈矣。郑康成云："以闰月推四时，使启、闭、分、至不失其常，著之用成岁历，将以授民时，且记时事。"(《公羊传》隐元年疏)疏云："分、至、启、闭者，分谓春分、秋分，至谓夏至、冬至，启谓立春、立夏，闭谓立秋、立冬，是为八节。推四时以置闰，皆当其节，不失其正，则岁历成，所谓举正于中也。"以闰月节气立言，郑氏为详。王氏约其文耳。③

**应勇案**：关于所以置闰之道理，此条经文下尚有王肃之解可见，郑氏之解未见，但在他经之解中有释，可见王氏与郑氏对此之解释角度不同，是王氏有意与郑氏立异矣。宋蔡沈之解，李振兴先生已论及，近王肃自远郑氏矣。

"……佥曰：於，鲧哉。帝曰：吁，咈哉，方命圮族……"
方，"郑、王以方为放，谓放弃教命"。
伪孔传："佥，皆也。鲧，崇伯之名，朝臣举之。"《释文》："……鲧，……马云禹父也。"伪孔传："凡言吁者，皆非帝意。咈，戾；圮，毁；族，类也。言鲧性很戾，好此方名，命而行事，辄毁败善类。"

---
① 李振兴所引原文脱"官"字。参孙《疏》，页22。
② 李振兴原文所引脱"之"后"七[一]"二字。参孙《疏》，页22。
③ 李振兴《王肃之经学》，页160—161。

《释文》:"咈,扶弗反,怼戾也。方,如字。马云:方,放也。徐云:郑、王音放。圮,音皮美反……"

《正义》:"○传'佥皆'至'举之'。○正义曰:'佥,皆',《释诂》文。《周语》云:有崇伯鲧。即鲧是崇君,伯爵,故云'鲧,崇伯之名'。帝以岳为朝臣之首,故特言四岳,其实求能治者,普问朝臣,不言岳对,而云皆曰,乃众人举之,非独四岳,故言'朝臣举之'。○传'凡言'至'善类'。○正义曰:自上以来三经求人,所举者帝言其恶,而辞皆称'吁',故知凡言吁者,皆非帝之所当意也。咈者,相乖诡之意,故为戾也。'圮,毁',《释诂》文。《左氏》称'非我族类,其心必异'。族、类义同,故族为类也。言鲧性很戾,多乖异众人,好此方直之名,内有奸回之志,命而行事,辄毁败善类。何则?心性很戾,违众用己,知善不从,故云'毁败善类'。《诗》称'贪人败类',与此同。郑、王以方为放,谓放弃教命。《易·坤卦六二》:直方大。是直方之事,为人之美名。此经云方,故依经为说。"①

李振兴案:段玉裁《古文尚书撰异》:"《释文》曰:马云:方,放也。徐云:郑、王音放。《正义》曰:郑、王以方为放,谓放弃教命。玉裁案:《古文尚书》作方,《今文尚书》作放。"孙星衍《今古文尚书注疏》:"史公方作负,圮作毁。方音负者,方、负,声之转。《孟子·梁惠王》:方命虐命。注:方,犹逆也。逆近负……《汉书·傅喜传》:傅太后诏曰:'放命圮族'。注应劭曰:'放弃教令,毁其族类。'又《朱博传》曰:'今傅晏放命圮族'。皆用此经文。"马、郑、王既以方为放,其义当为放弃教命,毁其族类也。又案:蔡《传》采《孟子》注"方,逆也"之释,钱大昕《十驾斋养新录》:"《书》方命圮族,《史记》作负命,《正义》云:负,音佩,依《字通》,负,违也。按负命,犹言背命。"是逆、背之义一也。时贤屈万里先生亦采此说。

---

① 阮刻《十三经注疏》,页122上—下。并参黄怀信整理本《尚书正义》,页56。

放弃教命而不执行,未若违背命令之明确易了也。①

**应勇案**:此条郑、王义同,皆以"放"释"方"。李振兴已指出,清代诸多经学家亦以此释为是,即认为此段经文原义是说,尧认为鲧本是一个不守规矩、天性歹毒、祸患民众的家伙,怎么可以让他负责为人民治理水患这样重要的任务呢?这与伪孔传以"方"为方直之义不同。亦证伪孔传非王肃伪也。据段玉裁、皮锡瑞等考,传统的今文《尚书》均为"放"。②

**"……师锡帝曰:有鳏在下,曰虞舜。……"**

郑注:(1)以"师"为诸侯之师。(2)虞,氏;舜,名。

王注:(1)师:古者将举大事,讯群吏,讯万民。尧将让位,咨四岳,使问群臣,众举侧陋,众皆愿与舜。尧计事之大者,莫过禅让,必应博询吏人,非独在位。(《正义》)(2)虞,地名也。

伪孔传:"师,众;锡,与也。无妻曰鳏。虞,氏;舜,名。在下民之中。众臣知舜圣贤,耻己不若,故不举,乃不获已而言之。"《释文》:"……虞舜,虞,氏;舜,名也。马云:舜,谥也。死后贤臣录之,臣子为讳,故变名言谥。"

《正义》:"○传'师众'至'言之'。○正义曰:'师,众;锡,与';《释诂》文。无妻曰鳏。《释名》云:愁悒不寐,目恒鳏鳏然。故鳏字从鱼。鱼目恒不闭。《王制》云:老而无妻曰鳏。舜于时年未三十而谓之鳏。鳏者,无妻之名,不拘老少。少者无妻可以更娶,老者即不复更娶,谓之天民之穷,故《礼》举老者耳。《诗》云:何草不玄,何人不鳏。暂离室家尚谓之鳏,不独老而无妻始称鳏矣。《书传》以舜年尚少为之说耳。'虞,氏;舜,名'者,舜之为虞,犹禹为夏。《外传》称禹氏曰有夏,则此舜氏曰有虞。颛

---

① 李振兴《王肃之经学》,页162。
② 皮锡瑞《今文尚书考证》卷一。

项已来,地为国号,而舜有天下,号曰有虞氏,是地名也。王肃云:虞,地名也。皇甫谧云:尧以二女妻舜,封之于虞,今河东太阳山西虞地是也。然则舜居虞地,以虞为氏,尧封之虞为诸侯,及王天下,遂为天子之号,故从微至著,常称虞氏。舜为生号之名,前已具释。传又解众人以舜与帝,则众人尽知有舜,但舜在下人之中,未有官位,众臣德不及之而位居其上,虽知舜实圣贤,而耻己不若,故不举之。以帝令举及侧陋,意谓帝知有舜,乃不获已而言之耳。知然者,正以初不荐举,至此始言明,是耻己不若,故不早举。舜实圣人而连言贤者,对则事有优劣,散即语亦相通。舜谓禹曰:惟汝贤。是言圣德称贤也。传以'师'为众臣,为朝臣之众,或亦通及吏人。王肃云:古者将举大事,讯群吏,讯万人,尧将让位,咨四岳,使问群臣,众举侧陋,众皆愿与舜。尧计事之大者,莫过禅让,必应博询吏人,非独在位。王氏之言得其实矣。郑以'师'为诸侯之师。帝咨四岳,遍访群臣,安得诸侯之师独对帝也?"①

李振兴案:王云:虞,地名也。与孔传异。孔传云:"虞,氏;舜,名。"郑康成同孔传。《正义》孙星衍《今古文尚书注疏》云:"《说文》妫,虞舜居妫汭,因以为姓。盖妫姓虞氏,然无文证之。"皇甫谧云:"尧以二女妻舜,封之于虞,今河东太阳山西虞地是也。"然亦无文证。二说未知孰是。自兹以下,王氏之言,甚得其实。如以"帝曰:咨四岳,朕在位七十载,汝能庸命,巽朕位。岳曰:否德忝帝位。曰:明明侧陋。师锡帝曰:有鳏在下,曰虞舜"观之,尤觉王氏立论确当。因巽位大事也,故"讯群吏,讯万民,使众臣举侧陋,博询吏人",以昭慎重。此不仅可以明尧之圣,亦可了舜之贤也。②

---

① 阮刻《十三经注疏》,页123。并参黄怀信整理本《尚书正义》,页60。
② 李振兴《王肃之经学》,页163。

**应勇案**：此条经文下郑、王注可对应比勘者有二：(1)关于"师"字之解说。这关系到尧这次到底咨询了哪些人等。郑玄以"师"为"诸侯之师"，似较具体，但显然范围较小。王肃之解则范围更大，意即尧此次广泛征询了各色人等，甚至包括下层百姓。孔颖达《正义》驳郑而从王。《史记》作"众皆言于尧曰"，则与王说同。① 李振兴亦认为王肃说更有道理。清人孙星衍《尚书今古文疏证》指出，郑说来自其《周礼》说。(孙《疏》，页29)更证郑玄之经学观念特有对《周礼》之偏好。② 皮锡瑞亦从王说而不从郑说。③ (2)关于"虞舜"名号之来历。郑玄与伪孔传均解为"虞，氏；舜，名"。王肃则强调"虞"当是地名，即认为"虞舜"乃是指虞地一个叫舜的人。马融更认为"舜"是谥号而非其名，"死后贤臣录之，臣子为讳，故变名言谥"一句，不知是否亦为马融之语，抑或为《释文》语？若"舜"为谥号，则其本名为何，不知也。(参孙《疏》，页29)孔颖达《正义》取王肃"虞"为地名之说，"舜"则为生号，不取马融"舜"为谥号之说。其实这一条更彰显王肃有意与郑氏立异的倾向性，如果"氏"本来就多取自地名，王肃为何要强调其为地名而不取郑之"氏"说？据皮锡瑞考，郑说乃今文家说，以"舜"为名而不为谥。④

**"……帝曰：我其试哉。……"**

(1) "马、郑、王本说此经皆无'帝曰'。"

(2) 郑云："试之以为臣之事。"王云："试之以官。"

伪孔传："言欲试舜观其行迹。"

---

① 顾颉刚、刘起釪《尚书校释译论》，页88。
② 参拙作《郑玄礼学的"非学术"意义》，刊《江南大学学报》(社会科学版)2002年第2期。
③ 皮锡瑞《今文尚书考证》卷一。
④ 皮锡瑞《今文尚书考证》卷一。

《正义》:"下言妻舜以女,观其治家。是试舜观其行迹也。马、郑、王本说此经皆无'帝曰',当时庸生之徒漏之也。郑玄云:试之以为臣之事。王肃云:试之以官。郑、王皆以《舜典》合于此篇,故指历试之事充此'试哉'之言。孔据古文别卷①,此言试哉,正谓以女试之,既善于治家,别更试以难事,与此异也。……"②

　　**李振兴案**:王说是也。郑氏康成云:"试之为臣之事"。为臣之事,即官职之事也。王充《论衡·正说篇》云:"尧老,求禅,四岳举舜,尧曰:我其试哉。""又曰:女于时,观厥刑于二女。""又曰:四门穆穆,入于大麓,烈风雷雨不迷。"又曰:"舜知佞,尧知圣,尧闻舜贤,四岳举之,心知其奇,而未必知其能,故言'我其试哉'。试之于职,妻以二女,观其夫妇之法,职治修而不废,夫道正而不僻,复令人庶之野而观其圣,逢烈风疾雨终不迷惑,尧乃知其圣,授以天下。"③所云试之于职,即王氏试之以官,亦即郑氏之试以为臣之事也。④

　　**应勇案**:此条郑、王可对应比勘者有二:(1)《正义》曰马、郑、王本均无"帝曰"二字,而伪孔传本有。此亦证伪孔传非王肃伪造。孙《疏》曰:"史迁'帝曰'作'尧曰','我'作'吾'。马融、郑康成无'帝曰'。"若依孙氏之见,史迁所据为真正的孔安国古文(《孙疏》,页 30),则马、郑之本又非孔安国本也。皮锡瑞根据《正义》之说指出,今文《尚书》本有"帝曰"二字,马、郑、王本无,是因为庸生之徒漏之也。⑤ (2)经文"我其试哉",郑释为"试之为臣之事",王

---

① 阮元《校勘记》:"'孔据古文别卷','文'原作'今',卢正'文',云'今'譌。阮亦云当作'文'。今从改。"
② 阮刻《十三经注疏》,页 123 下—124 上。参黄怀信整理本《尚书正义》,页 62。
③ 李振兴原引《论衡·正说篇》文字颇多脱误,兹据四库本《论衡·正说篇》重新予以校订。
④ 李振兴《王肃之经学》,页 163。
⑤ 皮锡瑞《今文尚书考证》卷一。

释为"试之以官",本来并无大异,李振兴已言之,但其先言"王说是也",则有以郑说为误之疑。王肃不从郑说而解为"试之以官",可见王肃有意与郑氏立异之目的性。

## 《舜典》

**应勇案**：据考，伏生传本《今文尚书》无《舜典》篇，郑、王《尚书》注本也未注《舜典》篇。但晚出《古文尚书》中的《舜典》篇文并非赝品，一般认为是从传世的《尧典》篇中分出来的一部分，而遵从古文《尚书》逸篇之名，题名《舜典》。王注本无《舜典》篇而伪孔传有《舜典》篇，此亦证伪孔传非王肃伪造。晚出《古文尚书》为何要增列《舜典》这一篇？根本原因是后人想要弥补传世经典系统性不足的问题。儒家经典在西汉前期，是在一种本身残缺不全的面貌下被推上帝国文化殿堂的，人们在尊重和解读这些经典以为社会所用的过程中，每每发现经典本身的系统性不够，如本是零散篇章、经过后人多次整合才大体定型的《礼记》，即便在为这部经典的定型起过主要作用的郑玄之后，也还是有人因不满其系统性而重新将其内容打乱重编，如郑玄的学生孙炎作《礼记类钞》，"始改旧本，以类相比"（见王应麟《困学纪闻》卷五及《旧唐书·元行冲传》）；唐代的魏徵作《类礼》，"因炎之书，更加整比，兼为之注"（见《旧唐书·元行冲传》及《魏徵传》）。①《尚书》的传本本来也不够系统。最早的伏生本是壁中残余，本有100篇而只找到29篇，其29篇篇目可见本书《前言》所述。后来的郑注《尚书》篇目据陈梦家先生的考证为：《尧典》1、《皋陶谟》2、《禹贡》3、《甘誓》4、《汤誓》5、《盘庚》6、7、8、《高宗肜日》9、《西伯戡黎》10、《微子》11、《泰誓》12、13、14、《牧誓》15、《洪范》16、《金縢》17、《大诰》18、《康诰》19、《酒诰》20、《梓材》21、《召诰》22、《洛诰》23、《多士》24、《无

---

① 引自杨天宇《礼记译注》卷前《礼记简述》，上海古籍出版社1997年。

逸》25、《君奭》26、《多方》27、《立政》28、《顾命》29、《康王之诰》30、《费誓》31、《吕刑》32、《文侯之命》33、《秦誓》34。① 《尚书》在传承的过程中,也因人们对经典系统化的要求,出现了不断整合的现象,如《盤庚》被分为三篇,后得之《泰誓》也被分为三篇。但是,从伏生到郑玄再到王肃,所传注的《尚书》一直没有《舜典》篇。② 大概就是因为马融所谓"逸《书》十六篇绝无师说",经学师法、家法的传统习惯导致后人即使拥有"逸《书》"篇章,也不列入自己的经学注本。后来出现的伪孔安国传《古文尚书》之所以要增补《舜典》以及其它多篇,是要超越这个传统习惯,要努力恢复西汉孔家旧宅发现的"蝌蚪文"《古文尚书》的系统性和神圣性。而这种为了强化其系统性和神圣性而进行的造伪,在晚出《古文尚书》被证明是伪书后,特别增强了人们对这部晚出《古文尚书》内容的不信任,甚至不信任得有点过分。

近年有学者重新为晚出《古文尚书》的可靠性辩护,也不是完全没有道理。其实早在清朝晚期,著名经学家、经学史家皮锡瑞已通过详细考证后指出,郑玄是见过逸《尚书》的相关篇章的,而且他所见到的逸《尚书·舜典》篇,其中就有"纳于大麓"的文句,"然则据《书序》之文所谓古文逸篇分《尧典》、《舜典》为二者,其所分裂已与伪孔本无大异……伪孔分'慎徽五典'以下为《舜典》,正袭《书序》之说而小变之者也。"意思是说,晚出《古文尚书》中的《舜典》内容,实际与逸《尚书·舜典》篇的本来面目没有太大区别。这样看来,后人所看到的伪《古文尚书·舜典》篇,其实是有相当可信度的,不能视为赝品。郑、王的《尚书注》本中无《舜典》篇,但其《尧典》篇可能就是后人所见《尧典》、《舜典》二篇内容的合编本,因此我们在晚出《古文尚书·舜典》篇《正义》中,屡见引

---

① 详陈梦家《尚书通论(外二种)》,页 55—57。
② 参陈梦家《尚书通论(外二种)》,页 135。

有以下郑、王解义内容。①

"……纳于大麓,烈风雷雨弗迷……"

马、郑云:麓,山足也。

王肃云:麓,录也。(《释文》)尧纳舜于尊显之官,使大录天下万机之政。(虞世南《北堂书钞》卷五十九)②尧得舜任之事,无不统自"慎徽五典"以下。(《正义》)

伪孔传:"麓,录也。纳舜使大录万机之政,阴阳和,风雨时,各以其节,不有迷错愆伏。明舜之德合于天。"《释文》:"麓,音鹿。王云录也。马、郑云山足也。……"

《正义》:"○传'麓录'至'于天'。○正义曰:麓,声近录,故为录也。《皋陶谟》云'一日二日万几'。言天下之事,事之微者有万。喻其多无数也。纳舜使大录万机之政,还是纳于百揆,揆度百事,大录万机,揔是一事,不为异也,但此言德合于天,故以大录言耳。《论语》称孔子曰:'迅雷风烈必变'。《书传》称越常之使久矣,天之无烈风淫雨。则'烈风'是猛疾之风,非善风也。经言'烈风雷雨弗迷',言舜居大录之时,阴阳和,风雨时,无此猛烈之风。又雷雨各以其节,不有迷错愆伏也。迷错者,应有而无,应无而有也。昭四年《左传》云:'冬无愆阳,夏无伏阴。'无愆伏者,无冬温夏寒也。舜录大政,天时如此,明舜之德合于天也。此文与上三事亦同时也,上为变人,此为动天,故最后言之,以为功成之验。王肃云:尧得舜任之事,无不统自'慎徽五典'以下。是也。其言合孔意。"③

---

① 参[清]阎若璩《尚书古文疏证》;[清]皮锡瑞《今文尚书考证》卷三十;吴通福《晚出古文尚书公案与清代学术》,页41。据考,当年郑注《尚书》时在《舜典》篇下注曰"逸",或郑氏所注《尧典》后半部分即与所见逸《舜典》重复。
② 参李振兴《王肃之经学》,页164。
③ 阮刻《十三经注疏》,页126上—中。

《舜典》

李振兴案：王氏之言，乃今文说也。如刘昭注《百官志》引《新论》曰："昔尧试于大麓者，领录天子事。"《大传·虞夏传》曰："尧推尊舜而尚之，属诸侯焉，纳之大麓之野，烈风雷雨不迷，致之以昭华之玉。"注云："麓者，录也。古者天子命大事诸侯，则为坛国之外，尧聚诸侯命舜，陟位居摄，致天下之事，使大录之。"又《汉书·于定国传》：上报定国曰："万方之事，大录于君。"《论衡·正说篇》云："《尚书》曰：四门穆穆，纳于大麓，烈风雷雨不迷。言大录，三公之位也。居一公之位，大总录二公之事，众多并吉，若疾风大雨。"此以烈风雷雨为喻词，亦今文说也。《风俗通义》云："尧将禅舜，纳于大麓。"故汉魏诸儒多以大麓为禅位之处，魏公卿上尊号奏曰："缺唐典之明宪，遵大麓之遗训。遂于繁昌筑灵坛，大赦天下，改元正始。"①王氏仕官于魏，并逢其事，宜乎其言若是也。然而古文说则以麓为山足，马融、郑康成是也。蔡《传》引《史记》曰："尧使舜入山林川泽，暴风雷雨，舜行不迷。"又引苏氏曰："洪水为害，尧使舜入山林，相视原隰，雷雨大至，众惧失常，而舜不迷，其度量有绝人者，而天地鬼神亦或有以相之欤？"如以"慎徽五典，五典克从，纳于百揆，百揆时叙，宾于四门，四门穆穆，纳于大麓，烈风雷雨弗迷"之经文观之，史公之言，尤见真切。王氏以今文家说立论，其言有据，意合孔传。焦循《尚书补疏》云："自以孔传为伪，遂多从《史记》说。孔传之伪，余不为左袒，若以二说审之，《传》说为胜。"②

**应勇案**：此条好贾、马之学而不好郑氏的王肃为与郑立异，宁可与他尊信的马融说相违。据孙星衍所考，郑、王不同，一今文说，一古文说③（孙《疏》，页33），李振兴案已言之。那么其不

---

① 参卫觊《受禅表》，《全三国文》卷二八《魏》二八。
② 李振兴《王肃之经学》，页164—165。
③ 见孙《疏》，页33。孙《疏》之篇次分合不从伪孔传而从旧本，以"慎徽五典"以下文字为《尧典下》篇。

同到底有何意义？禅让乃古来之政治"经典"。自家天下以来，人们越来越认识到这种王位继承制度的不合理性，但又找不到更好的办法，于是造作出了尧舜禅位这样的神话故事。禅让就王位继承合法性来说，似乎更合理些。可禅让对于王位继承者来说，到底需要怎样的条件？此条经文中说：尧已用诸多艰难之事考验了舜，舜都表现出色，于是就把位子让给了他，"慎徽五典，五典克从；纳于百揆，百揆时叙；宾于四门，四门穆穆；纳于大麓，烈风雷雨弗迷。帝曰：格汝舜，询事考言，乃言厎可绩，三载，汝陟帝位。舜让于德弗嗣。……"按照王肃之解，尧经过诸多考验，就径直将王位交给了舜，而且舜主政后，万事和谐，风调雨顺。可依郑说，在多方考验之后，临到交权了，尧再次将舜放到大山脚下，"暴风雷雨，舜行不迷"，进一步证明舜的非凡过人，这样才正式将王位交给了舜，无形中又增加了禅让的条件。有了更高的难度，禅让的政治合法性似乎也就更高，舜能胜任这种挑战，也就证明他的说法比王肃更具政治合法性，更具神圣性。这就是郑、王此条异解的真正意义。此条宋蔡沈《集传》从郑而非王。据考，郑说与《史记》说同，与伏生说同，与《淮南子·泰族训》说同。尊伏生的皮锡瑞自是郑而非王。而王说又与桓谭《新论》、《论衡·正说篇》等说同。看来二说均其来有自，就看后人如何取舍。惟郑是从的王鸣盛引《说文》以证郑玄"麓，山足也"之说为是，又引古地理书以证舜"纳于大麓"实有其地，"山上有尧祠，世俗或呼宣务山……然则纳于大麓，北齐人犹能实指其处。郑、马注不可易也。王破麓为录，解为大录万机……此所引即当日博士之说，王肃号为传古文，乃取今文家说以与郑立异，传出王肃，故同其说，其实非也。"①焦循则以王说为是。王夫之亦以王说为是。据考，以麓为山足，乃古文家说；以麓为"录"，则

---

① 王鸣盛《尚书后案》卷一。

是今文家说。刘起釪《尚书校释译论》以郑说为是，王说为非。必须说明的是，郑玄注《尚书大传》"山足曰麓"句后曰："麓者，录也……命舜陟位居摄，致天下之事，使大录之。"又与此条相矛盾。郑玄注经之自相矛盾处甚多，此又一处。至于王肃注为"录"，是否"为司马氏张目"[①]，恐亦未必。

**"……正月上日，受终于文祖……月正元日……"**

（1）"郑玄以为，帝王易代，莫不改正，尧正建丑，舜正建子，此时未改尧正，故云'正月上日'，即位乃改尧正，故云'月正元日'，故以异文。""先儒王肃等以为，惟殷周改正，易民视听，自夏已上皆以建寅为正。此篇二文不同，史异辞耳。"

（2）郑玄以为："文祖者，五府之大名，犹周之明堂。"（《史记·五帝本纪·集解》）"王云：文祖，庙名。"

伪孔传："上日，朔日也。终，谓尧终帝位之事。文祖者，尧文德之祖庙。"《释文》："……王云：文祖，庙名。马云：文祖，天也。天为文，万物之祖，故曰文祖。"

《正义》："舜既让而不许，乃以尧禅之，明年正月上日，受尧终帝位之事于尧文祖之庙。虽受尧命，犹不自安，又以璇为玑……○传'上日'至'祖庙'。○正义曰：月之始日谓之朔日。每月皆有朔日。此是正月之朔，故云上日。言一岁日之上也。下云'元日'亦然。郑玄以为，帝王易代，莫不改正，尧正建丑，舜正建子，此时未改尧正，故云'正月上日'，即位乃改尧正，故云'月正元日'，故以异文。先儒王肃等以为，惟殷周改正，易民视听，自夏已上皆以建寅为正。此篇二文不同，史异辞耳。孔意亦然。下云'岁二月'，传云'既班瑞之明月'，以此为建寅之月也。受终者，尧为天子，于此事终而授与舜，故知'终'谓

---

① 参顾颉刚、刘起釪《尚书校释译论》，页 102—105。

终帝位之事。'终'言尧终舜始也。礼有大事行之于庙，况此是事之大者。知文祖者，尧文德之祖庙也，且下云'归格于艺祖'。艺、文义同。知文祖是庙者，《咸有一德》云'七世之庙可以观德'，则天子七庙，其来自远。尧之文祖，盖是尧始祖之庙，不知为谁也。《帝系》及《世本》皆云黄帝生玄嚣，玄嚣生侨极，侨极生帝喾，帝喾生尧。即如彼言，黄帝为尧之高祖，黄帝以上不知复祭何人，充此七数，况彼二书未必可信。尧之文祖不可强言。"①

李振兴案：王氏此说，乃魏晋时人之观点。江声《尚书集注音疏》云："《三国·魏志·辛毗传》云：时议引正朔，毗以魏氏遵舜、禹之统，应天顺民，至于汤、武，以战定天下，乃改正朔。如其说，则舜、禹皆未改朔。自唐至夏皆建寅者，盖篡逆之世，经术道消，邪说竞偏，故有是说。"马融云："上日，朔日也。"(《史记·五帝本纪·集解》)又云："文祖，天也。天为文，万物之祖，故曰文祖。"(《释文》)郑康成云：……(见上引——笔者注)案：《汉书·董仲舒传》：仲舒对策曰："孔子曰：无为而治者，其舜乎？改正朔，易服色，以顺天命而已，其余尽循尧道，何更为哉？"《白虎通》云："禹、舜虽继太平，犹宜改以应天。"是皆谓舜改尧正。则郑君之说，信而有征矣。且此言正月，而经特变文言"月正"，正月者，犹是正月也；月正者，改月之正也。不然，曷为异其文哉？是皆可验郑说之精当而无疑也。至文祖，郑云乃五府之大名，犹周之明堂。段玉裁《古文尚书撰异》云："《尧本纪》曰：文祖者，尧太祖也。太史公特用训诂之法。尧太祖，盖谓黄帝。《集解》引郑注释之，相去万里。"盖不以郑说为是也。至王氏之以"文祖"为庙名，虽未明指尧太祖黄帝，盖王者祀天法祖，必为其庙，言庙名，乃总摄之言也。至"正月上日"者，乃指尧之正月吉日也，意谓乃于正月择吉日于

---

① 阮刻《十三经注疏》，页126中—下。

尧庙中,受终位于舜也。(上日,吉日也。详见王引之《经义述闻》)①

**应勇案**：本来是关于舜接受尧的禅让,于良辰吉日登位的一段历史记述,但在诠释这段经文时,郑、王注文却涉及到了重要的问题。此条郑、王注可对应比勘者有二：(1)关于帝王易代要不要改正朔的问题。这表面看起来是一个事关历法与农事的问题,其实不然,它是关乎帝王易代之际政治合法性的重要问题。自从发生了夏、商、周易代的历史大事,中国人就开始对夺权后的政治合法性问题进行深入的思考。我们知道,自古以来,帝王之为帝王的主要合法性是所谓君权神授,但商、周易代以后,中国人开始思考一个问题：当初商朝取得政治统治权即以为上帝所授予,现在周人夺取了政权,如果还简单地解释为上帝授予,那就有了矛盾,最神圣的上帝难道也那么不可靠？换言之,既然商朝是上帝授予的王位,那么周人的革命也就不合法了。于是周人发明了"天命靡常"和"天视自我民视,天听自我民听"的理论。周人不敢违背君权神授的信仰,但指出,天命并不会只眷顾一姓人,如果上帝将王位授给你,你自己不能胜任,上帝就会换人,更换与否的依据就是你对人民是否仁德。我周人之所以有权革你的命,就是因为我奉行了上帝的这个规则,而你商人大逆不道,为非作歹,丧失了这个王位资格,上帝本来就要革你的命了,我周人革你的命就是替天行道。② 而革命以后一系列典章制度要不要进行全方位的更新又是必须面对的重要问题。周人在革命后进行了全面的制度革新,所谓周公制礼作乐,其具体内容以前人们并不了然,今人王晖

---

① 李振兴《王肃之经学》,页165—166。李先生引《白虎通》"禹舜虽继太平"误作"舜禹虽继太平",兹校正之。——参新编诸子集成本《白虎通疏证》,[清]陈立撰,中华书局1994,页360(下引版本同)。

② 参拙文《董仲舒的社会思想》,刊黄忠晶主编《中国社会思想研究》,中央党校出版社2007。

《商周文化比较研究》一书对此有较为细致的考释。① 周以后的中国人一直在进一步思考帝王易代之际政治合法性的问题以及革命后要不要进行全方位制度变革的的问题，开始是文、质相胜的理路，后来是五德终始的理路，都是一种循环论。汉代易秦，由于种种原因，有了一个汉承秦制的开头，但这又促使文化人和政治家在江山稳固以后热烈地讨论要不要改易更革一系列制度的问题。要进行制度变革，又要涉及政治合法性问题，而这种政治合法性同样没有今天的政治理性作依据，还是以神意为依据。从贾谊到董仲舒再到刘向，都找到诸多理由论证汉代改易更革的必要性。东汉前期，又一场规模大、时间长的御前经学研讨会召开，会议试图解决历代王朝面临的一些基础性、根本性问题，会后形成了法典性的决议，即著名的《白虎通义》。《白虎通义》关于"改朔之义"的决议是："王者受命必改朔何？明易姓，示不相袭也。明受之于天，不受之于人，所以变易民心，革其耳目，以助化也。故《大传》曰：'王者始起，改正朔，易服色，殊徽号，异器械，别衣服'也。是以禹舜虽继太平，犹宜改以应天。王者改作，乐必得天应而后作何？重改制也。《春秋瑞应传》曰：'敬受瑞应，而王改正朔，易服色。'《易》曰：'汤武革命，顺乎天而应乎民也。'"②按照这个决议，王者受命必改正朔，这也是顺应天道之事。天要改作，顺应天道的新即位之王者当然也要改作，这样才能适时地依天道而"变易民心，革其耳目"。纬书亦多同此说。③ 郑玄在这条注中继承了这个说法，强调"帝王易代，莫不改正"。而王肃则认为上古历史上只有殷、周易代才发生过全方位的改正朔、易服色的制度变革，夏以前一直没有变。其间的分歧意义不主要在各自的说法是否符合今天理性的历史学事实考证，而在于后代王朝如何依据

---

① 王晖《商周文化比较研究》，北京：人民出版社2000。
② ［清］陈立《白虎通疏证》，页360—361。
③ 皮锡瑞《今文尚书考证》卷一。

经典经义来处理所面临的王朝易代的合法性问题及制度变革问题。郑玄以为这段经文中前面说"正月上日",后面说"月正元日",就表明是即位之后有改正朔。王肃则以为之所以文有不同,只是"史异辞耳"。此条伪孔传与王肃说同,《正义》护王而驳郑。(2)经文中"文祖"一词如何解释。马融曰:"文祖,天也。天为文,万物之祖,故曰文祖。"据孙星衍所考,马说与史迁说合。(孙《疏》,页35)郑则曰:"文祖者,五府之大名,犹周之明堂。"郑说取自纬书。《尚书帝命验》曰:"五府,五帝之庙,苍曰灵府,赤曰文祖,黄曰神斗,白曰显纪,黑曰元矩。唐虞谓之五府,夏谓之世室,殷谓重屋,周谓明堂,皆祀五帝之所也。""文祖者,赤帝熛怒之府,名曰文祖,火精光明文章之祖,故谓之文祖。周曰明堂。"郑氏解经多有与其师马融不同者,虽马融亦引纬解经,但不及郑氏信纬甚。清人王鸣盛、江声主调和马、郑之说,曰:"帝尧火德,赤帝之所感生,故以文祖为五府之大名,受终于文祖,告感生之帝,即告天也。"皮锡瑞亦主江声说,以其均为今文家说,"各举一偏言之,其实一也"。[①] 据上述纬书说,王肃曰"庙名"亦不矛盾,只是显得笼统些。蔡沈《集传》以"文祖"为"尧始祖之庙,未详所指为何人也",同伪孔传及《正义》说。

### "……肆类于上帝"

郑玄以五帝为灵威仰等太微宫中五帝座星。

王肃则认为五帝当是指《孔子家语》中孔子给季康子的解释,是指金、木、水、火、土五行之神。

伪孔传:"尧不听舜让,使之摄位。舜察天文,考齐七政,而当天心,故行其事。肆,遂也。类,谓摄位事类。遂以摄告天及五帝。"《释文》:"王云:上帝,天也。马云:上帝,太一神,在紫微宫,

---

[①] 皮锡瑞《今文尚书考证》卷一。参王鸣盛《尚书后案》卷一。

天之最尊者。"

《正义》:"传以既受终事,又察玑衡,方始祭于群神。是舜察天文,考齐七政,知己摄位而当于天心,故行其天子之事也。《祭法》云:有天下者祭百神。遍祭群神是天子事也。肆,是纵缓之言。此因前事而行后事,故以肆为遂也。类,谓摄位事类。既知摄当天心,遂以摄位事类告天帝也。此类与下禋、望相次,当为祭名。《诗》云:'是类是祃'。《周礼·肆师》云:'类造上帝'。《王制》云:'天子将出,类乎上帝'。所言类者,皆是祭天之事。言以事类而祭也。《周礼·小宗伯》云:'天地之大灾,类社稷则为位'。是类之为祭,所及者广。而传云'类,谓摄位事类'者,以摄位而告祭,故类为祭名。《周礼·司服》云:'王祀昊天上帝则服大裘而冕,祀五帝亦如之'。是昊天外更有五帝,上帝可以兼之,故以告天及五帝也。郑玄笃信谶纬,以为昊天上帝谓天皇大帝北辰之星也,五帝谓灵威仰等太微宫中有五帝座星是也。如郑之言,天神有六也。《家语》云:季康子问五帝之名,孔子曰:天有五行,金、木、水、火、土,分时化育以成万物,其神谓之五帝。王肃云:五行之神,助天理物者也。孔意亦当然矣。此经惟有祭天,不言祭地及社稷,必皆祭之,但史略文耳。"①

李振兴案:肆,史公作遂。孙《疏》云:"《周礼·钟师职》杜子春引吕叔玉《国语注》云:肆,遂也。《释诂》云:肆,故也。郑注《仪礼》云:遂,因也。其义亦相近。"考释此经文者,多以遂为说。王氏乃云:肆,缓也。(《文选》王子渊《洞箫赋》注)其义虽与舒缓、从容相近,然终未若释遂为得理。上帝,马融云:……(见上《释文》引——笔者注)郑玄云:"礼祭上帝于圜丘"。(《史记·五帝纪》注)孙《疏》云:"云礼祭上帝于圜丘者,郑注礼经所言周祀天之礼,夏正祀五帝于南郊,冬至祀天于圜丘。此言圜丘者,所祭即天皇

---

① 阮刻《十三经注疏》,页126中—127上。

大帝北极耀魄宝,与马融义合也。"类,祭名。蔡《传》云:"郊祀者,祭昊天之常祭。非常祀而祭告于天,其礼依郊祀为之,故曰类。如《泰誓》武王伐商,《王制》言天子将出,皆云类于上帝是也。"郊祀,乃祭天也。非常祀之类,既依郊祀为之,亦为祭天也。上帝,天也。明确易了。似优于马、郑之说。①

**应勇案**:此条因解经文"上帝"而涉及"五帝",郑、王经注可对应比勘者、也是郑、王主要分歧之一,即对于"五帝"的解释。郑与其师马融对天神体系的理解相同,即天神体系与天象体系是一致的,"上帝"就是昊天上帝,即北辰之星,而太微宫中又有五帝座星即"五帝",分别是苍帝灵威仰,赤帝赤熛怒,白帝白招矩,黑帝汁光纪,黄帝含枢纽。这种对天神及天象体系合二而一的理解来自谶纬,而谶纬之说在东汉学界及社会的影响颇为深透。王肃与郑立异,以《孔子家语》中孔子的话为依据。王肃解经与郑玄解经的一个重要不同是不以谶纬之说解经。② 而就此条经文涉及到的"五帝"来说,王肃与郑立异的一个重要意义在于他不再如马、郑那样具象地依天象体系来理解天神体系,而是将它解释为以"天"为中心再加五行辅佐的另一种较为抽象的天神体系。

**"禋于六宗……"**

(1) 郑注:禋之言烟,周人尚臭,烟气之臭闻者也。王注:禋,絜祀也。

(2) 郑注:六宗:星、辰、司中、司命、风师、雨师也。王注:六宗:四时、寒暑、日、月、星、水旱也。

伪孔传:"精意以享谓之禋。宗,尊也。所尊祭者其祀有六,谓四时也,寒暑也,日也,月也,星也,水旱也。祭亦以摄告。"《释

---

① 李振兴《王肃之经学》,页167。
② 参拙著《郑玄通学及郑王之争》第十一章。

文》:"禋,音因。王云:絜祀也。马云:精意以享也。六宗,王云:四时、寒暑、日、月、星、水旱也;马云:天地四时也。"

《正义》:"《国语》云:精意以享,禋也。《释诂》云:禋,祭也。孙炎曰:禋,絜敬之祭也。《周礼·大宗伯》云:以禋祀祀昊天上帝,以实柴祀日月星辰,以槱燎祀司中、司命、风师、雨师。郑云:禋之言烟,周人尚臭,烟气之臭闻者也。郑以禋祀之文在燎柴之上,故以禋为此解耳。而《洛诰》云:秬鬯二卣曰明禋。又曰:禋于文王、武王。又曰:王宾杀禋咸格。经传之文,此类多矣。非燔柴祭之也。知禋是精诚絜敬之名耳。宗之为尊,常训也。名曰六宗,明是所尊祭者有六,但不知六者为何神耳。《祭法》云:埋少牢于太昭祭时,相近于坎坛祭寒暑,王宫祭日,夜明祭月,幽禜祭星,雩禜祭水旱也。据此言六宗,彼祭六神,故传以彼六神谓此六宗。必谓彼之所祭是此六宗者,彼文上有祭天祭地,下有山谷丘陵,此六宗之文在上帝之下,山川之上,二者次第相类,故知是此六宗。王肃亦引彼文,乃云禋于六宗,此之谓矣。郑玄注彼云:四时谓阴阳之神也。然则阴阳、寒暑、水旱各自有神。此言禋于六宗,则六宗,常礼也。礼无此文,不知以何时祀之。郑以彼皆为祈祷之祭,则不可用郑玄注以解此传也。汉世以来说六宗者多矣,欧阳及大小夏侯说《尚书》皆云所祭者六,上不谓天,下不谓地,旁不谓四方,在六者之间,助阴阳变化,实一而名六宗矣。孔光、刘歆以六宗谓乾坤六子:水、火、雷、风、山、泽也。贾逵以为六宗者,天宗三,日、月、星也;地宗三,河、海、岱也。马融云:万物非天不覆,非地不载,非春不生,非夏不长,非秋不收,非冬不藏,此其谓六也。郑玄以六宗言禋,与祭天同名,则六者皆是天之神祇,谓星、辰、司中、司命、风师、雨师。星谓五纬星,辰谓日月所会十二次也;司中、司命,文昌第五、第四星也;风师,箕也;雨师,毕也。晋初幽州秀才张髦上表云:臣谓禋于六宗,祀祖考所尊者六,三昭三穆是也。司马彪又上表,历难诸家,及自言己意云:天宗者,日、月、星、辰、寒暑之属也；地宗，社稷五祀之属也；四方之宗，四时五帝之属。惟王肃据《家语》，六宗与孔同。各言其志，未知孰是。司马彪《续汉书》云：安帝元初六年立六宗祠于洛阳城西北亥地，祀比大社。魏亦因之。晋初荀顗定新祀，以六宗之神诸说不同，废之。挚虞驳之，谓宜依旧。近代以来皆不立六宗之祠也。"①

**李振兴案**：禋，马融曰："精意以享也。"王氏云："絜祀也"。郑玄云："禋，烟也。取其气达升，报于阳也。"（孙《疏》，页39）《说文》示部云："禋，絜祀也。一曰精意以享也。"马、王谊见《释文》，所言皆是也。六宗者，说者甚繁，且不一其辞。要之以马融之说最为精当。因其本于《大传》也。其言云："六宗者，天地四时也，万物非天不生，非地不载，非春不生，非夏不长，非秋不收，非冬不藏，此其谓六宗也。"伏生《大传》云："万物非天不生，非地不载，非春不动，非夏不长，非秋不收，非冬不藏。禋于六宗，此之谓也。"马氏六宗之谊，本诸伏生，不可易也。②

**应勇案**：此句经文接"肆类于上帝"一句，言舜受尧禅让后，祭告上帝并祭告六宗。然六宗到底是哪六种神灵，古来众说纷纭，马融与郑玄即不同，刘歆、贾逵等经学家说法又不同。王肃解经与郑立异，自在此处又与郑不同，而且对祭祀方法的认定也不同，郑以为乃是一种通过焚烧等方法使祭品烟气上达神灵的祭祀方法，其说显然来自《周礼》，郑氏于《周礼》有格外欣赏之倾向；王肃则认为，禋，就是表现一种非常絜净虔诚的祭祀，没有烟气上达的意思。王肃说与《说文》同。《说文》曰："禋，洁祀也。一曰精意以享为禋。"《正义》不从郑而从王说。关于"禋"这种祭法，郑以清人所说的"好改字"的方法解经，与马融之说不同，王肃则与马说较近。王肃解经在方法上确实较少有"改字"以解经的倾向，多从

---

① 阮刻《十三经注疏》，页127上、中。参黄怀信整理本《尚书正义》，页80。
② 李振兴《王肃之经学》，页167。

本读。郑玄之六宗说亦本自《周礼》，王肃之六宗说本自《祭法》。祭祀之事乃古来国之大事，然六宗之祀因众说歧义太大，难寻依据，晋以来国家甚至取消此祭祀项目了。李振兴以为马说不可易，实难信从，本诸伏生，就确信无误吗？蔡《传》之解"禋"取马说，解"六宗"取王肃说，均不取郑说。孙《疏》解"六宗"则认为郑说"要胜于古《尚书》说"，但又说"未知唐虞之制同否"，显然有回护郑氏之嫌。(孙《疏》，页41)

"……协时月，正日，同律、度、量、衡。"

郑注：律，阴吕阳律也。律，音律。(《史记·五帝本纪·集解》引)

王注：同，齐也。律，六律也。(《释文》。《玉海》卷六)

伪孔传："合四时之气节，月之大小，日之甲乙，使齐一也。律，法制及尺、丈、斛、斗、斤、两，皆均同。"《释文》："同律，王云：同，齐也，律，六律也。马云：律，法也；郑云：阴吕阳律也。度如字，丈尺也。量，力尚反，斗斛也。衡，称也。"

《正义》："上篇已训'协'为合，故注即以合言之也。他皆仿此。《周礼·太史》云：正岁年，颁告朔于邦国。则节气晦朔皆天子颁之，犹恐诸侯国异或不齐同，故因巡守而合和之。节是月初，气是月半也。《世本》云：容成作历，大挠作甲子。二人皆黄帝之臣。盖自黄帝已来始用甲子纪日，每六十日而甲子一周。《史记》称纣为长夜之饮，忘其日辰，恐诸侯或有此之类，故须合日之甲乙也。时也，月也，日也，三者皆当勘检诸国，使齐一也。律者，候气之管。而度、量、衡三者，法制皆出于律，故云'律，法制'也。度有丈尺，量有斛斗，衡有斤两，皆取法于律，故孔解'律'为法制，即云及尺丈斛斗斤两，皆均同之。《汉书·律历志》云：度、量、衡，出于黄锺之律也。度者，分寸、尺、丈、引，所以度长短也，本起于黄锺之管长，以子谷秬黍中者，以一黍之广度之，千二百黍为一分，十分为寸,十寸为尺,十尺为丈,十丈为引,而五度审矣。量,谓龠、合、升、斗、斛,所以量多少也,本起于黄锺之龠,以子谷秬黍中者,千二百实为一龠,十龠为合,十合为升,十升为斗,十斗为斛,而五量嘉矣。权者,铢、两、斤、钧、石,所以称物知轻重也,本起于黄锺之龠,一龠容千二百黍,重十二铢,两①之为两,十六两为斤,三十斤为钧,四钧为石,而五权谨矣。权、衡一物。衡,平也。权,重也。称上谓之衡,称锤谓之权,所从言之异耳。② 如彼《志》文,是度量衡本起于律也。时月言协,日言正,度量衡言同者,以时月须与他月和合,故言协;日有正与不正,故言正;度量衡俱是明之,所用恐不齐同,故言同;因事宜而变名耳。"③

李振兴案:伪孔传:律,法制。同马。以马意言,即为齐一法制、度量衡也。依王说,则为齐一音律度量衡。郑氏之释实同王,阴吕阳律,即十二律也。云六律者,以阳包阴也。以上诸释,以马说为长。④

**应勇案**:此条李振兴已言,郑、王解"律"实同,而与马融、伪孔传均不同。郑、王均以此"律"为音律之律,而马融、伪孔传以此"律"为法制、法则。此亦证伪孔传《古文尚书》非王肃伪造。依郑、王之解,"律"乃指古代正乐律之器,相传黄帝时伶伦(或作泠纶)"取竹之脱无沟节者,断两节间而吹之",以筒之长短,分别声音之清浊高下,乐器之音即依此为准则,分阴阳各六,阳为律,分别称黄锺、大蔟、姑洗、蕤宾、夷则、无射;阴为吕,分别称林锺、南吕、应锺、大吕、夹锺、中吕;合称十二律。《汉书·律历志》:"律十

---

① 阮刻本此"两"字后有"铢"字,据黄怀信整理本《尚书正义》当删此"铢"字。详见黄本《校勘记》。
② 此段《汉书·律历志》引文与今传本《汉书·律历志》文字不完全契合,盖为节引和转述。参中华书局标点本《汉书·律历志》。
③ 阮刻《十三经注疏》,页128上。
④ 参阮刻《十三经注疏》,页127。李振兴录此条于《尧典》,今依伪孔本条分于《舜典》。——见李振兴《王肃之经学》,页149、168。

有二,阳六为律,阴六为吕。律以统气类物,吕以旅阳宣气。"郑释之阴吕阳律,即十二律。王肃言六律,实际上也是对古代音律规则的一种笼统说法,李振兴所谓"以阳包阴也"。只是由此条郑、王之不同说法,又可见王肃有意与郑立异之倾向如晦之见明。李振兴以马说为长,不知何据。《汉书·律历志》:"《虞书》曰:乃同律度量衡。……"亦以"律"为音律之律。不过古代之音律问题并非现代人理解的音乐问题,而是包含声音、八卦、阴阳、数字、历法等多要素的一种哲学系统,关乎对世界的总体认识。蔡《传》解此"律"同郑、王之说,亦以"律"为音律之律。

"修五礼、五玉、三帛、二生、一死,贽……"

三帛,郑注:"帛,所以荐玉也。必三者,高阳氏后用赤缯,高辛氏后用黑缯,其余诸侯皆用白缯。"(《史记·五帝本纪·集解》)王注:"三帛,纁、玄、黄也。附庸与诸侯之適子、公之孤执皮帛,其执之色未详闻,或曰孤执玄,诸侯之適子执纁,附庸执黄。"

伪孔传:"修吉、凶、军、宾、嘉之礼,五等诸侯执其玉。三帛,诸侯世子执纁,公之孤执玄,附庸之君执黄。二生,卿执羔,大夫执鴈。一死,士执雉。玉、帛、生、死,所以为贽以见之。"《释文》:"贽,音至,本又作挚。……"

《正义》:"舜既班瑞群后,即以其岁二月东行巡省守土之诸侯,至于岱宗之岳,燔柴告至,又望而以秩次祭于其方岳山川。柴望既毕,遂以礼见东方诸侯诸国之君,于此诸国协其四时气节、月之大小,正其日之甲乙,使之齐一,均同其国之法制,度之丈尺,量之斛斗,衡之斤两,皆使齐同,无轻重大小。又修五礼:吉、凶、军、宾、嘉之礼;修五玉:公、侯、伯、子、男所执之圭璧也。又修三帛:诸侯世子、公之孤、附庸之君所执玄、纁、黄之帛也。又修二生:卿所执羔、大夫所执鴈也。又修一死:士所执雉也。自'五玉'至于'一死',皆蒙上'修'文,揔言所用玉、帛、生、死,皆为贽,以见天子也。其贽之内,如五玉之器,礼终乃复还之,其帛与生、死则不还也。东岳礼毕,即向衡山。五月,南巡守至于南岳之下,柴望以下一如岱宗之礼。南岳礼毕,即向华山。八月,西巡守至于西岳之下,其礼如初时,如岱宗所行。西岳礼毕,即向恒山。朔,北也。……○传'修吉'至'其玉'。○正义曰:《周礼·大宗伯》云:以吉礼事邦国之鬼神示,以凶礼哀邦国之忧,以宾礼亲邦国,以军礼同邦国,以嘉礼亲万民之昏姻。知五礼谓此也。帝王之名既异,古今之礼或殊,而以周之五礼为此五礼者,以帝王相承,事有损益,后代之礼亦当是前代礼也。且历验此经,亦有五事。此篇'类于上帝',吉也;'如丧考妣',凶也;'群后四朝',宾也;《大禹谟》云'汝徂征',军也;《尧典》云'女于时',嘉也。五礼之事,并见于经,知与后世不异也。此云'五玉',即上文五瑞,故知'五等诸侯执其玉'也。郑玄云:执之曰瑞,陈列曰玉。○传'诸侯'至'执黄'。○正义曰:《周礼·典命》云:凡诸侯之適子誓于天子,摄其君,则下其君之礼一等;未誓,则以皮帛继子男之下;公之孤四命以皮帛眡小国之君。是诸侯世子、公之孤执帛也。附庸虽则无文,而为南面之君,是一国之主,春秋时附庸之君适鲁,皆称来朝,未有爵命,不得执玉,则亦继小国之君,同执帛也。经言'三帛',必有三色,所云纁、玄、黄者,孔时或有所据,未知出何书也。王肃云:三帛,纁、玄、黄也,附庸与诸侯之適子、公之孤执皮帛,其执之色未详闻,或曰孤执玄,诸侯之適子执纁,附庸执黄。王肃之注《尚书》,其言多同孔传。《周礼》孤与世子皆执皮帛。郑玄云:皮帛者,束帛而表之,以皮为之饰。皮,虎豹皮也。此三帛不言皮,盖于时未以皮为饰。○传'卿执'至'执雉'。○正义曰:此皆《大宗伯》文。郑玄曰:羔,小羊,取其群而不失其类也;鴈,取其候时而行也;雉,取其守介,死不失节也。《曲礼》云:饰羔鴈者以缋。谓衣之以布而又画之。雉执之无饰。《士相见之礼》:卿大夫饰贽以布。不言缋。此诸侯之臣与天子之臣异也。郑之此言,论周之礼耳。虞时每事犹质，羔鴈不必有饰。○传'玉帛'至'见之'。○正义曰：《曲礼》云：贽，诸侯圭，卿羔，大夫鴈，士雉。雉不可生，知一死是雉，二生是羔、鴈也。郑玄云：贽之言至，所执以自至也。自'五玉'以下蒙上'修'文者，执之使有常也。若不言贽，则不知所用，故言贽以结上，又见玉、帛、生、死皆所以为贽，以见君与自相见，其贽同也。"①

李振兴案：马融云：五礼，吉、凶、军、宾、嘉也。三帛，三孤所执也。"贽：二生，羔、雁，卿大夫所执；一死，雉，士所执。""五器，上五玉。"（《史记·五帝本纪·集解》）郑玄云："五礼：公、侯、伯、子、男朝聘之礼矣。五玉，即五瑞也。执之曰瑞，陈列曰玉也。帛，所以荐玉也，受瑞玉者以帛荐之。帛必三者，高阳氏之后用赤缯，高辛氏之后用黑缯，其余诸侯皆用白缯。周礼改之为纁也。二生一死贽者，羔雁生也，卿大夫所执；雉死，士所执也。"（孙《疏》，页45②）马云三帛，三孤所执，未言其帛之色。郑氏言赤、黑、白三色，并言各所执之色。王氏言纁、玄、黄也，并言其执之色未详闻。是不信郑注也。岂王氏以郑言不足信欤？抑故主异说以乱郑欤？古籍湮灭未能详考，姑从郑氏。③

应勇案：此条残存郑、王经注可对应比勘者主要是关于"三帛"的解说。经言舜即位后修"五礼"，伪孔传言即指吉、凶、军、宾、嘉五礼。此说显然来自《周礼》。解舜时之礼制以《周礼》为说，似难据信，故《正义》以帝王相承，没有太大的变化解之。在行五礼的隆重场合，参加的诸侯们手中要执有重要的信物——玉，即"五玉"。而执玉，在这样的场合，不能裸手随便拿着，要用贵重的帛衬着、托着、裹着，即"所以荐玉也"。这就是郑玄对"帛"的用

---

① 阮刻《十三经注疏》，页127下—128中。参黄怀信整理本《尚书正义》，页82—86。
② 李振兴原注此段"郑玄云"引文出处为"《正义》。《五帝纪》注"，不符，所引见于孙《疏》，页45。
③ 李振兴《王肃之经学》，页168。

途的解释。依此,对于不同身份的典礼参加者,所用荐玉之帛又有不同的颜色要求,这就是所谓"三帛"。对于"三帛"的解释,残存的《尚书》郑注未见,《史记·五帝本纪·集解》引郑玄之说:"帛,所以荐玉也。必三者,高阳氏之后用赤缯,高辛氏之后用黑缯,其余诸侯皆用白缯。"依《史记·五帝本纪》,"五帝"分别为黄帝、颛顼、帝喾、唐尧、虞舜。皇甫谧《帝王世纪》等则以伏羲、神农、黄帝为"三皇",少昊(黄帝子)、颛顼、高辛、唐、虞为"五帝"。其中颛顼即高阳氏,为黄帝子昌意之子,即黄帝之孙,年十岁佐少昊,二十年即帝位,初国于高阳,因号高阳氏,后都于帝丘,在位七十八年;帝喾即高辛氏,高辛父蟜极,蟜极父玄嚣,玄嚣父黄帝,即高辛为黄帝曾孙,颛顼族子。帝喾年十五佐颛顼,受封于辛,号高辛氏。高阳、高辛本皆出于黄帝,但因分别出自黄帝两个儿子的血脉,故其后裔有不同。依郑说,舜之"五礼"对"三帛"的规定简单明晰,即"高阳氏之后用赤缯,高辛氏之后用黑缯,其余诸侯皆用白缯",总言赤、黑、白"三帛"。据孙星衍、皮锡瑞所考,郑此说同样源自纬书,为今文家说。《通典》五十五引《尚书中候》云:"高阳氏尚赤,荐玉以赤缯。高辛氏尚黑,荐玉以黑缯。陶唐氏尚白,荐玉以白缯。"(孙《疏》,页47)① 而王肃解此经与郑大不同,首先指出此"帛"并非荐玉之帛,而是和玉一样,同属参加典礼者要带的信物,即"皮帛"。按照等级,不是所有参加者都带玉,"诸侯世子"(即下文之"诸侯適子")、"公之孤"(三十以下无父曰孤)、未有爵命之附庸之君("附庸"指附属于诸侯之小国也)等,都只能带"皮帛",并且按不同身份,对皮帛的颜色又有不同的要求,此所谓"三帛"。关于"三帛"的具体颜色,王肃认为本来就说不清,有一种说法是("或曰")纁(浅绛色)、玄(黑而有赤色)、黄三色,"孤执玄,诸侯之適子执纁,附庸执黄。"王肃宁信"或曰",也不信郑氏之

————————
① 又参皮锡瑞《今文尚书考证》卷一。

说。蔡《传》解"三帛"则用王说。

"……至于南岳,如岱礼……"

郑、王均以南岳为衡山。王肃云:五岳:东岳岱,南岳衡,西岳华,北岳恒,中岳崧高。(《诗·大雅·崧高·正义》引《孝经钩命诀》五岳云云,以为王肃之注、《尚书》服虔之注、《左传》郑于"大宗伯"注皆然。)

伪孔传:"南岳衡山。自东岳南巡,五月至。"①

李振兴案:南岳,衡是也。(详见臧庸《拜经文集·五岳释》)郑康成亦云:"南岳衡山"。(《周礼·大司乐·疏》)蒋廷锡《尚书地理今释》:"《周礼》作衡山,《山海经》作岣嵝山,在今湖广衡州府衡山县西北三十里,接衡阳县及长府界。"②

应勇案:南岳衡山,郑、王无不同。此条笔者未引《正义》文字,因相关《正义》文字不涉及郑、王义也。而郑、王关于南岳为衡山之解,此经下之《正义》文字又不见引,所见为他经之解所引,见上,由此可见郑、王于此解无不同。后世所解亦无不同。

"……象以典刑,流宥五刑,鞭作官刑,扑作教刑,金作赎刑……"

(1) 郑注:"五刑:墨、劓、剕、宫、大辟。正五刑,加之流宥、鞭、扑③、赎刑,此之谓九刑。其轻者,或流放之,'四罪'是也。"(王鸣盛引郑注则曰:"其疑者,或流放之,'四罪'是也。")王注:"谓君不忍刑杀,宥之以远方。""言宥五刑,则正五刑见矣。"

(2) 郑、王均以为"象以典刑"是实有其刑,亦实有其人,并非

---

① 阮刻《十三经注疏》,页127下。
② 李振兴《王肃之经学》,页169。
③ "扑",阮刻本、黄怀信整理本《尚书正义》经文均作"扑",孙星衍《尚书今古文注疏》经文及所引马、郑注皆作"朴",或孙星衍误?

只具象征意义。

伪孔传:"象,法也。法用常刑,用不越法。宥,宽也。以流放之法宽五刑。"《释文》:"……马云:宥,二宥也。"伪孔传:"以鞭为治官事之刑。扑,榎楚也,不勤道业则挞之。……"

《正义》:"○传'象法'至'越法'。○正义曰:《易·系辞》云:象也者,象此者也。又曰:天垂象,圣人则之。是象为仿法,故为法也。五刑虽有常法,所犯未必当条,皆须原其本情,然后断决,或情有差降,俱被重科;或意有不同,失出失入,皆是违其常法,故令依法用其常刑,用之使不越法也。○传'宥宽'至'五刑'。○正义曰:'宥,宽',《周语》文。流,谓徙之远方,放使生活。以流放之法宽纵五刑也。此惟解以流宽之刑,而不解宥宽之意。郑玄云:其轻者,或流放之,四罪是也。王肃云:谓君不忍刑杀,宥之以远方。然则此是据状合刑,而情差可恕,全赦则太轻,致刑即太重,不忍依例刑杀,故完全其体,宥之远方。应刑不刑,是宽纵之也。上言'典刑',此言'五刑'者,其法是常,其数则五。'象以典刑',谓其刑之也。'流宥五刑',谓其远纵之也。流言五刑,则典刑亦五,其文互以相见。王肃云:言宥五刑,则正五刑见矣。是言二文相通之意也。典刑是其身,流宥离其乡。流放致罪为轻,比鞭为重,故次'典刑'之下。先言流宥,鞭、扑虽轻,犹亏其体,比于出金赎罪又为轻。且《吕刑》五罚虽主赎五刑,其鞭扑之罪亦容输赎,故后言之。此正刑五与流宥鞭扑俱有常法,'典'字可以统之,故发首言'典刑'也。"①

李振兴案:马融云:"流,放;宥,宽也;一曰幼少,二曰老耄,三曰蠢愚。五刑:墨、劓、剕、宫、大辟。"郑玄云:"五刑:墨、劓、剕、宫、大辟。正五刑,加之流宥、鞭、朴、赎刑,此之谓九刑。其轻者,

---

① 阮刻《十三经注疏》,页129上。参黄怀信整理本《尚书正义》,页88。

或流放之,四罪是也。"(孙《疏》,页53①)郑言于五刑之外,其四刑为罪之轻者,故流放之。就经文言,马说似迂。《正义》云:"据状合刑而差可恕之,全赦则太轻,致刑则太重,不忍依例刑杀,故完全其体,宥之远方,应刑不刑,是宽纵之也。"②蔡《传》云:"流,遣之使远去,如下文流放窜殛之类也。宥,宽也,所以待夫罪之稍轻,虽入于五刑,而情可矜,法可疑,与夫亲贵勋劳而不可加以刑者,则以此而宽之也。"孔、蔡二氏之言,甚能阐发王义。王氏之言,可谓简切矣。③

**应勇案：**此条郑、王义解可对应比勘者有二,但不同者则只有第(1)条。其异解涉及到底该如何理解舜所定立之刑罚制度。前文已述,郑于《尧典》设四方之官之经文,以文字互省解上下经文本应对称,王肃亦以为四方官职之经文当相互对称,但依据不同于郑玄。此处下言"流宥五刑",上言"象以典刑",依《正义》之解,亦当为蒙下省,即王肃所云:"言宥五刑,则正五刑见矣"。"典刑"亦是五刑,即所谓正刑,据郑玄说,当指墨、劓、剕、宫、大辟五刑。其说出自《周礼·秋官》司刑、掌戮诸职。关键是为什么在正刑五之外要增设"流宥五刑"？郑玄说因为"其轻者或流放之",王肃说"君不忍刑杀,宥之以远方"。《正义》则调和郑、王二说,"然则此是据状合刑,而情差可恕,全赦则太轻,致刑即太重,不忍依例刑杀,故完全其体,宥之远方。应刑不刑,是宽纵之也。上言'典刑',此言'五刑'者,其法是常,其数则五。'象以典刑',谓其刑之也"。郑玄于此处强调的是量刑之轻重,稍显客观;王肃强调的则是君王之仁慈态度,略显主观。(依王鸣盛所引郑说亦如此,即郑氏以量刑裁定时有疑,则流放之。亦彰显客观性。)然据下文"殛鲧于羽山,四罪,而天下咸服"一条之郑、王注及上引"四罪"之

---

① 李振兴原引马、郑注文字、出处均有误,兹据孙《疏》本校之。
② 李振兴所引《正义》亦与原文有出入,见上引。
③ 李振兴《王肃之经学》,页170。

说,则郑氏亦有"不忍"之意。此处王肃为了刻意与郑立异,郑未强调"不忍",王则强调之,其有意难郑之倾向如晦之见明,但又并不能跳出郑氏解经之基本见解框架。此条王解近马说而与郑立异,因为马融强调宽宥的对象主要是"幼少"、"老耄"、"蠢愚",即王肃所谓"不忍刑杀"者。而第(2)点关于"象"字之解,郑、王同而不用马说。马融云:"言咎繇制五常之刑,无犯之者,但有其象,无其人也。"依郑、王之说,则"五常之刑"有其刑,亦有其人。"惟郑是从"的王鸣盛认为马融之说"出于战国奸民游士之口。故荀卿非之曰:世俗以为治古无肉刑,有象刑……是不然矣……民无所畏,乱莫大焉。所谓象刑,言象天道而作刑。然则象刑即五刑,断从郑注为正也"。① 就此一点而言,所谓"王肃好贾、马之说而不好郑氏"又不尽然。孙《疏》于此条则谓郑氏失之,以为郑氏不当以九刑说解"唐虞象刑之制"。(孙《疏》,页 54)看来孙星衍也迷信"唐虞象刑之制"是只有其"象"而实未有人犯之。而将孙星衍归入清儒之郑学派的说法,也还要具体分析。②

"……放驩兜于崇山,窜三苗于三危。"
"郑玄具引《左传》之文乃云:命驩兜举共工,则驩兜为浑敦也,共工为穷奇也,鲧为梼杌也,而三苗为饕餮亦可知。"
王肃云:三苗,国名也。
伪孔传:"(驩兜)党于共工,罪恶同。崇山,南裔。"《释文》:"……《左传》:帝鸿氏有不才子,掩义隐贼,好行凶德,丑类恶物,顽嚚不友,是与比周,天下之民谓之浑敦。杜预云即驩兜也。帝鸿,黄帝也。"伪孔传:"三苗,国名,缙云氏之后,为诸侯,号饕餮。三危,西裔。"《释文》:"……三苗,马、王云国名也,缙云氏之

---

① 王鸣盛《尚书后案》卷一。
② 参张寅成《郑玄六天说之研究》,刊《史原》(台湾)第 15 期。此文述清儒分为郑学与王学两派,孙星衍、孙诒让、黄以周归入郑学派。

后为诸侯,盖饕餮也。《左传》:缙云氏有不才子,贪于饮食,冒于货贿,侵欲崇侈,不可盈厌,聚敛积实,不知纪极,不念孤寡①,不恤穷匮,天下之民以比三凶,谓之饕餮。杜预云:缙云,黄帝时官名,非帝子孙,故以比三凶也。贪财曰饕,贪食曰餮。……"

《正义》:"○传'党于'至'南裔'。○正义曰:共工象恭滔天,而驩兜荐之,是党于共工,罪恶同,故放之也。《左传》说此事云:流四凶族,投诸四裔。则四方方各有一人。幽州在北裔,雍州、三危在西裔,徐州、羽山在东裔,三方既明,知崇山在南裔也。《禹贡》无崇山,不知其处,盖在衡岭之南也。○传'三苗'至'西裔'。○正义曰:昭元年《左传》说自古诸侯不用王命者,虞有三苗,夏有观扈。知三苗是国。其国以三苗为名,非三国也。杜预言三苗地阙,不知其处。三凶皆是王臣,则三苗亦应是诸夏之国入仕王朝者也。文十八年《左传》言缙云氏有不才子,贪于饮食,冒于货贿,侵欲崇侈,不可盈厌,聚敛积实,不知纪极,不分孤寡,不恤穷匮,天下之民以比三凶,谓之饕餮。即此三苗是也。知其然者,以《左传》说此事言舜臣尧,流四凶族:浑敦、穷奇、梼杌、饕餮,投诸四裔,以御螭魅。谓此驩兜、共工、三苗与鲧也。虽知彼言四凶,此等四人,但名不同,莫知孰是,惟当验其行迹以别其人。《左传》说穷奇之行云'靖潜庸回',《尧典》言共工之行云'静言庸违'。其事既同,知穷奇是共工也。《左传》说浑敦之行云'丑类恶物,是与比周';《尧典》言驩兜荐举共工,与恶比周。知浑敦是驩兜也。《左传》说梼杌之行言'不可教训,不知话言,傲狠明德,以乱天常';《尧典》言鲧之行云'咈哉,方命圮族'。其事既同,知梼杌是鲧也。惟三苗之行,《尧典》无文。郑玄具引《左传》之文乃云:命驩兜举

---

① 此处所引《左传》文字见于文公十八年。"不念孤寡"之"念",今本《左传》作"分"(参杨伯峻《春秋左传注》,中华书局 1981,页 640),下《正义》所引亦作"分",则此处伪孔传文当误?《校勘记》亦无说明。阮刻《十三经注疏》,页 129 中。参黄怀信整理本《尚书正义》,页 88—93。

共工,则驩兜为浑敦也,共工为穷奇也,鲧为梼杌也,而三苗为饕餮亦可知。是先儒以书、传相考,知三苗是饕餮也。《禹贡》雍州言三危既宅,三苗丕叙。知三危是西裔也。"①

李振兴案:王承马说也。《释文》引马融之言云:"三苗,国名也。"王鸣盛《尚书后案》云:"《战国策》吴起对魏侯云:三苗之居,左有彭蠡,右有洞庭,文山在其南,衡山在其北。《史记》云:三苗在江淮荆州。是国名也。"蒋廷锡《尚书地理今释》云:"今湖广武昌、岳州二府、江西九江府地。《史记·正义》曰:吴起云:三苗之国,左洞庭而右彭蠡,今江州、鄂州、岳州地也。"是也。窜,蔡《传》云:"驱逐禁锢"也。段玉裁云:"经典窜、蔡、杀、桀四字同音通用,皆谓流放之也。三危,地名,在今陕西嘉峪关外废沙州卫界。《括地志》云:山有三峰,故曰三危,俗亦名卑羽山,在沙州敦煌县东南三十里。蔡《传》云:三危,西裔之地。即《禹贡》所谓三危既宅者是矣。"若导川黑水所经之三危,自在大河之南,与此为二。(见蒋廷锡《尚书地理今释》)或谓三苗,种族名。此乃原于马融云:"三苗,国名也。缙云氏之裔子,饕餮三族之苗裔,故谓之三苗。"王鸣盛《尚书后案》云:"一名曰放三苗国名于三危。此于马、郑说独以缙云之后为苗者异。未知其审。"兹并存之。②

**应勇案**:此条郑、王残存经注可对应比勘者主要是关于"三苗"的解说。窜,段玉裁解为流放,朱骏声解为逐之边土,义同。据文势,"共工"、"驩兜"指人,"三苗"亦当指人,则郑说为长。王肃承马说而以"三苗"为国名。《正义》取王说,但对其指国名抑或人名,没有分清,因为马、王解"三苗"为国名,亦非指流放此国家,自是指流放其国君,其义一也,只是"饕餮"是否即三苗之国君名,郑说未明。下文引郑说"窜"后之三苗为西裔诸侯,《正义》亦曰

---

① 阮刻《十三经注疏》,页129中、下。参黄怀信整理本《尚书正义》,页93。
② 李振兴《王肃之经学》,页171。参《十三经注疏》,页129。

"三苗之君"云云,乃称三苗为国名不误也。此条本质上郑、王无大异。(参下文)蔡《传》解"三苗"从王肃说。据《史记·五帝本纪》所述,以"三苗"为今人所谓国名、地名、族名均可通。而《论衡·恢国篇》则曰:"三苗,巧佞之人,或言有罪之国。"可见"三苗"到底是国名、地名、族名抑或人名,其义无大异,郑、王各取一偏耳。王鸣盛于此条,难得没有据郑以驳王,称三苗为国名不误。又据皮锡瑞考,此处所述"流共工于幽州,放驩兜于崇山,窜三苗于三危,殛鲧于羽山",当旨在"用夏变夷,非如《索隐》之说用夷变夏,使同于夷狄也"。① 此一解亦非常重要。

**"……殛鲧于羽山,四罪,而天下咸服。"**

(1) 关于"殛鲧"之时间,"郑玄以为禹治水事毕,乃流四凶";"王肃难郑,言若待禹治水功成而后以鲧为无功殛之,是为舜用人子之功,而流放其父,则禹之勤劳,适足使父致殛,为舜失'五典克从'之义,禹陷三千莫大之罪,进退无据,亦甚迂哉。"

(2) 关于舜为何不刑共工、驩兜、鲧、三苗四人而流放之,郑玄曰:"舜不刑此四人者,以为尧臣,不忍刑之";王肃则以为"谓在八议之辟,君不忍杀,宥之以远。"

伪孔传:"方命圯②族,绩用不成。殛、窜、放、流,皆诛也。异其文,述作之体。羽山,东裔,在海中。"《释文》:"……《左传》:颛顼氏有不才子,不可教训,不知话言,告之则顽,舍之则嚚,傲很③明德,以乱天常,天下之民谓之梼杌。杜预云即鲧也。梼杌,凶顽无俦匹之貌。"伪孔传:"皆服。舜用刑当其罪,故作者先叙典刑而连引四罪,明皆征用所行。于此惣见之。"

《正义》:"○传'方命'至'海中'。○正义曰:方命圯族是其本

---

① 皮锡瑞《今文尚书考证》卷一。
② "圯"字,阮刻本如字,黄怀信整理本《尚书正义》作"圮"。
③ "很"字,阮刻本原作"狠",黄怀信整理本《尚书正义》作"很",今从黄本(页89)。

性,绩用不成,试而无功,二者俱是其罪,故并言之。《释言》云:殛,诛也。传称流四凶族者,皆是流。而谓之'殛、窜、放、流皆诛'者,流者,移其居处,若水流然,罪之正名,故先言也;放者,使之自活;窜者,投弃之名;殛者,诛责之称;俱是流徙。异其文,述作之体也。四者之次,盖以罪重者先。共工滔天,为罪之最大,驩兜与之同恶,故以次之。《祭法》以鲧障洪水,故列诸祀典,功虽不就,为罪最轻,故后言之。《禹贡》徐州云:蒙羽其艺。是羽山为东裔也。《汉书·地理志》羽山在东海郡祝其县西南,海水渐及。故言在海中也。○传'皆服'至'见之。'○正义曰:此四罪者,征用之初,即流之也。舜以微贱超升上宰,初来之时,天下未服,既行四罪,故天下皆服。舜用刑得当其罪也。自'象以典刑'以下,征用而即行之。于此居摄之后,追论成功之状,故作者先叙典刑,言舜重刑之事,而连引四罪,述其刑当之验。明此诸事皆是征用之时所行。于此总见之也。知此等诸事皆征用所行者,《洪范》云:鲧则殛死,禹乃嗣兴。僖三十三年《左传》云:舜之罪也殛鲧,其举也兴禹。襄二十一年《左传》云:鲧殛而禹兴。此三者,皆言殛鲧而后用禹为治水。是征用时事。四罪在治水之前,明是征用所行也。又下云:禹让稷、契,皋陶帝因追美三人之功。所言稷播百谷,契敷五教,皋陶作士,皆是征用时事。皋陶所行'五刑有服','五流有宅',即是'象以典刑,流宥五刑'。此为征用时事,足可明矣。郑玄以为禹治水事毕,乃流四凶。故王肃难郑,言若待禹治水功成而后以鲧为无功殛之,是为舜用人子之功,而流放其父,则禹之勤劳,适足使父致殛,为舜失'五典克从'之义,禹陷三千莫大之罪,进退无据,亦甚迂哉。"①

李振兴案:王氏之难郑,乃因郑以"禹治水既毕,乃流四凶。舜不刑此四人者,以为尧臣,不忍刑之。"(《正义》)换言之,即舜之

---

① 阮刻《十三经注疏》,页129下。

流放四凶,在禹治水之后,而王氏则以为流放四凶,尤其是"殛鲧于羽山",乃在舜被征用之时。《正义》曰:"此四罪者,征用之初,即流之也。……明是征用之所行也。(见上引——笔者注)"又段玉裁《古文尚书撰异》云:"玉裁谓《夏本纪》:禹行视鲧治水无状,乃殛鲧于羽山以死。因殛而死,非训殛为杀也。"此言亦可证舜殛鲧于羽山,非在禹治水毕也。无怪乎王氏言郑氏之迂也。又案:《尚书释义》云:"殛,诛责,谓流放也。"释殛之意最切。①

**应勇案**:此条郑、王经注可对应比勘者有二:(1)关于刑四凶之时间问题。郑以为在禹治水之后,王力驳之,以为当在舜刚上任时,即禹治水尚未结束之时。《正义》显然倾向于王说。孙星衍《尚书今古文注疏》则用郑说:"禹治水事毕,乃流四凶。舜不刑此四人者,以为尧臣,不忍刑之。"(孙《疏》,页57—58)(2)关于舜不杀共工、驩兜、三苗、鲧四罪人之原因。郑以为舜不杀之,是因为四人都是尧之臣,尧是圣王,赏识自己,重用自己,因而不忍心杀此四人,但四人罪又太重,不能不予以治罪,故流放之。王肃则认为之所以不杀是因为这四人符合《周礼·小司寇》所言之"八议",即议亲、议故、议贤、议能、议功、议贵、议宾、议勤是也。但《周礼》原文并未言符合"八议"即不杀,只是后世经学家依据经文诠释出来"八议"有不杀、减刑之义。如马融注《舜典》此经曰:"谓在八议,君不忍刑,宥之以远。五等之差亦有三等之居:大罪投四裔,次九州岛之外,次中国之外。"王肃即承马说而与郑异。孙诒让曰:"依《曲礼》注义,盖凡人八议限者,轻罪则宥,重罪则改附轻比,仍有刑也。"②

"……柔远能迩,惇德允元……"

《诗经·民劳》:"柔远能迩,以定我王。"《毛传》:"柔,安也。"

---

① 李振兴《王肃之经学》,页172。
② 见孙诒让《周礼正义》,十三经清人注疏本,中华书局1987,页2771(下引版本同)。关于此条郑、王注对应比勘之第(2)义,可参下文《正义》引。

郑笺："能，犹伽也。迩，近也。安远方之国，顺伽其近者。……"《释文》："郑注《尚书》云：能，恣也。与此不同。"①

王肃云："能安远者，先能安近。"

伪孔传："柔，安；迩，近；敦②，厚。元，善之长。言当安远，乃能安近，厚行德信，使足长善。"《释文》："惇，音敦。长，张丈反，下同。"

《正义》："〇传'柔安'至'长善'。〇正义曰：'柔，安；迩，近；惇，厚'；皆《释诂》文。'元，善之长'，《易·文言》也。安近不能安远，远人或来扰乱，虽欲安近，近亦不安。人君为政，苦其不能安近，但戒使之柔远，故能安近。言当安彼远人乃能安近，欲令远近皆安也。王肃云：能安远者，先能安近。知不然者，以牧在远方，故据远言之。惇德者，令人君厚行德也。允元者，信使足为长善也。言人君厚行德之与信，使足为善长，民必效之为善而行也。"③

李振兴案：《尔雅·释诂》云："柔，安也。"此王氏之所本。能，《说苑·君道篇》云："是以近者亲之，远者安之。"以"能"训亲也。《汉书》注师古曰："能，善也。"郑康成云："能，恣也。"(《诗·民劳·正义》引)案：恣，从也。(见高诱注《吕氏春秋》)孙《疏》读"能"为"而"，云："而，如也。言安远国如其近者。"《经义述闻》云："能，伽也。义犹安也。言远迩皆使之安也。"以上所引诸家之言，于理皆通，然而不若王氏之简明而易了也。能以本字之义释本文之义，何需他求？"道在迩而求诸远，事在易而求诸难。"(《离娄篇》)此又何为？王氏就"能"之本义释本文，最能合于儒家由近及远、由亲及疏之道，两言决矣，又何需多所辞费？④

---

① 阮刻《十三经注疏》，页 548 上。郑玄《六艺论》："注《诗》宗毛为主，毛义若隐略，则更表明，如有不同，即下己意，使可识别。"故此处笔者将毛传文与郑笺文一并置于郑义下，以与王注对勘。(参《钦定四库全书总目毛诗正义四十卷》，阮刻《十三经注疏》，页 259。)
② 此"敦"字据经文当作"惇"，阮元《校勘记》未有说明。黄怀信整理本亦如之。
③ 阮刻《十三经注疏》，页 130 上、中。
④ 李振兴《王肃之经学》，页 173。

**应勇案**：此条经文的解释直接关系后人如何理解古代圣王一直奉行的"柔远能迩"之道，可惜此条经文下孔颖达《正义》未引郑说，所引王注亦需进一步阐释才能明其义。郑注《尚书》曰："能，恣也。"恣者，纵也，如《孟子·滕文公下》曰："诸侯放恣。"非如李振兴作"从"。郑之解义为：安服远方之国，并宽顺、宽纵其近者，因近者为王者亲近之族也，自当更加宽顺宽纵。是以血缘关系之远近为政治统治之亲疏依据也。《毛诗·民劳》"柔远能迩"经文下之毛传、郑笺义即此。与《说苑·君道篇》"近者亲之，远者安之"之说义同。而依王肃解，王者能安服远方者，则先能安服近者。关键是王肃释"能"与今能不能之意同，而郑释"能"为"伽"，此郑、王不同之关键。伪孔传、《正义》皆近王说而远郑说。宋王安石《新经义》曰："未有不始乎近而后及乎远也。"（黄伦《书精义》引）同王说而不用郑说。林之奇《全解》亦略同。清江声《尚书集注音疏》："安远方之国，恣顺其近者。"王鸣盛《尚书后案》："安远方之国，顺伽其近者。"①孙星衍《尚书今古文注疏》曰："柔远能迩，《说苑·君道篇》云：'……是以近者亲之，远者安之。'……能，读当为而。而，如也，言安远国如其近者。……《说苑》以亲训能。赵岐注《孟子》：'亲，爱也。'《汉书》注：'师古曰：能，善也。'义相近。郑注见《诗·民劳》《释文》。……伽即如字。高诱注《吕氏春秋》云：'恣，從也。'则此恣当谓顺从其意。"（孙《疏》，页60—61）均用郑义而不取王说也。皮锡瑞也以郑说为是。② 今人李振兴则又以王肃说为是。

"舜曰：咨四岳，有能奋庸熙帝之载，使宅百揆……"

郑玄云：载，行也。

---

① 顾颉刚、刘起釪《尚书校释译论》，页197—198。
② 皮锡瑞《今文尚书考证》卷一。

王肃云:载,成也(《正义》),事也(《文选》颜延年《皇太子释奠会诗》注)。

伪孔传:"奋,起;庸,功;载,事也。访群臣有能起发其功,广尧之事者。言'舜曰'以别尧。"

《正义》:"舜本以百揆摄位,今既即政,故求置其官,曰咨嗟四岳等,汝于群臣之内有能起发其功,广大帝尧之事者,我欲使之居百揆之官……○传'奋起'至'别尧'。○正义曰:奋是起动之意,故为起也。《释诂》云:庸,劳也。劳亦功也。郑玄云:载,行也。王肃云:载,成也。孔以载为'事'也。各自以意训耳。舜受尧禅,当继行其道,行之在于任臣。百揆,臣之最贵。求能起发其功,广大帝尧之事者,欲任之。舜既即位,可以称帝,而言'舜曰'者,承尧事……"①

李振兴案:熙之为训,史迁作"美",蔡《传》云"广",屈万里先生曰"兴"。载,史迁作"事",鲜有别释者,而王氏训成,诚为例外。然亦训"事"也。据以上训为释,美帝之业(事,事业也),广帝之事功,兴帝之事业,其义相近。如以当时实情言,尧之所以禅舜,乃因其能广其业也。言兴,固亦有说,然易滋人惑,因"兴"有起废兴衰义。舜承尧,非因之事业废衰也。愚以为蔡《传》之释最为切理。郑康成云:载,行也(《正义》)。言广帝之行也。说亦可通。②

**应勇案**:李振兴言此郑、王不同之二解均可通,但笔者以为二说虽均可通,意义却大不同。郑解强调的是继承和发扬帝尧的行为,那是一种"钦明文思安安,允恭克让,光被四表,格于上下,克明俊德,以亲九族,九族既睦,平章百姓,百姓昭明,协和万邦,黎民于变时雍……"的施政方式,王肃强调的则是其功业,是其成就。强调施政方式与强调功业是不同的。虽然一般而言,什么样

---

① 阮刻《十三经注疏》,页130中。
② 李振兴《王肃之经学》,页174。

的施政方式就有什么样的功业,但同样的功业,可以通过不同的方式获得。蔡《传》解"载"为事,从伪孔传及王肃而不从郑。据孙《疏》所考,郑说与韦昭《国语·周语》注同。(孙《疏》,页61)据《史记》所述,则与王肃义同。《史记·五帝本纪》:舜谓四岳曰:有能奋庸美尧之事者,使居官相事。又《夏本纪》:尧崩,帝舜问四岳曰:有能成美尧之事者,使居官。① 今刘起釪《尚书校释译论》以王肃之解为妥。②

**"帝曰:弃,黎民阻饥,汝后稷,播时百谷。"**

郑注:阻,读曰俎,厄也。(《毛诗·思文·正义》引)

王注:阻,难也。

伪孔传:"阻,难;播,布也。众人之难在于饥,汝后稷布种是百谷以济之。美其前功以勉之。"《释文》:"阻,……王云:难也……"

《正义》:"帝因禹让三人而官不转,各述其功以劝之。帝呼稷曰:弃,往者洪水之时,众民之难,难在于饥,汝君为此稷之官,教民布种是百谷以济活之。言我知汝功,当勉之。○传'阻难'至'勉之'。○正义曰:'阻,难',《释诂》文。播,是分散之意,故为布也。王肃云:播,敷也。尧遭洪水,民不粒食,故众民之难在于饥也。稷是五谷之长,立官主此稷事。后,训君也。帝言汝君此稷官布种是百谷以济救之。追美其功以劝勉之。……"③

李振兴案:王氏释"阻"为难,言人民遭洪水之灾,无以粒食,其难在于饥也。史公说"祖"为始。《集解》引徐广之言云:"今文《尚书》作祖饥。祖,始也。"马融从之。郑康成云:"阻,读曰俎。阻,厄也。"(《诗·思文·正义》)《释诂》云:"阻,难也。"《广雅·释

---

① 参皮锡瑞《今文尚书考证》卷一。
② 顾颉刚、刘起釪《尚书校释译论》,页203。
③ 阮刻《十三经注疏》,页130下。参黄怀信整理本《尚书正义》,页99。

邱》云:"阻,险也。"险、难是为厄也。是郑、王之义同,而用字异耳。①

**应勇案**:此条郑、王注可对应比勘者主要是关于"阻"字之解。李振兴曰郑、王之解实同,只是用字异耳。此亦可见王肃在经义无法与郑立异之处,则宁可用不同的字,也要与郑氏有别。此条照传统的今古文经说之区隔,郑、王均以古文为据而与马融以今文为据大不同,其不同甚至涉及对重要史实的理解。今文经不作"阻"而作"祖"。《史记·集解》:"徐广曰:《今文尚书》作'祖饥'。祖,始也。"《索隐》:"古文作'阻饥'。……未知谁得。"《汉书·食货志》亦用今文,曰:"舜命后稷,以黎民祖饥。"师古注:"孟康曰:祖,始也。"郑、王则均用古文而解说微异。由此条亦可见郑、王《尚书》注本虽篇目与今文《尚书》同,但经文绝非今文《尚书》的文本。宋蔡《传》解"阻"用郑说。清江声《尚书集注音疏》、王鸣盛《尚书后案》、段玉裁《古文尚书撰异》等则以为古"祖"、"阻"字均与"且"字通,古"且"与"俎"字音同义同。段玉裁曰:"孔壁与伏壁当是皆本作'且'。伏读'且'为'祖',训'始'……如马季长注是也。至郑乃读为'阻'。郑意以久载绩堕,黎民久饥,不得云始饥,故易字作'阻',云'厄'也。王子雍从之云'难也'。姚方兴采王注亦云'难也'。……而方兴径用郑说易《尚书》经文本字作'阻',不作'俎'。"唐写《释文》正作"俎,本又作阻"。至此,今古文之间的隔阂才在某种程度上得到了化解。原来,郑、王所据经文,或本来不作"阻",而作"俎",到隋代姚方兴才径改经文作"阻",因此后人所谓郑注曰"阻,读曰俎,厄也",王注曰"阻,难也",均不是严格意义上的照录,而是意引。而清人陈乔枞比起上

---

① 李振兴录此条于《尧典》。且所引《诗·思文·正义》郑康成云云文有误,其文《正义》引《舜典》中此段经文后曰:"注云:俎,读曰阻。阻,厄也。"《正义》原文只曰"注",未曰"郑注",李先生以为郑注文。——并参李振兴《王肃之经学》,页149、174;阮刻《十三经注疏》,页590上。

述江、段、王等学者,则未免显得陈腐,他依然有着传统今古文经说区隔的成见,其《经说考》云:"马、郑皆治《古文尚书》,郑从古文家,故读'祖'为'俎'。马参用今文家,故典《史记》训合。"①

**"帝曰:契,百姓不亲,五品不逊,汝作司徒……"**

郑玄云:"五品,父、母、兄、弟、子也。"

王肃云:五品,五常也。(《史记·五帝本纪·集解》)

伪孔传:"五品,谓五常。逊,顺也。"

《正义》:"帝又呼契曰:往者天下百姓不相亲睦,家内尊卑五品不能和顺,汝作司徒之官……○传'五品'至'顺也'。○正义曰:品,谓品秩。一家之内尊卑之差,即父、母、兄、弟、子是也,教之义、慈、友、恭、孝,此事可常行,乃为五常耳。传上云'五典克从',即此五品……"②

李振兴案:《书》云:"帝曰:契,百姓不亲,五品不逊,汝作司徒,敬敷五教。"马融曰:"五教,五品之教也。"(《史记·五帝本纪·集解》)郑康成则云:"五品,父、母、兄、弟、子也。"(同马注)《汉书·百官公卿表》注应劭曰:"五教:父义,母慈,兄友,弟恭,子孝。"而《孟子》却云:"使契为司徒,教以人伦,父子有亲,君臣有义,夫妇有别,长幼有序,朋友有信。"(《滕文公篇》)王氏好攻郑氏,其所云"五品,五常也。"当指《孟子》五伦而言也。蔡《传》承《孟子》之说。时贤屈万里先生则主郑氏之论。③

应勇案:此条"五品"经下《正义》未引郑、王注。据《史记·五帝本纪·集解》所引郑、王对"五品"的解释,二者有不同,但王肃所言"五常"具体指什么,未有明说,据李振兴解与《孟子》"五伦"义同,则与郑解大为不同。伪孔传用王说而不用郑说。《正

---

① 详参顾颉刚、刘起釪《尚书校释译论》,页221—222。
② 阮刻《十三经注疏》,页130下。
③ 李振兴《王肃之经学》,页175。

义》调和二说,以为郑、王其义一也。蔡《传》则别以《孟子》"五伦"说为解,见上李振兴引。据考,郑说源自《左传》,即《左传》文公十八年所谓"使布五教于四方:父义,母慈,兄友,弟共,子孝"。① 另据皮锡瑞考,此条经文今文《尚书》作"五品不驯",亦作"五品不训",《古文尚书》则作"不逊"。②

**"……五服三就,五流有宅,五宅三居……"**

(1) 三就:马、郑、王皆以为原野也、市朝也、甸师氏也。

(2) 宅,郑读曰咤,惩艾之器,谓五刑之流,皆有器惩艾。五咤者,是五种之器,谓桎一梏二挚三;王肃则从本读。

伪孔传:"既从五刑,谓服罪也。行刑当就三处,大罪于原野,大夫于朝,士于市。(五流有宅,五宅三居)谓不忍加刑,则流放之若四凶者。五刑之流,各有所居。五居之差,有三等之居,大罪四裔,次九州之外,次千里之外。"

《正义》:"帝呼皋陶曰:往者蛮夷戎狄猾乱华夏,又有强寇劫贼外奸内宄者为害甚大,汝作士官治之,皆能审得其情,致之五刑之罪,受罪者皆有服从之心。言轻重得中,悉无怨恨也。五刑有服从者,于三处就而杀之。其有不忍刑其身者,则断为五刑而流放之。五刑之流,各有所居处。五刑所居,于三处居之,所以轻重罪得其宜。受罪无怨者,惟汝识见之明,能使之信服,故奸邪之人无敢更犯。是汝之功,宜当勉之。因禹之让,以次诫之。……○传'既从'至'于市'。○正义曰:经言'五服',谓皋陶所断五刑皆服其罪。传既训'服'为从,故云'既从五刑,谓服罪也'。'行刑当就三处',惟谓大辟罪耳。《鲁语》云:刑五而已,无有隐者。大刑用甲兵,次刑斧钺,中刑刀锯,其次钻笮,薄刑鞭扑,以威民。故大

---

① 参顾颉刚、刘起釪《尚书校释译论》,页226。
② 皮锡瑞《今文尚书考证》卷一。

者陈之原野,小者致之市、朝。五刑三次,是无隐也。孔用彼为说,故以'三就'为原野与朝、市也。《国语》贾逵注云:用兵甲者,诸侯逆命,征讨之刑也,大夫已上于朝,士已下于市。传虽不言已上、已下,为义亦当然也。《国语》云:五刑者,谓甲兵也,斧钺也,刀锯也,钻笮也,鞭扑也。与《吕刑》之五刑异也。所言三次,即此'三就'是也。惟死罪当分就处所。其墨、劓、剕、宫,无常处可就也。马、郑、王三家皆以'三就'为原野也,市朝也,甸师氏也。案刑于甸师氏者,王之同族,刑于隐者,不与国人,虑兄弟耳,非所刑之正处。此言正刑,不当数甸师也。又市、朝异所,不得合以为一,且皆《国语》之文,其义不可通也。○传'谓不'至'之外'。○正义曰:此'五流有宅',即'流宥五刑'也,当在五刑而流放之,故知'谓不忍加刑,则流放之若四凶'也。郑玄云:舜不刑此四人者,以为尧臣,不忍刑之。王肃云:谓在八议之辟,君不忍杀,宥之以远。八议者,《周礼·小司寇》所云议亲、议故、议贤、议能、议功、议贵、议宾、议勤是也。以君恩不忍杀,罪重不可全赦,故流之也。五刑之流,各有所居,谓徙置有处也。五居之差,有三等之居,量其罪状为远近之差。四裔最远,在四海之表,故大罪四裔,谓不犯死罪也。故《周礼·调人职》云:父之雠辟诸海外。即与四裔为一也。'次九州岛之外',即《王制》云:入学不率教者屏之远方,西方曰棘,东方曰寄。注云:偏寄于夷狄也。与此九州之外同也。'次千里之外'者,即《调人职》云:兄弟之雠辟诸千里之外也。《立政》云'中国之外'。不同者,言中国者,据罪人所居之国;定千里者,据其远近,其实一也。《周礼》与《王制》既有三处之别,故约以为言。郑玄云:三处者,自九州之外至于四海,三分其地,远近若周之夷、镇、蕃也。然罪有轻重不同,岂五百里之校乎?不可从也。"[1]

---

[1] 阮刻《十三经注疏》,页130下—131上。

李振兴案：此言服五刑之三处也。马融云："三就，谓大罪陈诸原野，次罪于市朝，同族适甸师氏。既服五刑，当就三处。"（《史记·五帝本纪·集解》）郑康成云……（同马——笔者注）江声《尚书集注音疏》云："服，治；就，次也。《国语》曰：大刑用甲兵，其次用斧戉（'钺'之俗字——笔者注），中刑用刀锯，其次用钻笮，薄刑用鞭扑，以威民也。故大者陈之原野，小者致之市、朝。五刑三次，是无隐也。此之谓也……（李氏原引有此省略号——笔者注）马君乃合市、朝为一，而益以甸师氏为三，则是所谓刑于隐者，与《国语》韦且适甸师氏，文出《周礼》，自是周法。盖周尚亲，亲故私于同族，而有是法。唐虞大道为公，当不有此。马据周制，以说唐虞，恐未当也。"此说是也。王氏统言经文之义，谓犯有八议，当入于五刑之流者也。五宅三居，流虽有五，而宅之但为三也。如列爵惟五，分土惟三也。统言宥之使远也。八议者，出于《周礼·小司寇职》，所谓议亲、议故、议贤、议能、议功、议贵、议勤、议宾是也。王氏之言，乃承马说也。马融云："谓在八议，君不忍刑，宥之以远，五等之差，亦有三等之居，大罪投四裔，次九州之外，次中国之外。当明其罪，使信服之。"（《史记·五帝本纪·集解》）郑康成云："宅读曰咤，惩艾之器，谓五刑之流，皆有器惩艾。五咤者，是五种之器，谓桎一梏二拲三。""三居者，自九州之外，至于四海，三分其地以为远近，若周之夷、镇、蕃也。"（《礼记·王制·正义》）王鸣盛《尚书后案》云："郑以宅为惩艾之器，孔以宅即居，文义复叠，《史记》作度，亦似迂回，故郑破读也。郑文云：三处者，自九州之外云之者，以夷、镇、藩于九服为远，故分为三居也。《传》则以为一四裔，二九州之外，三千里之外。疏云：四裔最远。《调人职》云：父之仇辟诸海外。即与四裔为一也。次九州之外，即《王制》云：入学不率教者，屏之远方。次千里之外，即《调人职》云：兄弟之仇，辟诸千里之外也。《立政》云'中国之外'。不同者，言中国者，据罪人所居之国；定千里，据其远近，其实一也。愚谓传、疏非也。《调人》云云,乃谓杀人之贼,王法所当讨,即合杀之,但未杀之间,虽已会赦,犹当使离乡辟仇耳。此乃赦后之事,非刑法之正,何容牵合为一以为三居之制?其上文言,过而杀伤人,此为赦令所及,则亦过而杀伤人者耳。若非过杀,赦尚不及,安得辟仇之事?三居者,乃是平日执法定罪,因其于八议,犹有可援,故入之五流,与《调人》赦后事迥别。且其中并无九州之外一条,则不可执以附会孔传明矣。况入学不率教,犹且屏之九州之外,此犯五刑者,皆罪恶重大,本当断肢体,刻肌肤,今乃但徙之千里之外,何足蔽厥辜耶?当从郑居之夷、镇、藩为确。马、王即传所本,皆非也。"又案:王氏鸣盛,就马氏所言三居之地,以及《正义》所引《王制》、《调人职》、《立政》等篇之言,论以牵合非是,其说甚是。如以王肃"谓在八议之辟,君不忍杀,宥之使远"之论,责斥其非,则过矣。盖王肃乃统言经文之义,并未言五刑流徙之等差,即"宅如字",义亦可通,非必如郑氏破读方能成理也。①

**应勇案:**此条郑、王经注可对应比勘者有二:(1)"三就"之义。马、郑、王同,均以行五刑要按罪犯的不同身份分别在"原野"、"市朝"、"甸师氏"三地执行,而与伪孔传及《正义》异。"甸师"为《周礼·天官》所属之官职。《甸师》经文曰:"王之同姓有辠,则死刑焉。"郑司农云:"王同姓有罪当刑者,断其狱于甸师之官也。《文王世子》曰:'公族有死罪,则磬于甸人。'又曰:'公族无宫刑,狱成,致刑于甸人。'又曰:'公族无宫刑,不践其类也。刑于隐者,不与国人虑兄弟。'"[疏]……贾疏云:"周姓姬。言同姓者,绝服之外同姓姬者。有辠者,谓凡五刑,则刑杀不于市朝,于此死刑焉。谓死及肉刑在甸师氏。必在甸师氏者,甸师氏在疆场多有屋舍,以为隐处,故就而刑焉。案《掌囚》云:'凡有爵者,与王之同族,奉而适甸师氏,以待刑杀。'此中不云其凡有爵者,文不

---

① 李振兴《王肃之经学》,页175—176。

具。"注郑司农云"王同姓有罪当刑者,断其狱于甸师之官也"者,官谓甸师所治处也。贾疏云:"此断狱,自是秋官罪定断讫,始适甸师氏而刑杀之。若然,断狱不在甸师。后郑不破之者,案《掌囚》云:'凡有爵者,与王之同族,奉而适甸师氏,以待刑杀。'此经亦云死刑焉。甸师氏不断狱显然,不破之者……。"诒让案:先郑意刑官就甸师官府断狱而后刑杀也。《文王世子》云:"公族其刑罪则纤剸,亦告于甸人。"郑彼注云:"纤读为针。针,刺也。剸,割也。告读为鞠,读书用法曰鞠。"据此,则适甸师氏虽在狱成之后,然读鞠之时,囚或不服,亦容别有谳断矣。引《文王世子》曰"公族有死罪,则磬于甸人"者,郑彼注云:"不于市朝者,隐之也。甸人,掌郊野之官。悬缢杀之曰磬。"引之者,明王族无大辟。经云死,即彼之磬。彼诸侯甸人,即此甸师氏也。《通典·凶礼》引卢植《礼记注》云:"磬,丽系也。"与此经不合,非也。引又曰"公族无宫刑,狱成,致刑于甸人",又曰:"公族无宫刑,不践其类也"者,今《礼记》践作翦。郑彼注云:"翦,割截也。"引之者,证经云刑止有墨劓刖三刑也。云"刑于隐者,不与国人虑兄弟"者,甸师官寺当在与藉田相近郊野之地,故云隐。《文王世子》孔疏云:"若异姓,则刑之于市。此同姓,刑于甸师隐僻之处者,不与国人谋虑兄弟也。"[1]此条王肃与郑、马同,同以周礼之说解之,而与伪孔传与《正义》异,亦证伪孔传非王肃伪造。蔡《传》言伪孔传解"三就"不知何据,但未从马、郑、王说。孙《疏》亦不从马、郑、王说而用伪孔说。(孙《疏》,页65)(2)关于"宅"如何理解。郑以为"宅"读曰咤,"惩艾之器,谓五刑之流,皆有器惩艾。五咤者,是五种之器,谓桎一梏二拳三。"王则以为"宅"当从本读,居也,谓不同罪刑、身份的流放者都各有各的流放之地,不涉及刑具的问题。与马融说同。

---

[1] 孙诒让《周礼正义》,页295。此疏亦证郑玄关于"刑不上大夫"之解说并非完全牵强附会。——参拙著《郑玄通学及郑王之争研究》,页193—194。

此又为"郑好改字"以解经,后世经学家曾以此为郑之一大病。伪孔传从王说而不用郑说。蔡《传》亦同伪孔而不用郑说。"宋儒大都持远近之说",用王肃说。孙《疏》亦引江声说以证郑解有不妥,也以"五流有宅"为远近之说。(孙《疏》,页 67)今刘起釪《尚书校释译论》亦以王说为是。①

"帝曰:畴若予上下草木鸟兽?佥曰益哉。"

马、郑、王本皆为"禹曰益哉"。②

伪孔传:"上谓山,下谓泽。顺谓施其政教,取之有时,用之有节,言伯益能之。"《释文》:"益,皋陶子也。"

《正义》:"○传'上谓'至'能之'。○正义曰:言'上下草木鸟兽',则上之与下,各有草木鸟兽,即《周礼》山虞、泽虞之官,各掌其教,知上谓山,下谓泽也。顺其草木鸟兽之宜,明是施其政教,取之有时,用之有节也。马、郑、王本皆为'禹曰益哉',是字相近而彼误耳。"③

李振兴案:作"佥曰"是也。考诸前后文,均作"佥曰"。如:"帝曰:畴若予工?佥曰垂哉。"在"禹曰益哉"之前。在此文之后者如:"帝曰:咨!四岳,有能典朕三礼?佥曰伯夷。"孔疏云:"马、郑、王本皆为'禹曰益哉',是字相近而彼误耳。"④

**应勇案:**此条马、郑、王并同而与伪孔传本异,亦证伪孔本非王肃伪造。《正义》以为马、郑、王均因字相近而误,依文例是也。据刘起釪考,"自汉儒历唐至宋元儒者,皆肯定此'佥'字无异议",而"清儒乃多谓'佥'为伪古文之伪字,以马、郑、王本作'禹'为是。始提此说者为阎若璩《古文疏证》云:……江声《音疏》继之

---

① 详见顾颉刚、刘起釪《尚书校释译论》,页 247—248。
② 参见下引《正义》及陈梦家《尚书通论(外二种)》,页 136。
③ 阮刻《十三经注疏》,页 131 中。参黄怀信整理本《尚书正义》,页 104。
④ 李振兴《王肃之经学》,页 177。参黄怀信整理本《尚书正义》,页 103—105。

云：……则古本皆作'禹曰'……伪孔氏改作'佥曰'，非也。段氏《撰异》云：此非枚颐之罪，乃姚方兴之罪也。……朱骏声《便读》云：佥，当作禹。……"皮锡瑞更以为本来今古文均当作"禹曰益哉"，惟姚方兴本改为"佥曰益哉"。①

**"帝曰：夔，命汝典乐，教胄子……"**

郑云：胄子，国子也。（《史记·五帝本纪·集解》）

王同。②

伪孔传："胄，长也。谓元子以下至卿大夫子弟，③以歌《诗》，蹈之，舞之，教长国子中和祗庸孝友。"《释文》："胄……王云：胄子，国子也。马云：胄，长也。教长天下之子弟。"

《正义》："○传'胄长'至'孝友'。○正义曰：《说文》云：胄，胤也。《释诂》云：胤，继也。继父世者，惟长子耳，故以胄为长也。'谓元子已下至卿大夫子弟'者，《王制》云：乐正崇四术，立四教，王太子、王子、群后之太子、卿大夫元士之適子皆造焉。是下至卿大夫也。不言元士，士卑，故略之。彼郑注云：王子，王之庶子也。此传兼言'弟'者，盖指太子之弟耳。或孔意公卿大夫之弟亦教之。国子以適为主，故言胄子也。命典乐之官使教胄子。下句又

---

① 顾颉刚、刘起釪《尚书校释译论》，页258—259。并参皮锡瑞《今文尚书考证》卷一。
② 李振兴录此条于《尧典》。——见李振兴《王肃之经学》，页149、177。
③ 阮元《校勘记》："古本'谓'上有'子'字，'元'作'天'，'弟'下有'也'字。按《释文》：王云：胄子，国子也。马云：胄，长也，教长天下之子弟。如马氏说，则教、胄二字连文，'子'字单出，谓教长此子也；如王氏说，则'教'字单出，胄、子二字连文，谓教此国子也。孔传云'教长国子'，'国子'二字取诸王，'教长'二字取之马。则孔意亦教、胄连文，'子'字单出也。上文所谓'胄，长也'者，乃长养之长，非长幼之长。当从古本'谓'上加'子'字为是。然以《疏》考之，则孔颖达时已讹脱矣。又按：'胄'无别义，马本未必作'胄'。《说文》云部'育'字注云：养子使作善也，《虞书》曰：教育子。然则古《书》作'育'，马本亦必作'育'，故训作长，长即养也。陆氏未经注明，偶失检耳。伪孔于文则从王，于义则从马，殊为牵率。后人误解'长'字，妄删'子'字，职此之由。"——阮刻《十三经注疏》，页133下。黄怀信整理本《校勘记》曰："今按：'子'似宜有，'元'字当不误。"（页118）

言《诗》、歌之事,是令夔以歌《诗》,蹈之,舞之,教此適长国子也。《周礼·大司乐》云:以乐德教国子中和祗庸孝友。郑云:中,犹忠也;和,刚柔适也;祗,敬也;庸,有常也;善父母曰孝,善兄弟曰友。是言乐官用乐教之,使成此六德也。《乐记》又云:乐在宗庙之中,君臣上下同听之,则莫不和敬;在族党乡里之中,长幼同听之,则莫不顺;在闺门之内,父子兄弟同听之,则莫不和亲。是乐之感人,能成忠和祗庸孝友之六德也。"①

**李振兴案**:史公胄作稺。马融云:"胄,长也。教长天下之子弟。"(《释文》)郑康成云:"国子也。"又云:"国之子弟,公卿大夫之子弟,当举者,谓之国子。"(《史记·五帝本纪·集解》)又《王制》曰:"王太子,王子,群后之太子,卿大夫元②士之適子,国之俊秀③,皆造焉。"郑注云:"王子,王之庶子。"是可证"胄子"为"国子也"之释。伪孔传取马说也。孙《疏》云:"史公作稺者,《诗·谷风·疏》引《尔雅·释言》:育,稚也。今《尔雅》育作鞠。《鸱鸮》《释文》引郭璞《音义》曰:鞠,一作毓。《说文》作'育子',云:'养子使作善也'。《诗·豳风》:'鬻子之闵斯'。传云:'鬻子,稚子也'。是胄子、適子为古文说,稺子、育子今文说也。马注见《释文》,以'教胄'为'教长',用今文说。郑注见《史记·集解》,以'胄子'为'国子',用古文说也。"王氏之释"胄子"为"国子",当为古文说也。④

**应勇案**:此条郑、王注可对应比勘者为"胄子"之解,郑、王同而与马异。据考,马融用今文说,而郑、王取古文说。蔡《传》曰:"胄,长也,自天子至卿大夫適子也。"似用马说而不用郑、王说。

---

① 阮刻《十三经注疏》,页131中、下。参黄怀信整理本《尚书正义》,页107。
② 李氏原引"元"作"之",误。
③ 李氏原引"秀"作"选",与孙《疏》本所引同(孙《疏》,页69),恐误,今本《王制》作"秀"而不作"选"。
④ 李振兴《王肃之经学》,页177。李氏所引孙《疏》一段文字与笔者所见孙《疏》本有出入,笔者重录李氏案语时对此段孙《疏》文字有所校正。参孙《疏》,页69。

林之奇《全解》云:"胄子,谓元子以下公卿大夫之子孙。"与郑、王说同而与马异。段氏《撰异》云:"《古文尚书》作'胄子',《今文尚书》作'育子'。……陆用王本为音义,王本、马本作'胄',则郑本亦作'胄'可知。……考'育'、'胄'二字音义皆通……"①又在某种程度上化解了今古文经学之间的区隔。

**"……三载考绩,三考,黜陟幽明,庶绩咸熙,分北三苗……"**②

郑云:"北,犹别也。所窜三苗,为西裔诸侯者,犹为恶,乃复分北流之。"(《史记·五帝本纪·集解》)

王云:"三苗之民,有赦宥者,复不从化,不令相从,分北流之。"(《正义》)③

伪孔传:"考绩法明,众功皆广,三苗幽闇,君臣善否,分北流之,不令相从,善恶明。"《释文》:"北如字,又音佩……"

《正义》:"……言帝命群官之后,经三载,乃考其功绩。经三考,则九载。'黜陟幽明',明者升之,闇者退之。群官惧黜思升,各敬其事,故得'众功皆广'。前流四凶时,三苗之君窜之西裔,更绍其嗣,不灭其国。舜即政之后,三苗复不从化,是闇,当黜之,其君臣有善有恶,舜复分北流其三苗。北,背也。善留恶去,使分背也。……○传'考绩'至'恶明'。○正义曰:考绩法明,人皆自励,故得众功皆广也。分北三苗,即是黜幽之事,故于考绩之下言其流之。分谓别之。云北者,言相背,必善恶不同。故知三苗幽闇,宜黜其君臣,乃有善否,分背流之,不令相从。俱徙之则善从恶,俱不徙则恶从善。言善恶不使相从。言舜之黜陟,善

---

① 顾颉刚、刘起釪《尚书校释译论》,页287—289。
② 是句或断为"三载考绩,三考黜陟,幽明庶绩咸熙。……"段玉裁《古文尚书撰异》云:"今文家皆于'黜陟'句绝也"。详见顾颉刚、刘起釪《尚书校释译论》,页327。
③ 李振兴录此条于《尧典》。见李振兴《王肃之经学》,页149。原引文衍一"有"字,作"有赦有宥者……"参阮刻《十三经注疏》,页132中。

恶明也。郑玄以为流四凶者,卿为伯、子,大夫为男,降其位耳,犹为国君,故以三苗为西裔诸侯,犹为恶,乃复分北流之,谓分北西裔之三苗也。孔传'窜三苗'为诛也,其身无复官爵,必非黜陟之限。其所分北,非彼窜者。王肃云:三苗之民,有赦宥者,复不从化,不令相从,分北流之。王肃意彼赦宥者复继为国君,至不复从化,故分北流之。禹继鲧为崇伯,三苗未必绝后,传意或如肃言。"①

**李振兴案**:王氏承郑义而小变其辞为说也。郑康成曰:……(见上引　笔者注)惠栋《九经古义》云:"北读为别。古文北……别……字相似,因误作北。"江声《尚书集注音疏》云:"盖三苗为西裔诸侯,其君虽止一人,而其族类当复不少,其西裔相聚为恶,故复分析流之。"王氏之言,正明此义也。②

**应勇案**:王引之《经义述闻·尔雅》"绩宜"条云:"《尧典》'庶绩咸熙',庶绩即庶事也。"《经义述闻·尚书》"股肱喜哉"条又云:"喜也、起也、熙也皆兴也……《尧典》'庶绩咸熙',《史记·五帝纪》作'众功皆兴'。"③此条郑、王注可对应比勘者主要为"分北三苗"之解。伪孔、《正义》显然倾向于王肃说。宋儒之说有二派,一派"都是说舜行考绩收效,众功皆兴,唯有留在南方旧地之苗,负固不化,遂分别其善恶,善者留,恶者去,以竟黜陟幽明之功",此说显然更近王肃说而远郑义;另一派则与郑、王之争无关之新解,不论。④依郑解,或是指上文"窜"之三危后之三苗仍为恶,舜乃进一步由西裔流放之。依王肃之解,或则指上文"窜三苗于三危"时,并非全部"窜"之,尚有赦宥者,此时"复不从化",舜乃不使之与前者相从,更流放之他地。因郑、王之说均

---

① 阮刻《十三经注疏》,页132上、中。参黄怀信整理本《尚书正义》,页110—111。
② 李振兴《王肃之经学》,页178。
③ 顾颉刚、刘起釪《尚书校释译论》,页327。
④ 详参顾颉刚、刘起釪《尚书校释译论》,页333。

不甚明晰,笔者姑作此推论性解说。清人孙星衍亦认为王肃说更有道理,"此三苗,似非窜三危者……"(孙《疏》,页73)皮锡瑞说亦与孙星衍同。①

---

① 皮锡瑞《今文尚书考证》卷一。

# 《皋陶谟》

"……庶明励翼,迩可远,在兹。……"

（1）励,郑、王本盖均作"厉"。

（2）励翼,郑云："以众贤明作羽翼之臣"；王云："以众贤明为砥砺,为羽翼。"

伪孔传："言慎修其身,厚次叙九族,则众庶皆明其教,而自勉励,翼戴上命,近可推而远者,在此道。"

《正义》："史将言皋陶之能谋,故为题目之辞曰:能顺而考案古道而言之者,是皋陶也。其为帝谋曰:为人君者,当信实蹈行古人之德,而谋广其聪明之性,以辅谐己之政事,则善矣。禹曰:然。然其谋是也。此当如何行之？皋陶曰:呜呼！重其事而叹美之。行上谋者,当谨慎其己身,而修治人之事,思为久长之道,又厚次叙九族之亲而不遗弃,则众人皆明晓上意,而各自勉励,翼戴上命,行之于近而可推而至远者,在此道也。禹乃拜受其当理之言曰:然。美其言而拜受之。……〇传'言慎'至'此道'。〇正义曰:自身以外,九族为近,故慎修其身。又厚次叙九族,犹尧之为政,先以亲九族也。人君既能如此,则众庶皆明其教,而各自勉励,翼戴上命。昭九年《左传》说晋叔向言:翼戴天子。故以为翼戴上命。言如鸟之羽翼而奉戴之。王者率己以化物,亲亲以及远,故从近可推而至于远者,在修己身、亲九族之道。王肃云:以众贤明为砥砺,为羽翼。郑云厉,作也。以众贤明作辅翼之臣。与孔不同。"①

李振兴案:史公庶作众,励作厉。郑康成云："庶,众也；厉,作

---

① 阮刻《十三经注疏》,页138上、中。

也。以众明作羽翼之臣。"(《三国志·蜀先主传》注引)段玉裁《古文尚书撰异》云:"厉,卫包改作励,今更正。考《正义》孔训勉励,王训砥砺。郑云:厉,作也。郑说本《尔雅·释诂》者,砥砺、勉励皆作厉,无作砺、励者。"俞氏樾《群经平议》:"枚《传》曰:众庶皆明其教令,而自勉厉,翼戴上命。《正义》引郑注曰:厉,作也,以众贤明作辅翼之臣。樾谨按:枚《传》增字太多,未得经旨。郑注以庶明为众贤明,亦近不辞。明当读为萌。《周官·占梦》:乃舍萌于四方。杜子春读萌为明。又曰:其字当为明。是明、萌古通用也。《史记·三王世家》:加以奸巧边萌。《索隐》曰:萌,一作甿。《汉书·霍去病传》:及厥众萌。《刘向传》:民萌何以劝勉。师古注:并曰萌与甿同。是古人每段萌为甿。《吕氏春秋·高义篇》:比于宾萌。《盐铁论》:三代之盛,无乱萌。《文选·上林赋》:以赡萌隶。《长杨赋》:遐萌为之不安。《吴都赋》李注引《战国策》:臣观人萌谣俗。《汉成阳灵台碑》:以育苗萌。《杨震碑》:凡百黎萌。皆是也。然则庶明,犹言庶民矣。《诗·卷阿篇》:有冯有翼。郑笺曰:翼,助也。庶萌厉翼,言庶民厉以助上也。"俞氏之言甚显辟,足可明经义,而正各家之失也。[①]

**应勇案**:此条郑、王注可对应比勘者有二:(1)关于经字"励",今本作"励"。郑、王本均作"厉",无不同。据段王裁考,经字本皆作"厉"而不作"励",卫包始改为"励"。(2)关于"厉翼"之诠解,郑、王之解基本相同,而与伪孔传有异。伪孔传作"翼戴上命"解,而郑、王均作羽翼、辅翼、辅助解。显然,伪孔之说多了一层奉上之意。上引俞樾之说则近伪孔。

**"……彰厥有常,吉哉。"**

"郑云:人能明其德,所行使有常,则成善人矣。其意谓彼人

---

[①] 李振兴《王肃之经学》,页178—179。

自明之。与孔异也。"

"王肃云：明其有常则善也。言有德当有恒也。其意亦言彼能有常，人君能明之也。"

伪孔传："彰，明；吉，善也。明九德之常，以择人而官之，则政之善。"

《正义》："皋陶既言其九德，禹乃问其品例曰：何谓也？皋陶曰：人性有宽弘而能庄栗也，和柔而能立事也，愨愿而能恭恪也，治理而能谨敬也，和顺而能果毅也，正直而能温和也，简大而能廉隅也，刚断而能实塞也，强劲而合道义也，人性不同，有此九德，人君明其九德所有之常，以此择人而官之，则为政之善哉。……○传'彰明'至'之善'。○正义曰：'彰，明；吉，善'；常训也。此句言用人之义。所言九德，谓彼人常能然者。若暂能为之，未成为德。故人君取士必明其九德之常，知其人常能行之，然后以此九者之法，择人而官之，则为政之善。明，谓人君明知之。王肃云：明其有常则善也。言有德当有恒也。其意亦言彼能有常，人君能明之也。郑云：人能明其德，所行使有常，则成善人矣。其意谓彼人自明之。与孔异也。"①

李振兴案：伪孔传云："彰，明；吉，善也。明九德之常，以择人而官之，则政之善。"郑康成云："人能明其德，所行使有常，则成善人矣。其意谓彼人自明之。与孔传异。"(《正义》)②王氏之言，意谓彼能有常，人君能明之也。与孔传意合。蔡《传》云："彰，著也。成德著之于身，而又始终有常，其吉士矣。"蔡《传》近于郑氏。要之以蔡氏之言最为切当。③

应勇案：此条郑、王之异在于：依郑解，皋陶这段话是在强调人之修身，即人要懂得这九德的道理，并且坚持不懈地贯彻

---

① 阮刻《十三经注疏》，页138下。
② 此段《正义》引文李振兴原引起止标点有误，笔者重录时已正之。
③ 李振兴《王肃之经学》，页179。

它,那么才能成为真正的"善人"。即强调的是自身之修养。依王解,则皋陶这段话强调的是用人之道,即《正义》所言"用人之义",即君上要明了其人是否恒久地做到了上述九德,是否偶一为之,如果有九德又有常性,而不是偶一为之,那才是真正要找的人才,择其人而官之,则为政之善者矣。伪孔、《正义》用王义而不用郑说。①蔡《传》解此义则用郑义。林之奇《全解》以为"虽以此九德观夫人才之成不成,又必其德之有常者而后可",并举霍光"于九德之一能守有常,武帝彰而用之"。实际是调和了郑、王之说。苏轼《书传》云:"常于是德,然后为吉。"则与郑同而王异。据刘起釪考,王说为传统的汉人经说,当较合于此句原义。②那么郑说则远于经之原义?依皮锡瑞考,王肃义近今文家说。则郑义或近古文说?又依皮氏考,今文作"章厥有常"。③则"彰厥有常"为古文乎?

**"……翕受敷施,九德咸事,俊乂在官……"**

"马、王、郑皆云:才德过千人为俊,百人为乂。"(《正义》)

伪孔传:"翕,合也。能合受三六之德而用之以布施政教,使九德之人皆用事。谓天子如此,则俊德治能之士并在官。"④

李振兴案:江声《尚书集注音疏》云:"案《辨名记》云:'倍人曰茂,十人曰选,倍选曰俊,千人曰英,倍英曰贤,万人曰杰,倍杰曰圣。'是则俊非千人,千人乃英也。郑云千人为俊者,盖本诸《淮南子·泰族训》,云千人谓之俊。《说文》亦云:俊,才过千人也。其百人之名,则《辨名记》未有见。《泰族训》则云百人者,谓之豪。又与百人为乂不合。盖此等名称,原无一定名,以意说,故有异

---

① 参王鸣盛《尚书后案》卷二,顾颉刚、刘起釪《尚书校释译论》,页409。
② 顾颉刚、刘起釪《尚书校释译论》,页409。
③ 皮锡瑞《今文尚书考证》卷二。
④ 阮刻《十三经注疏》,页139上。

也。"伪孔传训乂为治,谓为治能之士在官。其说亦通。蔡《传》似承其说,其言云:"大而千人之俊,小而百人之乂,皆在官使,以天下之才,任天下之治。"说亦圆通。①

**应勇案:**此条马、郑、王皆同,不再录《正义》文字。依孙《疏》说,马、郑、王此解恐不确。(孙《疏》,页83)本书的主要关注点不在经义之是非,故不赘言。

"抚于五辰,庶绩其凝。"

郑注同孔传:"凝,成也。"

王肃同马融:"凝,犹定也。"

伪孔传:"凝,成也。言百官皆抚顺五行之时,众功皆成。"《释文》:"……凝,鱼陵反,马云定也。"

《正义》:"○传'凝成'至'皆成'。○正义曰:郑玄亦云:凝,成也。王肃云:凝,犹定也。皆以意训耳。文承'百工'之下,'抚于五辰',还是百工抚之,故'百官皆抚顺五行之时,众功皆成'也。'五行之时',即四时也。《礼运》曰:'播五行于四时'。土寄王四季,故为五行之时也。所抚顺者,即《尧典》'敬授民时,平秩东作'之类是也。"②

李振兴案:"凝"之训义不一。马融云:……郑康成云……(见上引——笔者注)伪孔传亦训凝为成。王氏承马说。伪孔传用郑玄也。如以经文全句言,训成为优,因"庶绩其凝",其义为百工趋时,而众功皆成也。(见蔡《传》)③

**应勇案:**此条伪孔传用郑义而不用王说,王承马说而与郑异。林之奇《全解》云:"抚于五辰,言使百官各举其职以顺此五辰之时,则众功皆兴也。"则近郑说而远王义。蔡《传》亦用郑说而未

---

① 李振兴《王肃之经学》,页179。
② 阮刻《十三经注疏》,页139上。
③ 李振兴《王肃之经学》,页180。

用王解。① 李振兴亦以为郑说为优。

"……天秩有礼,自我五礼有庸哉。"

"郑玄云:五礼,天子也,诸侯也,卿大夫也,士也,庶民也。"

"王肃云:五礼,谓王、公、卿、大夫、士。"

伪孔传:"庸,常;自,用也。天次秩有礼,当用我公、侯、伯、子、男五等之礼以接之,使有常。"《释文》:"'有庸',马本作'五庸'"。

《正义》:"皋陶既言用人之法,又戒以居官之事,上之所为,下必效之,无教在下为逸豫贪欲之事,是有国之常道也。为人君当兢兢然戒慎,业业然危惧。言当戒惧一日二日之间而有万种几微之事,皆须亲自知之,不得自为逸豫也。万机事多,不可独治,当立官以佐己,无得空废众官,使才非其任。此官乃是天官,人其代天治之,不可以天之官而用非其人。又言典礼德刑皆从天出,天次叙人伦,使有常性,故人君为政,当勑正我父、母、兄、弟、子五常之教教之,使五者皆惇厚哉。天又次叙爵命,使有礼法,故人君为政,当奉用我公、侯、伯、子、男五等之礼接之,使五者皆有常哉。接以常礼,当使同敬合恭而和善哉。天又命……○传'庸常'至'有常'。○正义曰:'庸,常',《释诂》文。又云:由,自也。由是用,故自为用也。'天次叙有礼',谓使贱事贵,卑承尊,是天道使之然也。天意既然,人君当顺天意,用我公、侯、伯、子、男五等之礼以接之,使之贵贱有常也。此文主于天子,天子至于诸侯,车旗、衣服、国家礼仪、飨食、燕好、饔饩、飧牢礼,各有次秩以接之。上言'天叙',此云'天秩'者,叙,谓定其伦次;秩,谓制其差等;义亦相通。上云'勑我',此言'自我'者,五等以教下民,须勑戒之五礼以接诸侯,当用我意,故文不同也。上言'五惇',此言'五庸'

---

① 顾颉刚、刘起釪《尚书校释译论》,页417。

者，五典施于近亲，欲其恩厚；五礼施于臣下，欲其有常；故文异也。王肃云：五礼，谓王、公、卿、大夫、士。郑玄云：五礼，天子也，诸侯也，卿大夫也，士也，庶民也。此无文可据，各以意说耳。"①

　　李振兴案："庸，常；自，循②"；俱《释诂》文。五礼，伪孔传以为公、侯、伯、子、男五等之礼。孔疏申其义，并云："王肃云五礼，谓……郑玄云：……（见上引——笔者注）。"又案：孔疏云"无文可据，各以意说耳"，非也。孙《疏》："《曲礼》云：天子穆穆，诸侯皇皇，大夫济济，士跄跄，庶人僬僬。"又云："天子之妃曰后，诸侯曰夫人，大夫曰孺人，士曰妇人，庶人曰妻。《王制》殡葬庙祭之礼，皆自天子达于庶人。江氏声以礼下庶人，疑郑说之无本。非也。"今则不仅可云郑言有本，亦且言之最备也。③

　　应勇案：此条郑、王异解主要在"五礼"之义，郑、王大不同。显然王肃在与郑玄立异。其关键在于经所述"五礼"是否下达于庶人。"礼不下庶人"问题是古代礼制建设中的一个难点。伪孔则郑、王说均不从，以"五礼"为公、侯、伯、子、男五礼。王鸣盛以为郑、王说只是"小别"④，实未解其深义。江声《尚书集注音疏》以"礼不下庶人"驳"郑说无本"，但并未从王说。⑤ 孙星衍则反驳江声所谓"郑说无本"之说，以郑说为有据。

　　**"皋陶曰：予未有知思，曰赞赞襄哉。"**

　　**"郑玄云：赞，明也。襄之言扬。言我未有所知所思，徒赞明帝德，扬我忠言而已。谦也。"**

　　**"王肃云：赞赞，犹赞奏也。"**

---

① 阮刻《十三经注疏》，页 139 中、下。参黄怀信整理本《尚书正义》，页 152。
② 依上《正义》引，"循"当作"用"。李振兴案语原文作"循"。
③ 李振兴《王肃之经学》，页 181。
④ 王鸣盛《尚书后案》卷二。
⑤ 顾颉刚、刘起釪《尚书校释译论》，页 423。

伪孔传:"言我未有所知,未能思致于善,徒亦赞奏上古行事而言之。因禹美之,承以谦辞,言之序。"《释文》:"知如字,徐音智。思如字,……襄……上也;马云因也。案《尔雅》作……因也,如羊反。"

《正义》:"○传'言我'至'之序'。○正义曰:皋陶自言可致行,禹言致可绩,此承而为谦,知其自言未有所知,未能思致于善也。'思'字属上句。王肃云:赞赞,犹赞奏也。显氏云:襄,上也,谓赞奏上古行事而言之也。经云'曰'者,谓我上之所言也。传不训'襄'为上,已从'襄陵'而释之,故二刘并以'襄'为因。若必为因,孔传无容不训其意,言进习上古行事,因赞成其辞而言之也。传虽不训'襄'字,其义当如王说。皋陶虑忽之,自云言顺可行,因禹美之,即承谦辞,一扬一抑,言之次序也。郑玄云:赞,明也。'襄'之言扬,言我未有所知所思,徒赞明帝德,扬我忠言而已。谦也。"①

李振兴案:"赞奏"者,《正义》谓为赞奏上古行事而言也。郑康成云:"赞,明也;'襄'之言扬,言我未有所知所思,徒赞明帝德,扬我忠言而已。谦也。"②蔡《传》云:"'思曰'之'曰',当作'日'。襄,成也。皋陶谦辞。我未有所知,言不敢计功也。惟思日赞助于帝,以成其治而已。"以上各家言,以蔡《传》最切。③

**应勇案**:此条苦不知王肃如何解"襄"字,《正义》亦未引及。就郑、王关于"赞"字之解,无大异也,赞奏亦当明之,不明之如何赞奏?蔡《传》则不同意《正义》之解,以"思"为下读,又以"曰"为"日","赞助于帝"则近郑说。孙《疏》亦以"思"字下读,与《正义》之读不同,但以"曰"为本字;而于"赞赞"之解,则以为王肃之说不足取,郑说则有据。(孙《疏》,页 88)

---

① 阮刻《十三经注疏》,页 139 下。
② 此段郑康成语李振兴原引颇多讹误,笔者重录时重新校正过。
③ 李振兴《王肃之经学》,页 181。李先生引作"赞"。经及《正义》之原文均作"赞"。

## 《益稷》

**应勇案**：据考，此篇篇次内容与《皋陶谟》之关系，类上《舜典》与《尧典》之关系，伏生、马、郑、王注本均有《皋陶谟》而无《益稷》篇，伪孔传本始从《皋陶谟》中分出一部分而题《益稷》篇。《正义》曰："马、郑、王所据《书序》，此篇名为《弃稷》，又合此篇于《皋陶谟》，皆由不见古文妄为说耳。"此自是本末倒置之言，因信伪孔而以马、郑、王为误。皮锡瑞曰："段玉裁说作伪者割分《皋陶谟》'帝曰来禹'之下为《益稷》……易'弃'为'益'……逸《书》十六篇乃有《大禹谟》及《弃稷》……据周立法，必无以《弃稷》名篇之理……锡瑞案：马、郑作《弃稷》，伪孔作《益稷》，阎、段、江、王以'弃'为是，'益'为非；刘（逢禄）从庄述祖说以'弃'为非，'益'为是。惜《史记》不载今文典谟之序，无以定二说之是非。而庄、刘之说要为近理。又案：……则今文《皋陶谟》篇中即兼有《益稷》、《弃稷》篇文矣。"①皮锡瑞也搞不清到底《益稷》正确还是《弃稷》正确，只是觉得庄、刘之说可能更可信，即以《益稷》为是，即伪孔本说更可信。而据上所引，则马、郑、王本之《书序》所述均是《弃稷》。看来此条皮氏不信马、郑、王说，而信清代今文家前辈庄、刘之说。又据皮氏之说，则伪孔本这种分法原本就是今文《尚书》的分法，类前述之《尧典》与《舜典》之关系，因此伪孔本之《益稷》文字一样可信而非伪作，只是有的版本将之列入《皋陶谟》，而有的版本则分出单列而另题名《益稷》（或《弃稷》），马、郑、王注本属前者，伪孔本则取后一种分割方法，经文内容并无大异。因此伪孔

---

① 皮锡瑞《今文尚书考证》卷三十。

本《尚书·益稷·正义》才会屡引有马、郑、王相关解经文字。

"……予决九川距四海,濬畎、浍距川……"

郑玄:浍,所以通水于川也。(《文选·长笛赋》注)

王肃:浍,深二刃八尺。《尔雅》:四尺曰刃。(《考工记·疏》)①

伪孔传:"距,至也。决九州名川通之至海。一畎之间,广尺深尺曰甽;方百里之间,广二寻深二仞曰浍。浍、畎深之至川,亦入海。"

《正义》:"〇传'距至'至'入海'。〇正义曰:距者,相抵之名,故为至也。非是名川不能至海,故决九州之名川通之至海也。《考工记》云:'匠人为沟洫,耜广五寸,二耜为耦,一耦之伐,广尺深尺,谓之畎;田首倍之,广二尺,深二尺,谓之遂;九夫为井,井间广四尺深四尺,谓之沟;方十里为成,成间广八尺深八尺,谓之洫;方百里为同,同间广二寻深二仞,谓之浍。'是畎、遂、沟、洫、浍皆通水之道也。以小注大,故从畎、遂、沟、洫乃以入浍,浍入于川,川入于海,是畎内之水亦入于海也。惟言畎、浍,举大小而略其余也。先言决川至海,后言浚畎至川者,川既入海,然后浍得入川,故先言川也。"②

**应勇案**:王肃解经每有变换郑之解经角度者,此即是。就"浍"之解,似郑更简明,而王注更具体。《正义》显然兼采郑、王二说而更明晰。此条李振兴无案语。

"……予欲观古人之象,日、月、星、辰、山、龙、華、虫,作会宗

---

① 李振兴《王肃之经学》,页283。李振兴次此条于《皋陶谟》,而所录经文有误字,笔者重录时已校。此条在今本《十三经注疏·尚书正义·益稷》中(页141)。
② 阮刻《十三经注疏》,页141上、中。伪孔传文"一畎之间,广尺深尺曰甽"一句中"畎""甽"二字当互换。盖有颠倒之误。参孙诒让《周礼正义》,页3479—3480。

彝、藻、火、粉米、黼、黻、絺、绣……"

"如孔解，舜时天子之衣画日月耳。郑玄亦以为然。"

"王肃以为舜时三辰即画于旌旗，不在衣也，天子山、龙、华虫耳。"

伪孔传："欲观示法象之服制。日、月、星为三辰。华，象草华。虫，雉也。画三辰、山、龙、华、虫于衣服旌旗。会，五采也。以五采成此画焉。宗庙彝樽亦以山、龙、华、虫为饰。"《释文》："会，……马、郑作绘。彝，……马同郑，云宗彝虎也。"

《正义》："○传'欲观'至'服制'。○正义曰：'观示法象之服制'者，谓欲申明古人法象之衣服，垂示在下，使观之也。《易·系辞》云：黄帝、尧、舜垂衣裳而天下治。象物制服，盖因黄帝以还，未知何代而具彩章。舜言己欲观古，知在舜之前耳。○传'日月'至'旌旗'。○正义曰：桓二年《左传》云：三辰旂旗，昭其明也。三辰，谓此日月星也。故日月星为三辰。辰即时也。三者皆是示人时节，故并称辰焉。传言此者，以辰在星下，揔上三事为辰，辰非别为物也。《周礼·大宗伯》云：实柴祀日月星辰。郑玄云：星谓五纬也；辰谓日月所会十二次也。星、辰异者，彼郑以遍祭天之诸神十二次也。次亦当祭之，故令辰与星别。此云画之于衣，日月合宿之辰，非有形容可画，且《左传》云三辰即日月星也。《周礼·司常》掌九旗之物，惟日月为常，不言画星。盖太常之上不画星也。《穆天子传》称天子葬盛姬画日月七星。盖画北斗也。草木虽皆有華，而草華为美，故云：'華，象草華。虫，雉也'。《周礼·司服》有鷩冕。鷩则雉焉，雉五色，象草華也。《月令》五时皆云其虫。虫是鸟兽之揔名也。下云'作服汝明'，知画三辰、山、龙、華、虫于衣服也。又言旌旗者，《左传》言三辰旂旗。《周礼·司常》云日月为常。王者礼有沿革，后因于前。故知舜时三辰亦画之于旌旗也。下传云'天子服日月而下'，则三辰画之于衣服，又画于旌旗也。《周礼·司服》云：享先王则衮冕。衮者，卷也。言龙首卷，然以衮为名,则所画自龙已下无日月星也。《郊特牲》云:祭之日,王被衮冕以象天也。又曰:龙章而设日月,以象天也。郑玄云:谓有日月星辰之章,设日月,画于衣服旌旗也。据此记文,衮冕之服亦画日月。郑注《礼记》言《郊特牲》所云谓鲁礼也。要其文称'王被服衮冕',非鲁事也。或当二代,天子衣上亦画三辰,自龙章为首,而使衮统名耳。礼文残缺,不可得详。但如孔解,舜时天子之衣画日月耳。郑玄亦以为然。王肃以为舜时三辰即画于旌旗,不在衣也,天子山、龙、華、虫耳。"①

李振兴案:王氏之言恐误。马融云:"日、月、星、辰、山、龙、華、虫,尊者在上;藻、火、粉、米、黼、黻,尊者在下。黼、黻尊于粉、米,粉、米②尊于藻、火,故从上以尊卑次之。士服藻、火,大夫加以粉、米,并藻、火,为四章。"③天子服日月而下十二章。诸侯自龙衮而下至黼、黻八章。(《正义》)此言即舜时画三辰于衣也。郑康成承其意而说益详。其言云:"自日、月至黼、黻,凡十二章,天子以饰祭服。凡画者为绘,刺者为绣。此绣与绘各有六,衣用绘,裳用绣,至周而变之,以三辰为旌旗,谓龙为衮,宗彝为毳,或损益上下,更其等差。"(《正义》)是亦谓舜时画三辰于衣也。云三辰为旌旗者,《春秋》左氏桓二年传臧哀伯之言也。又昭二十五年《传》"九文",杜氏注云:谓山、龙、華、虫、藻、火、粉米、黼、黻也。(见孙《疏》)④此明周制也。王鸣盛《尚书后案》云:"春官司常,日月为

---

① 阮刻《十三经注疏》,页142上、中。参黄怀信整理本《尚书正义》,页166—169。因阮刻本所用底本的问题,个别字或有误,新出黄怀信整理本《尚书正义》所用底本较好,故有所校正,而黄本之《校勘记》文字,本书不再注出,因本书主要目的不在文献之校勘也。参本书"导言"。下引同。
② 李振兴原引作"粉白",误。
③ 李振兴原引"马融云"文字有误,兹据孙星衍《尚书今古文注疏》校之。
④ 今陈抗、盛冬铃点校本《尚书今古文注疏》"粉米"为一词而不断为"粉、米",否则不为"九文"而为"十文"也。姑备一说。经文"日、月、星、辰、山、龙、華、虫"亦或断为"日、月、星辰、山、龙、華虫"者。

常。又云:王建大常。注云:王画日月,象天明也。又贾《疏》云:三辰日月星,此不言星,实兼有星也。《穆天子传》:天子葬盛姬,画日月七星。盖画北斗也。此变而失礼者。以上诸条所说,虞、周异制,最为明白。虞时三辰画于衣,而不画旂旗;周时三辰不画于衣,而画于旂旗,必矣。乃孔传则以虞时三辰画于衣,兼画于旂旗,其说既属无据,王肃则以虞时三辰即画于旂旗,不画于衣,但有山、龙以下,是又反以周制为虞制。皆谬也。"是言审矣。①

**应勇案**:此条如《正义》所言,礼文残缺,古代圣王之礼服旌旗式样及上面之纹彩,难知其详。但这是古代社会政治建设中的重要问题,它就是社会学家们所说的"整合中心"。中国历代学者及官员们曾为此争论不休。古代中国社会任何制度建设都要设法强化其神圣性,似乎不这样,制度就可能失去其功能,而这种神圣性一来自天神的旨意,二来自古圣先王。依孙星衍的说法,此处舜所"欲观"之"古人"即黄帝,即以黄帝为制度建设的榜样。(孙《疏》,页97)其实任何时代的社会建设都需要榜样参照系,现代社会将天神及古圣先王的神圣性彻底革命掉了,但还是少不了这种榜样参照系,此不赘言。古代中国人一直把古远的先王想得很神圣,很伟大,这与近现代的进化论理念正好相反,于是他们每到社会的制度建设遇到疑点时,就总是求助于先王,中国的历史学也因此而很发达。而古代的中国人对于先王实相的了解并不比现代人多,因此他们对于先王典章文物的解释就多了不少想象的成份。郑玄、王肃等经学家为古圣先王的礼服旗章事争论不休,试图为当时社会的制度建设及其神圣性建设出谋划策,但他们的诠释又都不免流于想象。郑玄以为舜时,天子的礼服上画有太阳和月亮。《礼记·郊特牲》:"祭之日,

---

① 李振兴《王肃之经学》,页183。

王被衮以象天。"郑注："谓有日月星辰之章。"与此条《尚书》注同。郑注《王制》亦云："虞夏之制，天子服有日月星辰。"（孙《疏》，页 97—102）王肃则认为上面只有山、龙、華、虫等图案，没有太阳和月亮。蔡沈作为理学传人，对名物之事亦不能得其详，只能引前人说以解之。王鸣盛引《周礼》等文字认为"虞、周异解，最为明白。虞时三辰画于衣而不画旌旗，周时三辰不画于衣而画于旌旗必矣。乃孔传则以虞时三辰画于衣兼画于旌旗，其说既无据，王肃则以虞时三辰即画于旌旗不画于衣，衣但自山、龙以下，是又反以周制为虞制，皆谬也。"①其实王鸣盛只是重申郑说也。郑玄有曰："王者相变，至周而以日月星辰画于旌旗……"不备引。孙《疏》亦言郑说有所本。（孙《疏》，页 97—102）皮锡瑞则认为王肃说有据，"自汉明帝永平二年采《尚书·皋陶》篇，乘舆服从欧阳氏说，备文日月星辰十二章，而古义晦矣"。②

**"……弼成五服，至于五千。州十有二师，外薄四海，咸建五长……"**

"郑玄云：辅五服而成之，至于四方各五千里，四面相距为方万里，九州州立十二人为诸侯师以佐牧。尧初制五服，服各五百里，要服之内方四千里曰九州，其外荒服曰四海。此禹所受《地记书》曰昆仑山东南地方五千里名曰神州者。禹弼五服之残数，亦每服者合五百里，故有万里之界，万国之封焉。犹用要服之内为九州，州更方七千里，七七四十九，得方千里者四十九，其一以为圻内，余四十八，八州分而各有六。《春秋传》曰：禹朝群臣于会稽，执玉帛者万国。言执玉帛者，则九州之内诸侯也。其制特置

---

① 王鸣盛《尚书后案》卷二。
② 皮锡瑞《今文尚书考证》卷二。

牧,以诸侯贤者为之师,盖百国一师,州十有二师,则州千二百国也。八州凡九千六百国,其余四百国在圻内,与《王制》之法准之,八州通率,封公侯百里之国者一,伯七十里之国二,子男五十里之国四。方百里者三,封国七十有畸,至于圻内则子男而已。郑云禹弼成五服,面各五千里。""师,长也。"

郑玄之说,"王肃《禹贡》之注已难之矣。传称万,盈数也。万国,举盈数而言,非谓数满万也。《诗·桓》曰'绥万邦',《烝民》曰'揉此万邦',岂周之建国复有万乎?天地之势,平原者甚少,山川所在,不啻居半,岂以不食之地亦封建国乎?王圻千里,封五十里之国四百,则圻内尽以封人,王城宫室无建立之处。言不顾实,何至此也。百国一师,不出典记,自造此语,何以可从?禹朝群臣于会稽,《鲁语》文也。执玉帛者万国,《左传》文也。采合二事,亦为谬矣。""王肃云:五千里者,直方之数,若其回邪委曲,动有倍加之较,是直路五千里也。'治洪水辅成之'者,谓每服之内,为其小数,定其差品,各有所掌,是禹'辅成之'也。《周礼·大司马法》:二千五百人为师。每州十有二师,通计之一州用三万人,功捴计九州用二十七万庸。庸亦功也。州境既有阔狭,用功必有多少,例言三万人者,大都通率为然。惟言用三万人者,不知用功日数多少。治水四年乃毕,用功盖多矣,不知用几日也。"

伪孔传:"五服,侯、甸、绥、要、荒服也。服五百里,四方相距为方五千里,治洪水辅成之。一州用三万人功,九州二十七万庸。……"《释文》:"'至于五千',马云面五千里,为方万里;郑云五服已五千,又'弼成',为万里。'州十有二师',二千五百人为师。郑云师,长也。要,一遥反。……"

《正义》:"禹既得帝言,乃答帝曰:然。既帝之任臣,又言当择人。充满大天之下,旁至四海之隅,苍苍然生草木之处,皆是帝德所及。其内有万国众贤,皆共为帝臣。言其可用者甚众也。帝当就是众贤之内,举而用之。其举用之法,各使陈布其言,纳受之,以其言之所能,从其所能而验试之。明显众人所能,当以功之大小。既知有功,乃赐之以车服,以表其功有能用。帝以此法用人,即在下之人知官不妄授,必用度才能而使之,如此谁敢不让有德,敢不敬应帝命,而推先善人也?若帝用臣不是,不尝试验,不知臧否,则群臣远近遍布同心,而日进无功之人。既戒帝择人,又劝帝自勤,无若丹朱之傲,惟慢亵之游,是其所好;傲戏而为虐,是其所为;为此恶事,不问昼夜而頟頟然,恒为之无休息。又无水而陆地行舟,群朋淫洪于室家之内。有此之故,绝其世嗣,不得居位。我本创丹朱之恶若是也,故娶于塗山之国,历辛、壬、癸、甲四日而即往治水。其后过门不入,闻启呱呱而泣,我不暇入而子名之,惟以大治度水土之功故也。水土既平,乃辅成五服,四面相距至于五千里。'州十有二师',其治水之时所役人功,每州用十有二师,各用三万人也。……○传'五服'至'万庸'。○正义曰:据《禹贡》所云五服之名数,知五服即甸、侯、绥、要、荒服也。彼五服,每服五百里,四面相距为方五千里也。王肃云:五千里者,直方之数,若其回邪委曲,动有倍加之较,是直路五千里也。'治洪水辅成之'者,谓每服之内,为其小数,定其差品,各有所掌,是禹'辅成之'也。《周礼·大司马法》:二千五百人为师。每州十有二师,通计之一州用三万人功,揔计九州用二十七万庸。庸亦功也。州境既有阔狭,用功必有多少,例言三万人者,大都通率为然。惟言用三万人者,不知用功日数多少,治水四年乃毕,用功盖多矣,不知用几日也。郑玄云:辅五服而成之,至于四方各五千里,四面相距为方万里,九州州立十二人为诸侯师以佐牧。尧初制五服,服各五百里,要服之内方四千里曰九州,其外荒服曰四海。此禹所受《地记书》曰'昆仑山东南地方五千里名曰神州'者。禹弼五服之残数,亦每服者合五百里,故有万里之界,万国之封焉。犹用要服之内为九州,州更方七千里,七七四十九,得方千里者四十九,其一以为圻内,余四十八,八州分而各有六。《春秋传》曰:禹朝群臣于会稽,执玉帛者万国。言执玉帛者,则九州之内诸侯也。其制特置牧,以诸侯贤者为之师,盖百国一师,州十有二师,则州千二百国也。八州凡九千六百国,其余四百国在圻内,与《王制》之法准之,八州通率,封公侯百里之国者一,伯七十里之国二,子男五十里之国四。方百里者三,封国七,有畸,至于圻内则子男而已。郑云禹弼成五服,面各五千里。王肃《禹贡》之注已难之矣。传称万,盈数也。万国,举盈数而言,非谓数满万也。《诗·桓》曰'绥万邦',《烝民》曰'揉此万邦',岂周之建国復有万乎？天地之势,平原者甚少,山川所在,不啻居半,岂以不食之地亦封建国乎？土圻千里,封五十里之国四百,则圻内尽以封人,王城宫室无建立之处。言不顾实,何至此也。百国一师,不出典记,自造此语,何以可从？禹朝群臣于会稽,《鲁语》文也。执玉帛者万国,《左传》文也。采合二事,亦为谬矣。……"①

李振兴案：弼,辅也。五服,甸、侯、绥、要、荒也。五千,乃五千里也。师,长也。薄,迫也。五长,言五国建一长也。此言禹辅弼天子,建成五服之域,方达五千里。每州设师长十二。五服之外,乃为四海。又于每五国设置一长,使守其职。然而五千里者,其说异辞。孙星衍《尚书今古文注疏》云："五服者,《禹贡》：甸服、侯服、绥服、要服、荒服。至于五千里者,甸服在千里之内,侯服在二千里之内,绥②服在三千里之内,要服在四千里之内,荒服在五千里之内。史迁之说《禹贡》,与今文同。"《盐铁论·地广篇》云："古者天子之立于天下之中,县内方不过千里,诸侯列国,不及不食之地。《禹贡》至于五千里,民各供其君,诸侯各保其国,是以百姓均调,而繇役不劳也。"《论衡·别通篇》云："殷周之地,极五千里,荒服、要服,勤能牧之。"《地记书》(即《河图括地象》)曰："昆仑

---

① 阮刻《十三经注疏》,页143中、下—144上。参黄怀信整理本《尚书正义》,页177。
② "绥",李振兴书原引作"缓",误。

山东南地方五千里名曰神州。"此即《孟子》所引驺衍所谓赤县神州是也。《说苑·修文篇》亦云:"禹定九州,各以其职来贡,不失厥宜。方五千里,至于荒服。"据此,王氏以五千为五千里,有以也。马融云:"面五千里,为方万里。"(《释文》)郑康成云:"五服已五千,又弼成为万里。敷土既毕,广辅五服而成之,至于面方各五千里,四面相距为万里。尧制五服,服各五百里,要服之内,四千里曰九州,其外荒服曰四海。此禹所受《地记书》曰'昆仑山东南五千里名曰神州'者。禹弼五服之残数,亦每服者合五百里,故有万里之界,万国之封焉。"郑从古文说,故主为广辅至于万里也。至于其云"师,长"(《释文》),"九州,州立十二人为守其职"(《诗·蓼萧·正义》),较王说为洽。案:王氏以师为二千五百人,郑氏以师为长。就经文言,既"弼成五服",又"咸建五长",而州立师、长为当然之事,何以又及治水时之人工乎?至禹之治水,据《史记·夏本纪》为十三年,此云治水四年乃毕,未悉何据。①

**应勇案**:此条下残存郑、王经注可对应比勘者涉及三个要点:(1)关于禹"弼成五服,至于五千"到底意味着多大面积的疆土。我们看到,孔颖达此处《正义》文字颇废笔墨,但还是没有厘清。"五服"之说,本来就是后人对上古"圣王"疆土及行政建置的想象,历来说法不一。有"五服"说,又有"九服"说,上古"圣王"之版图到底多大,一直是个谜。据孙星衍所考,"中国方五千里"乃今文《尚书》欧阳、夏侯说,"五服旁五千里,相距万里"则为古文《尚书》说,马融之说即为古文《尚书》说。而郑康成则融通今古文说:"五服已五千,又弼成为万里。敷土既毕,广辅五服而成之,至于面方各五千里,四面相距为万里。尧制五服,服各五百里,要服之内四千里曰九州,其外荒服曰四海。此禹所受《地记书》曰'昆仑山东南五千里名曰神州'者。禹弼五服之残数,亦每服者合五

---

① 李振兴《王肃之经学》,页184。

百里,故有万里之界,万国之封焉。去王城五百里曰甸服,其弼当侯服,去王城千里。其外五百里为侯服,当甸服,去王城一千五百里,其弼当男服,去王城二千里。又其外五百里为绥服,当采服,去王城二千五百里,其弼当卫服,去王城三千里。又其外五百里为要服,与周要服相当,去王城三千五百里。四面相距为七千里,是九州之内也。要服之弼当其夷服,去王城当四千里。又其外五百里为荒服,当镇服,其弼当蕃服,去王城五千里。四面相距为方万里也。"(孙《疏》,页114)郑玄以历史演进、疆域发展变化的思路融合了今古文的不同解说①,在他看来,尧时制定了甸、侯、绥、要、荒"五服"规模的疆土,服各五百里,以王畿为中心,方圆五千里,到禹时,"弼成五服,至于五千",又扩大了一倍的疆土,达方圆万里。此即王鸣盛所言:"郑意以为尧时甸、侯、绥、要、荒五服,甸服规方千里,其外每服五百里,自王城向外数之,每面二千五百里,四面相距方五千里。禹治洪水之后,斥地渐广,又辅五服而成之,至于每面相距各五千里,则四面相距为方万里。"②但我们看到,在郑玄的笔下,禹"弼成五服,至于五千"以后的"圣王"疆土,并不是简单地按照尧时的甸、侯、绥、要、荒五服建置予以扩大,而是按照《周礼》的"九服"说予以解说的。《周礼·夏官·职方氏》云:"乃辨九服之邦国:方千里曰王畿,其外方五百里曰侯服,又其外方五百里曰甸服,又其外方五百里曰男服,又其外方五百里曰采服,又其外方五百里曰卫服,又其外方五百里曰蛮服,又其外方五百里曰夷服,又其外方五百里曰镇服,又其外方五百里曰藩服。"其中"蛮服"又称"要服",与尧时之"要服"同名。《周礼·大行人》于"卫服"之下言:"又其外方五百里谓之要服。"注云:"要服,蛮服也。"郑玄在融合今古文说的同时,又以《周礼》之说解之,这又是

---

① 参拙著《郑玄通学及郑王之争研究》。
② 王鸣盛《尚书后案》卷二。

他的一贯解经倾向。王肃在此不想接受郑玄方万里之说,但他又没有找到有力的论据,于是就只能说:"五千里者,直方之数,若其回邪委曲,动有倍加之较,是直路五千里也。"既想坚持"五千里"说而不同意"万里"说,但可能又觉得郑氏之解实在不无道理,于是说按照直线距离算,"五千里也","若其回邪委曲,动有倍加之较",则差不多一万里大了。我们看到,古代的经学家们把上古"圣王"的疆土规模想象得如何整齐,不管是今文家抑或古文家,郑玄还是王肃,在他们心目中,那理想的圣王疆土及其规划几乎就是一个规则的同心圆模式。实际的国家疆土规划如何会有如此的几何图形化?但经学家们却在此理想的国家疆土规划中费了多少心智!到底是"我注六经"抑或"六经注我"才使得如此离奇的效应出现?此条郑与马同而与王异。蔡《传》关于"弼成五服,至于五千",用见方五千里说而不用万里说。孙星衍《疏》则以为郑说有据,考之曰:"……《周礼·夏官·职方氏》云:'乃辨九服之邦国:方千里曰王畿,其外方五百里曰侯服,又其外方五百里曰甸服,又其外方五百里曰男服,又其外方五百里曰采服,又其外方五百里曰卫服,又其外方五百里曰蛮服,又其外方五百里曰夷服,又其外方五百里曰镇服,又其外方五百里曰藩服。'是周之九服为方万里,其中方千里为王畿。尧之五服,甸、侯、绥、要、荒各五百里,为方五千里。禹辅成之,至于面各五千里,则亦为方万里。而其中方千里为甸服,是甸服当周之王畿,甸服之弼当周之侯服。由是以推,则侯服当周之甸服,其弼当其男服;绥服当其采服,其弼当其卫服也;要服于周为蛮服,郑言'与周要服相当'者。《周礼·大行人职》于'卫服'之下言:'又其外方五百里谓之要服。'注云:'要服,蛮服也。'是周之蛮服亦为要服也。……是周之幅员与禹弼成九服同,故郑从古《尚书》说,为广辅至于万里也。"(2)关于"禹朝群臣于会稽,执玉帛者万国",是否当时实有一万诸侯国,郑以为实有万国,王肃则以"万"为虚数。此一点虽经文及伪孔传均未及,但孔颖达《正义》已论及,又很重要,故笔者在此一并陈说之。孔颖达《正义》力驳郑说,而至清孙星衍《疏》则旁征博引以疏通郑说,于王肃说只字不提,可见其倾向性。(3)关于"州十有二师"之"师"如何理解,郑以为师者,长也,即大禹在每州设立了十二个地方官分而治之。王肃则以"师"为人数单位,二千五百人为师,则十有二师为三万人,此乃指大禹治水时每州动用的人力。据上下文势,似以郑说为长,故李振兴驳王肃说。伪孔传、《正义》此条则用王说而与郑异。① 蔡《传》关于"师",则用郑玄说而不用王肃说。王鸣盛、孙星衍均以为郑说是也。(孙《疏》,页 114—118)至晚清皮锡瑞《郑志疏证》论及此,则倾向性不如孙氏那么明显了。②

"夔曰:戛击鸣球、搏拊、琴瑟以咏,祖考来格……"

郑注:"祖考来格者,谓祖考之神来至也。"(《周礼·大司乐·疏》。孙《疏》,页 125)

"王肃云:祖考来至者,见其光辉也。盖如《汉书·郊祀志》称武帝郊祭天祠,上有美光也。"③

伪孔传:"戛击柷敔,所以作止乐。搏拊,以韦为之,实之以糠,所以节乐。球,玉磬。此舜庙堂之乐。民乐其化,神歆其祀,礼备乐和,故以祖考来至明之。"《释文》:"……柷,尺叔反,所以作乐。敔,鱼吕反,所以止乐。……"

《正义》:"皋陶、大禹为帝设谋,大圣纳其昌言,天下以之致治,功成道洽,礼备乐和,史述夔言继之于后,夔曰:在舜庙堂之上戛敔击柷,鸣球玉之磬,击搏拊,鼓琴瑟,以謌詠诗章,乐音和协,感致幽

---

① 参顾颉刚、刘起釪《尚书校释译论》,页 473。
② 参皮锡瑞《郑志疏证》卷二《尚书志》,清光绪 25 年思贤书局刻本,收入《续修四库全书》经部群经总义类(171);并参拙著《郑玄通学与郑王之争研究》,页 381。
③ 李振兴录此条在《皋陶谟》,盖同孙星衍之条分篇次也。见李振兴《王肃之经学》,页 149。

冥,祖考之神来至矣,虞之宾客丹朱者在于臣位……○传'戛击'至'明之'。○正义曰:戛、击是作用之名,非乐器也,故以戛、击为柷、敔。柷、敔之状,经典无文。汉初已来,学者相传皆云柷如漆桶,中有椎柄,动而击其旁也;敔状如伏虎,背上有刻,戛之以为声也。乐之初,击柷以作之;乐之将末,戛敔以止之;故云'所以作止乐',双解之。《释乐》云:所以鼓柷,谓之止;所以鼓敔,谓之籈。郭璞云:柷如漆桶,方二尺四寸,深一尺八寸,中有椎柄连底,挏之令左右击。止者,其椎名也。敔如伏虎,背上有二十七鉏铻刻,以木长一尺栎之,籈者,其名也。是言击柷之椎名为止,戛敔之木名为籈。戛如栎也。《汉礼器制度》及《白虎通》、马融、郑玄、李巡,其说皆为然也,惟郭璞为详,据见作乐器而言之。搏拊形如鼓,以韦为之,实之以糠,击之以节乐,汉初相传为然也。《释器》云:球,玉也。鸣球谓击球使鸣。乐器惟磬用玉,故球为玉磬。《商颂》云:依我磬声。磬亦玉磬也。郑玄云:磬,悬也,而以合堂上之乐,玉磬和,尊之也。然则郑以球玉之磬悬于堂下,尊之,故进之使在上耳。此'舜庙堂之乐',谓庙内堂上之乐。言祖考来格,知在庙内。下云'下管',知此在堂上也。马融见其言祖考,遂言此是舜除瞽瞍之丧,祭宗庙之乐。亦不知舜父之丧在何时也。但此论《韶》乐,必在即政后耳。此说乐音之和,而云祖考来格者,圣王先成于人,然后致力于神,言人悦其化,神歆其祀,礼备乐和,所以祖考来至,明矣。以祖考来至,明乐之和谐也。《诗》称'神之格思,不可度思'。而云祖考来至者,王肃云:祖考来至者,见其光辉也。盖如《汉书·郊祀志》称武帝郊祭天,祠上有美光也。此经文次以柷、敔是乐之始终,故先言戛击,其球与搏拊、琴瑟皆当弹击,故使'鸣'冠于'球'上,使下共蒙之也。郑玄以戛、击、鸣三者皆揔下乐,栎击此四器也。乐器惟敔当栎耳。四器不栎,郑言非也。"①

---

① 阮刻《十三经注疏》,页144上、中。参黄怀信整理本《尚书正义》,页180。

**李振兴案**：马融云，"言祖考，此是舜除瞽瞍之丧，祭宗庙之乐。"(《正义》)瞽瞍之丧，虽不知定在何时，然下文云："《箫》《韶》九成，凤凰来仪。"是时舜已自制《韶》乐，则在为天子后。孟子言为天子父以天养，舜为天子，瞽瞍尚在，则除丧之说，或据于此乎？郑玄云："祖考来格，谓祖考之神来至也。"此言与王氏合。然王氏又云"见其光辉也"，更能形容舜之为天子，下化人民，上感天神也。《正义》云："而云祖考来格者，圣王先成于人，然后致力于神，……盖如《汉书·郊祀志》称，武帝郊祭天祠，上有美光也。"（详见上引　笔者注）屈万里先生云："祖考，谓考与父之灵，神降临曰格。"是也。(《尚书释义》)①

**应勇案**：此条郑、王注可对应比勘者，惟"祖考来格"之解。条下《正义》未引郑氏"祖考来格"之说，只引有王肃之说，郑说可见《周礼·大司乐·疏》所引。李振兴已言，此条郑、王注义无大异也。郑只笼统言"祖考来格"就是指祖先之神来了，至于来的具体表现没有说，是真的活物来了？还是影子来了？王肃则非常形象地说，"祖考"来到的表征就是在祭祀时看到奇异的光辉。看来王肃解经也有神异的时候。据孙《疏》，此处"祖"指颛顼，"考"指尧，"《大传》云：'维有十三祀，帝乃称王而入唐郊，犹以丹朱为尸。'注云：'舜承尧，犹子承父。虽已改正易乐，犹祭天于唐郊，以丹朱为尸。至十三年，天下既知已受尧位之意矣，将自止郊，而以丹朱为王者后，欲天下昭然知之，然后为之，故称王也。……'"显然是融合了"公天下"与"家天下"的不同内容。据皮锡瑞考，今文"格"作"假"。②

---

① 李振兴《王肃之经学》，页185。
② 皮锡瑞《今文尚书考证》卷二。

## 《禹贡》

**"……冀州既载壶口治梁及岐……"**

"郑云:'载'之言事,事谓作徒役也。禹知所当治水,又知用徒之数,则书于策,以告帝征役而治之。惟解'载'字为异。其意亦同孔也。"

"王肃云:言已赋功属役,载于书籍。传意当然。"

伪孔传:"尧所都也。先施贡赋役,载於书。"《释文》:"……载如字。载,载於书也。马同。郑、韦昭云:载,事也。"

《正义》:"九州之次,以治为先后,以水性下流,当从下而泄,故治水皆从下为始。冀州,帝都,于九州近北,故首从冀起,而东南次兖,而东南次青,而南次徐,而南次扬,从扬而西次荆,从荆而北次豫,从豫而西次梁,从梁而北次雍,雍地最高,故在后也。自兖已下皆准地之形势,从下向高,从东向西。青、徐、扬三州并为东偏。雍州高于豫州,豫州高于青、徐,雍、豫之水从青、徐而入海也。梁高于荆,荆高于扬,梁、荆之水从扬而入海也。兖州在冀州东南,冀、兖二州之水各自东北入海也。冀州之水不经兖州,以冀是帝都,河为大患,故先从冀起而次治兖,若使冀州之水东入兖州,水无去处,治之无益,虽是帝都,不得先也。此经大体每州之始,先言山川,后言平地,青州、梁州先山后川,徐州、雍州先川后山,兖、扬、荆、豫有川无山,扬、豫不言平地。冀州田赋之下始言'恒卫既从',史以大略为文,不为例也。每州之下,言水路相通,通向帝都之道。言禹每州事了,入朝以白帝也。〇传'尧所'至'於书'。〇正义曰:史传皆云尧都平阳。《五子之歌》曰:'惟彼陶唐,有此冀方'。是冀州,尧所都也。诸州冀为其先,治水先从冀起,为诸州之首,记其役功之法。'既载'者,言先施贡赋役,载于书也,谓计人多少,赋功配役,载于书籍,然后征而用之以治水也。冀州如此,则余州亦然,故於此特记之也。王肃云:言已赋功属役,载于书籍。传意当然。郑云:载之言事,事谓作徒役也。禹知所当治水,又知用徒之数,则书于策,以告帝征役而治之。惟解'载'字为异。其意亦同孔也。"①

李振兴案:经文"冀州既载壶口治梁及岐",其读有二,一读为"冀州既载,壶口治梁及岐",一读为"冀州既载壶口,治梁及岐。"马、郑、王三家皆读为"冀州既载"。马云:"载,载于书也。"(《释文》)与伪孔传同。郑玄云:"载之言事,事谓作徒役也。……"王氏言……(见上引——笔者注)亦谓赋功配役,载于书籍,然后征而用之以治水也。其说与郑氏同。读为"既载壶口,治梁及岐"者,武亿、胡渭、王夫之、俞樾、屈万里诸先生是也。武氏亿《经读考异》云:"案旧读从'既载'为句。《夏本纪》、《汉书·地理志》、《周礼·载师》郑注引此文,并与孔传同。惟宋毛晃《禹贡指南》:'冀州'一读,'既载'属'壶口'为句。蔡《传》:经始壶口等处以杀河势,故曰'既载'。与毛氏同。《禹贡锥指》:先儒以'既载'连上'冀州'读,谓赋功属役,载于书籍。经实无此意。且以'既载'连上读,则'壶口'二字不成辞,当从苏氏,以'既载壶口'为句。"俞樾云:"'既载壶口,治梁及岐'与下文'既修太原,至于岳阳',文义一律。旧读以'冀州既载'为句,非也。蔡《传》云:经始治之为载,言既,又言始,甚为不词。《白虎通·四时篇》曰:载之言成也。'既载壶口',言禹治壶既成,乃治梁及岐也。'壶口'不言治者,文见于下,故省于上也。犹下文'既修太原,至于岳阳','岳阳'不言修者,文见于上,故省于下也。此古人属词之法也。"又案:壶口,山

---

① 阮刻《十三经注疏》,页146中。黄怀信整理本《尚书正义》,页191—193。对于《释文》一句,黄本标点为"……马同郑。韦昭云:'载,事也。'"笔者不敢苟同,姑以上引笔者所断为是。

名,在今山西吉县西南。蒋廷锡《尚书地理今释》云:"今山西平阳吉州西南七十里有壶口山,黄河之水注其中如壶然。"①

**应勇案**:此条郑、王义解可对应比勘者惟"冀州既载"之解,但可从两个方面看:(1)马、郑、王均读"冀州既载"为句,不似清以后诸学者读为"既载壶口,治梁及岐"。可见汉魏以来之经解,不论是非,当有较为固定的"例"与"统",之后则逐渐打破了这种"例"与"统"。(2)"载"字之解。马融曰:载,载于书也。黄怀信断为"马同郑",恐误。王肃、伪孔传、《释文》均同马。而郑氏解"载"为"事","事谓作徒役也"。据"载"字之解,推测马、王断句为"冀州既载,壶口治梁及岐"尚可,推测郑玄断句如是,则证据不足。清人武亿的分析不无道理,"既载"上读,则下"壶口"二字不成辞。此说后人多有所从,如上所引诸家。而孙星衍则坚持以"冀州既载"为句,则下句"壶口治梁及岐"一句确实扞格难通。(详见孙《疏》,页138—139)据考,"冀州既载"为句,为今文家意见,马、郑、王、伪孔均从之。其实依据郑玄对于"载"字之解,此句经文或可句读为:"冀州:既载壶口,治梁及岐……"今刘起釪《尚书校释译论》即如之断句。②《正义》引郑玄云:"载之言事,事谓作徒役也。"下一句"禹知所当治水,又知用徒之数,则书于策以告帝征役而治之",或为《正义》解郑义之文,非郑注本文,若如此,《正义》显然在调和郑、王之说以与伪孔合。依郑解,全句可以理解为:在冀州,完成了壶口以众多人力治水的大工程后,又开始"治梁及岐"。梁、岐二山,据《尔雅》、《山海经》之说,均为冀州之山。③ 则此种句读法更显得合理。下文伪孔传则言:"壶口在冀州,梁、岐在雍州,从东循山治水而西。"若如此,则郑读当为"冀州既载壶口,治梁及岐"。蔡《传》即以"既载壶口"为句,或即同郑玄之读。又蔡《传》

---

① 李振兴《王肃之经学》,页186。
② 见顾颉刚、刘起釪《尚书校释译论》,页528—529。
③ 详参王应麟《困学纪闻》翁元圻案语,页310。

以"经始治之谓载",则必以梁、岐属冀州始通,而"载"字之解与马、郑、王之解均不同。

**"……覃怀厎绩,至于衡漳……"**

郑玄云:"横漳,漳水横流。"

王肃云:"衡、漳,二水名。"

伪孔传:"覃怀,近河地名。漳水横流入河。从覃怀致功至横漳。"《释文》:"覃,徒南反。厎,之履反。衡,如字,横也,马云水名。……"

《正义》:"《地理志》:河内郡有怀县,在河之北。盖覃、怀二字共一地,故云近河地名。衡,即古横字,漳水横流入河,故云横漳。漳在怀北五百余里,从覃怀致功而北至横漳也。《地理志》云:清漳水出上党沾县大黾谷,东北至渤海阜城县入河,过郡五,行千六百八十里。此沾县因水为名。《志》又云:沾水出壶关。《志》又云:浊漳水出长子县,东至邺县入清漳。郑玄亦云:横漳,漳水横流。王肃云:衡、漳,二水名。"①

李振兴案:马融云:"衡,水名也。"(《释文》)王氏言二水名,盖承马说。郑康成云:"衡漳者,漳水横流入河。"(《邶墉卫谱·正义》)伪孔传与郑氏同,盖用郑氏说也。二说以郑氏为是。又案:衡漳,一名降水,因漳水横流入河,故名横漳也,今河北阜城县,为故漳水入黄河处。(详见胡渭《禹贡锥指》、王鸣盛《尚书后案》及蒋廷锡《尚书地理今释》。)②

**应勇案**:此条郑、王大不同,郑以"衡"为"横",又似清人所谓"郑好改字";王肃则从本读,以衡、漳为两条不同河水之名。伪孔传、《正义》均用郑说而不用王说。《释文》之解已见其含混不清。

---

① 阮刻《十三经注疏》,页146下。"郑玄亦云……"原文作"郑立亦云……"恐误。
② 李振兴《王肃之经学》,页186—187。

马融注、唐司马贞《史记·夏本纪·索隐》、清王夫之《书经稗疏》等均与王肃说同。今刘起釪《尚书校释译论》亦主郑说。① 据皮锡瑞考,郑说"盖用今文说",而后之颜师古亦用之。②

**"……厥田惟中中……"**

郑以地形高下为九等。

王则以肥瘠为九等。

伪孔传:"田之高下肥瘠,九州之中为第五。"《释文》:"中,……马云:土地有高下……"

《正义》:"○传'田之'至'第五'。○正义曰:郑玄云:田著高下之等者,当为水害备也。则郑谓地形高下为九等也。王肃云:言其土地各有肥瘠。则肃定其肥瘠以为九等也。如郑之义,高处地瘠,出物既少,不得为上。如肃之义,肥处地下,水害所伤,出物既少,不得为上。故孔云高下肥瘠共相参对以为九等。上言'敷土',此言'厥田',田、土异者,郑玄云:地当阴阳之中,能吐生万物者曰土,据人功作力竞得而田之则谓之田。田土异名,义当然也。"③

李振兴案:伪孔传云:"田之高下肥瘠,九州之中,为第五等。"《释文》引马融之言曰:"土地有高下"。《正义》曰:"郑玄云:田著高下之等者,当为水害备也。"郑申马义,以为地形高下有九等也,似不以田有肥瘠,仅就为水害之大小着眼,为水害者为下田,不为水害者为高田,然而不为水害之高田,岂无肥瘠之分哉?若就王氏言,似谓以肥瘠分田为等也。然而为水害之田,往往皆为肥壤,如以贫瘠言,似亦不切。是以孔传折中二家之言以为说,愚意以为最为简明。蔡《传》云:"九州九等赋税,皆每州岁入总数,以多

---

① 顾颉刚、刘起釪《尚书校释译论》,页534。
② 皮锡瑞《今文尚书考证》卷三。
③ 阮刻《十三经注疏》,页146下—147上。

寡而为九等,非以是等田而责以是等赋也。"如就赋税言,蔡《传》可备一说。①

**应勇案**:此条郑与马同而与王异。伪孔传之说则非常典型地说明,伪孔传乃参稽前代几家代表性的经解本而成书也,亦证其非王肃伪造。《正义》亦折衷郑、王之说。颜师古注《汉志》用郑说。清江声《尚书集注音疏》、王鸣盛《尚书后案》亦主郑说。蔡《传》则马、郑、王、伪孔之说均不用,另为一解。孙《疏》则以郑说为有本而以王说为无据。(孙《疏》,页143)皮锡瑞考,郑说用今文说,②则王为古文说乎?刘起釪《尚书校释译论》则以为郑说不可从。③

"……岛夷皮服……"

郑、王皆以为"鸟夷"。

郑曰:鸟夷,东方之民搏食鸟兽者也。

王曰:鸟夷,东北夷国名也。

马云:鸟夷,北夷国。

伪孔传:"海曲谓之岛。居岛之夷,还服其皮,明水害除。"《释文》:"岛,当老反。马云:岛夷,北夷国。"

《正义》:"孔读鸟为岛。岛是海中之山,《九章算术》所云'海岛邈绝,不可践量'是也。传云海曲谓之岛,谓其海曲有山,夷居其上。此居岛之夷,常衣鸟兽之皮,为遭洪水,衣食不足,今还得衣其皮服,以明水害除也。郑玄云:鸟夷,东方之民搏食鸟兽者也。王肃云:鸟夷,东北夷国名也。与孔不同。"④

李振兴案:伪孔传云:"海曲谓之岛。居岛之夷,还服其皮。明

---

① 李振兴《王肃之经学》,页187。
② 皮锡瑞《今文尚书考证》卷三。
③ 顾颉刚、刘起釪《尚书校释译论》,页541—542。
④ 阮刻《十三经注疏》,页147上。

水害除。"孔传非也。史公岛作鸟。马融云:"岛夷,北夷国。"①(《释文》)郑康成云:"鸟夷,东方之民博食兽者。"(《史记·夏本纪·集解》)此皆与孔传异。《汉书·地理志》:冀州、扬州皆作"鸟夷"。师古于"冀州"注云:此东北之夷,搏取鸟兽,食其肉,而衣其皮也。段玉裁《古文尚书撰异》云:"据《正义》,孔读鸟为岛之云,是经文作鸟,传易其字,郑、王如字,故云与孔不同也。陆氏《释文》云:鸟,当老反。谓孔传读为岛也。其下文曰:马云:鸟夷,北夷国。谓马不易字也。自卫包改经文鸟字为岛,而宋开宝中,又更定《尚书》释文,两鸟字,皆改为岛,以'岛夷'系之。'马云'尤失之诬。马未尝作岛也。'鸟夷'见《大戴礼记》、《五帝本纪》。又按《夏本纪》、《地理志》皆云'鸟夷皮服'。然则今文《尚书》亦作鸟也。今更定经文作鸟,复卫包以前之旧。"②段氏之言,至为精审。师古之冀州注,得其正矣。③

**应勇案**:此条郑、王注可对应比勘者惟"鸟夷"之解。段玉裁之考订已证,古本无作"岛"者,作"岛"者用卫包改经所致,原因是伪孔读经文"鸟"为"岛"。据此,马释"鸟夷"为"北夷国",郑释为"东方之民搏食鸟兽者",则王肃之"东北夷国"之说是调和马、郑说而得之。蔡《传》本承伪孔、卫包之读、之改,于是疏其义曰:"海曲曰岛,海岛之夷以皮服来贡也。"不用马、郑、王之解也。刘起釪《尚书校释译论》经文径作"鸟"而不作"岛"。④

**"……济、河惟兖州……"**

郑云:"言沇州之界在此两水之间。"(史迁"兖"作"沇"。见

---

① 李振兴原引马融曰:"鸟夷,东北夷国。"误以王肃说为马说也。
② 此段李振兴原引《古文尚书撰异》文字与段玉裁原本有出入,兹核段氏原本更订之。参[清]段玉裁撰《古文尚书撰异》卷三,乾隆、道光间段氏刻经韵楼丛书本,收入《续修四库全书》经部书类(46)。
③ 李振兴《王肃之经学》,页187—188。李振兴原引文多有讹误,已校正。
④ 顾颉刚、刘起釪《尚书校释译论》,页527。

《史记·集解》。参孙《疏》,页145。)

王云:"东南据济,西北距河。"(《诗·曹风·郑谱·正义》)

伪孔传:"东南据济,西北距河。"

《正义》:"○传'东南'至'距河'。○正义曰:此下八州发首言山川者,皆谓境界所及也。据,谓跨之。距,至也。济、河之间相去路近,兖州之境跨济而过,东南越济水,西北至东河也。李巡注《尔雅》'解州'名云:两河间,其气清,性相近,故曰冀,冀,近也;济、河间,其气专质,性信谦,故云兖,兖,信也;淮海间,其气宽舒,禀性安徐,故曰徐,徐,舒也;江南,其气燥劲,厥性轻扬,故曰扬,扬,轻也;荆州,其气燥刚,禀性强梁,故曰荆,荆,强也;河南,其性安舒,厥性宽豫,故曰豫,豫,舒也;河西,其气蔽壅,受性急凶,故云雍,雍,壅也。《尔雅》九州无梁、清,故李巡不释,所言未必得其本也。"①

李振兴案:二家所言实同。② 王说是也。《正义》曰:"此下八州,发首言山川者,皆谓境界所及也。"郑樵云:"《禹贡》之书,所以为万代地理家成宪者,以其地命州,不以州命地也。如兖州者,当时所命之名,后世安知其在南在北,故曰'济、河惟兖州'。以济水、河水之间为兖州也。以荆山、衡山之间为荆州,故曰'荆及衡阳惟荆州'。济、河者,万代不泯之山也。使荆、兖之名,得附此山川,虽后世更改移易,为不没矣。"兖州之域,据蒋廷锡《尚书地理今释》所载,包有山东之东昌府及兖州,曹州,阳谷、寿张、郓城三县,济南、青州二府西北境,直隶之大名府,及正定、河间二府东南境及河南之卫辉府考城县。③

应勇案:此条郑、王注义实同,李振兴已言之。伪孔传用王

---

① 阮刻《十三经注疏》,页147中。所引"梁、清",黄怀信整理本《尚书正义》作"梁、青"。
② 李振兴《王肃之经学》,页150。
③ 李振兴《王肃之经学》,页188、285。

肃说。此条本经《正义》下郑、王义均未引,需参证他经所引以对勘。王肃说参李振兴所引。

**"……厥土赤埴坟,草木渐包。"**

埴,郑本作戠,读曰炽。

王注亦读曰炽,或本亦作戠。

伪孔传:"土黏曰埴。渐,进长。包,丛生。"《释文》:"埴,市力反,郑作戠,徐、郑、王皆读曰炽,韦昭音试。渐,……《字林》……草之相包裹也。包,……字或作苞,非丛生也,马云相包裹也……"

《正义》:"戠、埴,音义同。《考工记》:用土为瓦,谓之抟埴之工。是埴谓黏土。故土黏曰埴。《易·渐卦·象》云:渐,进也。《释言》云:苞,积也。孙炎曰:物丛生曰苞,齐人名曰积。郭璞曰:今人呼丛致者为积。渐苞,谓长进丛生。言其美也。"①

**应勇案:**此条郑、王同。皮锡瑞曰王肃本亦作戠,伪孔本作埴而不作戠,证伪孔本非王肃伪也。②

**"……厥贡惟土五色……"**

郑注:"土五色者,所以为大社之封。"(《史记·集解》。孙《疏》,页155引)

王注:"王者取五色土为大社,封四方诸侯,各割其方色,王者覆四方也。"(《晋书·礼志》。《宋书·礼志》。杜佑《通典》卷四十五。)③

伪孔传:"王者封五色土为社,建诸侯则各割其方色土与之,使立社,焘以黄土,苴以白茅,茅取其洁,黄取王者覆四方。"《释

---

① 阮刻《十三经注疏》,页148上。
② 皮锡瑞《今文尚书考证》卷三。
③ 李振兴《王肃之经学》,页150、189。

文》："燾，徒报反，覆也。苴，子余反，包裹也。"

《正义》："传解贡土之意。王者封五色土以为社，若封建诸侯，则各割其方色土与之，使归国立社，其土燾以黄土。燾，覆也。四方各依其方色，皆以黄土覆之。其割土与之时，苴以白茅，用白茅裹土与之。必用白茅者，取其洁清。《易》称'藉用白茅'。茅色白而洁美。《韩诗外传》云：天子社广五丈，东方青，南方赤，西方白，北方黑，上冒以黄土，将封诸侯，各取其方色土，苴以白茅，以为社，明有土谨敬洁清也。蔡邕《独断》云：天子大社以五色土为坛，皇子封为王者，授之大社之土，以所封之方色苴以白茅，使之归国以立社，谓之茅社。是必古书有此说，故先儒之言皆同也。"①

李振兴案：伪孔传云："王者封五色土为社，建诸侯则各割其方色土与之，使立社，燾（覆也）以黄土，苴以白茅，茅取其洁，黄取王者覆四方。"《韩诗外传》云："天子社广五丈，东方青，南方赤，西方白，北方黑，上冒以黄土，将封诸侯，各取其方色之土，苴以白茅以为社。"蔡邕《独断》云："天子大社，以五色土为坛。皇子封为王者，授之大社之土。以所封之方色，苴以白茅，使之归国以立社。"郑康成云："土五色者，所以为大社之封。"（《史记·夏本纪·集解》）《释名》云："徐州贡土五色，青、黄、赤、白、黑也。"《史记·正义》引《太康地记》云："城阳姑幕，有五色土，封诸侯，锡之茅土，用为社，此土即《禹贡》徐州土也。"《水经注》云："姑幕县有五色土，王者封建诸侯，随方受之。"案姑幕县，其故城在今山东诸城县西南五十里。其它如《元和志》、《寰宇记》等书所载，大致略同。古有是说，信而有征矣。时贤屈万里先生云："按殷虚出土之物，有所谓花土者，为墁墓壁之用。此五色土，盖为圬墁墙壁之用者。"②

应勇案：本条经文下《正义》未引郑、王注。据他处所引郑、

---

① 阮刻《十三经注疏》，页148中。
② 李振兴《王肃之经学》，页190。

王注，二者无不同，只是郑注不及王注具体。郑注只言及王社而未及封诸侯之事。蔡《传》之说与王肃说同。

"……泗滨浮磬，淮夷蠙珠暨鱼……"

"淮夷，郑云淮水之夷民也。""郑玄以为淮水之上夷民献此珠与鱼也。"

"王肃亦以'淮夷'为水名。""淮、夷，二水名。"（与马同。或引曰："淮夷，水名。"见《正义》。《尚书全解》卷八）

伪孔传："泗水涯水中见石，可以为磬。蠙珠，珠名。淮、夷二水出蠙珠及美鱼。"《释文》："……淮夷，郑云淮水之夷民也；马云：淮、夷，二水名。孔传云'淮夷之水'，本亦有作'淮、夷二水'也。蠙，……又作玭，……蚌也。……"

《正义》："泗水旁山而过石，为泗水之涯石，在水旁，水中见石，似若水中浮，然此石可以为磬，故谓之'浮磬'也。贡石而言磬者，此石宜为磬，犹如砥砺然也。蠙是蚌之别名，此蚌出珠，遂以蠙为珠名。蠙之与鱼，皆是水物而以'淮夷'冠之，知淮、夷是二水之名。淮，即四渎之淮也。夷，盖小水，后来竭涸，不复有其处耳。王肃亦以'淮夷'为水名。郑玄以为淮水之上夷民献此珠与鱼也。《地理志》：泗水出济阴乘氏县东南，至临淮睢陵县入淮，行千一百一十里也。"[①]

李振兴案：王说恐非。"淮夷"者，乃淮水近海之夷民也。胡渭《禹贡锥指》云："'淮夷'见经传非一处，即孔注《费誓》亦云'淮南之夷'。此独以二水名，不应前后相戾。及检陆氏《释文》曰：淮夷，郑云淮水之夷民，马云：淮、夷，二水名；孔传云：'淮夷之水'，本亦作'淮夷二水'。始知'二'字乃传写之讹。颖达不知，而曲为之说，殊可笑也。"淮南北近海之地，皆为淮夷。《书序》曰：武王

---

① 阮刻《十三经注疏》，页148中。

崩,三监及淮夷叛。又曰:成王东伐淮夷遂践奄。《费誓》曰:徂兹淮夷,徐戎并兴。《诗序》:宣王命召公平淮夷。《常武》曰:率彼淮浦,省此徐土。又曰:截彼淮浦,王师之所。《鲁颂》曰:奄有龟蒙,遂荒大东,至于海邦,淮夷来同。《左传》十三年:淮夷病杞。此皆淮北之夷,在徐州之域也。《江汉》之诗曰:江汉浮浮,武夫滔滔,匪安匪游,淮夷来求。《春秋》昭公四年:楚子召诸侯及淮夷会于申。此皆淮南之夷,在扬州之域也。胡渭云:"经所称淮夷,乃淮北之夷。汉临淮郡有淮浦县,今为安东县,属淮安府,淮水从此入海,即《诗》所谓'淮浦'矣。"蒋廷锡《尚书地理今释》云:"淮夷,淮南北近海之夷民。今江南淮安、扬州二府近海之地皆是。"①

**应勇案:** 条下《正义》只言"王肃亦以'淮夷'为水",未论王肃以"淮夷"为一水名,抑或二水名。李振兴用清人陈乔枞说,以为王肃之说与马融二水说实同。此条郑、王义解不同。伪孔传与《正义》之说近王肃而远郑玄。而郑玄之说较为清人所信奉,除上引胡渭等说,又如陈乔枞《经说考》云:"今考经所云'淮夷',皆谓淮上之夷。"陈以为马融、王肃说为古文家说,郑则从今文。依文势,则王肃及伪孔传之说未必无理。难分孰是。不得不说的是,胡渭曰"'二'字乃传写之讹",上引《释文》曰:"马云:淮、夷,二水名",若改"二"为"之",恐亦文理不通。胡渭之说难通。蔡《传》:"淮夷,淮之夷也。"用郑说。皮锡瑞亦曰郑说为今文说。今刘起釪《尚书校释译论》以郑说为是,王说为非。②

"……厥贡惟金三品……"

"郑玄以为金三品者,铜三色也。"

王肃云:三品,金、银、铜也。(《诗·鲁颂·泮水·正义》)

---

① 李振兴《王肃之经学》,页190。
② 皮锡瑞《今文尚书考证》卷三;顾颉刚、刘起釪《尚书校释译论》,页617。

伪孔传:"金、银、铜也。"

《正义》:"金既緫名而云'三品',黄金以下惟有白银与铜耳,故为金、银、铜也。《释器》云:黄金谓之璗,其美者谓之镠;白金谓之银,其美者谓之镣。郭璞曰:此皆道金银之别名及其美者也。镠即紫磨金也。郑玄以为金三品者,铜三色也。"①

李振兴案:"三品"之说,其辞不一。郑康成谓金三品者,铜三色也(《正义》)。王鸣盛《尚书后案》申其义曰:"《秋官职》金《疏》云:古者金有两义,对言金银铜铁为异,散言总谓之金。《考工记》:六分其金,而锡居一等,凡六种,内有钟鼎鉴燧。则所谓金者,皆铜。而《职金》云:掌受土之金,罚入于司兵。则罚罪之金,用作兵器者是铜。伪孔传于《舜典》、《吕刑》赎罪,皆以为铜。故郑以此三品为铜三色也。今以目验铜有黄白赤三色,禹时亦当然也。王乃云金、银、铜,黄金、白银既不为币,施于器又寡,王注非也。"胡渭《禹贡锥指》云:"传曰:三品,金银铜也。《正义》曰:金就总名而云三品,黄金以下,惟有银与铜耳,故谓金、银、铜也。渭案:《史记·平准书》:虞夏之币,金为三品,或黄,或白,或赤。《汉书·食货志》:古者金有三等,黄金为上,白金为中,赤金为下。黄、白、赤即金、银、铜也。郑康成谓铜三色,非也。"以下并详为扬州产金、银、铜之处所,以实其说。孙星衍《尚书今古文注疏》云:"三色者,盖青、白、赤也。"详其引言,亦多言铜,惟铜以言白似不多见。以上三说,各有证辞。王说亦不可谓无理,兹并存之。②

**应勇案**:名物之解,郑、王亦多有不同,此其一也。《史记·集解》引曰:"郑玄曰:金三色也。"《正义》则曰:"郑玄以为金三品者,铜三色也。"此条伪孔用王肃说而不用郑说,《正义》亦如之。蔡《传》亦曰:"三品,金、银、铜也。"与王肃及伪孔传、《正义》同。

---

① 阮刻《十三经注疏》,页148下。
② 李振兴《王肃之经学》,页191。

胡渭亦不信郑说。孙星衍亦不用郑说。据陈乔枞、皮锡瑞等考，郑说为今文说，且以所谓"铜三色"，盖青、白、赤也。① 今刘起釪《尚书校释译论》则以郑说为是，因为古代以铜为金。②

**"……厥包橘柚，锡贡……"**

"郑玄：有锡则贡之。此州有锡而贡之，或时无，则不贡。锡，所以柔金也。"

"王肃：橘与柚，锡其命而后贡之，不常入，当继荆州之无也。"

伪孔传："小曰橘，大曰柚，其所包裹而致之者，锡命乃贡。言不常。"

《正义》："橘、柚二果，其种本别，以实相比，则柚大橘小，故云小曰橘，大曰柚。犹《诗传》云：大曰鸿，小曰鴈。亦别种也。此物必须裹送，故云其所包裹而送之。以须之有时，故待锡命乃贡。言不常也。文在篚下，以不常故耳。荆州纳锡大龟，豫州锡贡磬错，皆为非常，并在篚下。荆州言包，传云橘、柚也，文在篚上者，荆州橘、柚为善，以其常贡，此州则不常也。王肃云：橘与柚，锡其命而后贡之，不常入，当继荆州之无也。郑云：有锡则贡之。此州有锡而贡之，或时无，则不贡。锡，所以柔金也。《周礼·考工记》云：攻金之工，掌执金锡之齐故也。"③

**应勇案**：此条郑、王注可对应比勘者惟"锡贡"之解。伪孔传用王肃说而不用郑说。郑以此"锡"为金属之锡，则不涉"橘柚"之常有不常有；王与伪孔传以此"锡"为"锡命"之"锡"，才涉及橘柚之常有与否。《正义》申伪孔传说。锡命者，赐命也。蔡《传》与王肃与伪孔传同。刘起釪《尚书校释译论》以"郑玄、王肃、伪孔皆释

---

① 皮锡瑞《今文尚书考证》卷三。
② 参顾颉刚、刘起釪《尚书校释译论》，页632。
③ 阮刻《十三经注疏》，页149上。

为待锡命乃贡",①恐误。《正义》明引郑说曰:"锡,所以柔金也。"

**"……荥波既豬……"**

"马、郑、王本皆作'荥播',谓此泽名'荥播'。"史迁亦作"荥播"。

郑玄云:"今塞为平地,荥阳民犹谓其处为荥泽,在其县东。言在荥泽县之东也。"孙《疏》引郑康成曰:"沇水溢出河为泽也。今塞为平地,荥阳民犹谓其处为荥播,在其县东。《春秋》鲁闵公二年,卫侯及狄人战于荥泽。此其地也。"(孙《疏》,页170)

伪孔传:"荥泽波水已成遏豬。"《释文》:"……荥,泽也。波如字,马本作播。荥播,泽名。……"

《正义》:"沇水入河而溢为荥。荥是泽名。洪水之时,此泽水大动成波浪。此泽其时'波水已成遏豬',言壅遏而为豬,畜水而成泽,不滥溢也。郑云:今塞为平地,荥阳民犹谓其处为荥泽,在其县东。言在荥泽县之东也。马、郑、王本皆作'荥播',谓此泽名'荥播'。《春秋》闵二年卫侯及狄人战于荥泽。不名'播'也。郑玄谓卫、狄战在此地。杜预云:此荥泽当在河北,以卫败方始渡河,战处必在河北。盖此泽跨河南北,但在河内多而得名耳。"②

李振兴案:荥播,今本作"荥波"。《正义》云:马、郑、王皆作荥播。王言荥播,泽名。是也。王夫之《尚书稗疏》云:"荥波言豬,必有聚水。盖济溢南流,至荥阳之东,以地势下而聚,则所谓荥泽是已。至汉已堙为平地。"蒋廷锡《尚书地理今释》云:"即荥泽,在今河南开封府荥阳县南三里古城村。"……③

**应勇案**:郑详注此泽之具体位置,王则只简注其为泽名。此又郑、王经注之一大不同,即每见郑详注则王往往略解之,郑略注

---

① 顾颉刚、刘起釪《尚书校释译论》,页640。
② 阮刻《十三经注疏》,页149下—150上。
③ 李振兴《王肃之经学》,页193。

则王详解之。蔡《传》则谓荥、波为二水名,"济水自今孟州温县入河,潜行绝河,南溢为荥,在今郑州荥泽县西五里敖仓东南。敖仓者,古之敖山也。按今济水但入河,不復过河之南。荥渎水受河水,有石门,谓之荥口石门也。郑康成谓荥今塞为平地,荥阳民犹谓其处为荥泽。郦道元曰:禹塞淫水于荥阳,下引河东南以通淮泗。济水分河东南流,汉明帝使王景即荥水故渎东注浚仪,谓之浚仪渠,《汉志》谓荥阳县有狼荡渠首受济者是也,南曰狼荡,北曰浚仪,其实一也。波水,《周·职方》:豫州其川荥雒,其浸波溠。《尔雅》云:水自洛出为波。《山海经》曰:娄涿之山,波水出其阴,北流注于谷。二说不同,未说孰是。孔氏以荥波为一水者,非也。"似用伪孔传义。孙《疏》曰:"伪传以为'荥泽、波水已成遏豬',似二水名,失之。"孙星衍以马、郑、王之说为是,以"荥播是一泽"。(孙《疏》,页170)马、郑、王及《史记》均作"荥播",惟伪孔传作"荥波",证伪孔本非王肃伪也。

**"……西倾因桓是来,浮于潜,逾于沔……"**

郑康成云:"西倾,雍州之山也。雍、戎二野之间,人有事于京师者,道常由此州而来。桓是陇阪名,其道盘桓旋曲而上,故名曰桓。是今其下民谓是阪曲为盘也。《地理志》:西倾山在陇西临洮。"

王肃云:治西倾山,唯因桓水是来,言无他道。(《水经注》卷三十六)

伪孔传:"西倾,山名。桓水自西倾山南行。因桓水是来,浮于潜。汉上曰沔。"

《正义》:"下文导山有'西倾',知是山名也。《地理志》云:西倾在陇西临洮县西南。西倾在雍州,自西倾山南行,因桓水是来,浮于潜水也。《地理志》云:桓水出蜀郡蜀山,西南行羌中,入南海。则初发西倾,未有水也。不知南行几里得桓水也。下传云:

泉始出山为漾,水东南流为沔水,至汉中东行为汉水。是汉上曰沔。"①

李振兴案:王袭马说。《史记·夏本纪·集解》引马融云:"治西倾山,唯因桓水是来。言无余道也。"郑康成云:"西倾,雍州之山也。雍、戎二野之间,人有事于京师者,道常由此州而来。桓是陇阪名,其道盘桓旋曲而上,故名曰桓。是今其下民谓是阪曲为盘也。《地理志》:西倾山在陇西临洮。"(《水经·桓水注》)郑说乖误。段氏反曲为之说。(见孙《疏》)马说近之。蒋廷锡《尚书地理今释》云:"西倾山一名嵹台山,在今陕西巩昌府洮州卫西番界,延袤千里,外跨诸羌。桓水,一名白水,出今陕西岷州卫东南分水岭,至四川保宁府昭化县东入西汉水。"所言是也。就经之上下文观之,当为西倾山一带之贡品经由桓水运往京师。言别无他道也。②

应勇案:此条郑、王之异主要在"桓"字之解。郑以"桓"为"陇阪名",非水名。而王肃则以"桓"为水名。王承马说而伪孔传承马、王之说,不用郑说。《正义》申伪孔义。蔡《传》亦以"桓"为水名。孙星衍《尚书今古文注疏》之点校者陈抗、盛冬铃将上引一段郑玄注文断为:"西倾,雍州之山也。雍、戎二野之间,人有事于京师者,道常由此州而来。桓是,陇阪名。其道盘桓旋曲而上,故名曰桓是。今其下民谓是阪,曲为盘也。《地理志》:西倾山在陇西临洮。"以"桓是"为词,又曰"读是为氏……段玉裁读郑注'是阪'以为'今其下民谓坂为是,曲为桓也。'"(孙《疏》,页176)此即上引李振兴所言"段氏反曲为之说"者。孙星衍似仍以王说为是。陈乔枞以郑说为今文说,皮锡瑞则以郑说为"古文异说"。③ 今刘

---

① 阮刻《十三经注疏》,页150中。
② 李振兴《王肃之经学》,页194。笔者按:所引郑康成云之"道常由此州而来"之"州"疑为"山"字之误。
③ 皮锡瑞《今文尚书考证》卷三。

起釪《尚书校释译论》亦以郑说为非,以郦道元《水经注》等多说证"桓"当为水名。① 李振兴亦以王说为是。

"……织皮,崑崙、析支、渠、搜,西戎即叙。"

"郑玄云:衣皮之民,居此昆仑、析支、渠搜三山之野者,皆西戎也。"

"王肃云:昆崙在临羌西,析支在河关西;西戎,西域也。"(《史记·夏本纪·索隐》作:西戎,在西域。)

伪孔传:"织皮毛布,有此四国。在荒服之外,流沙之内。羌、髳之属,皆就次叙。美禹之功及戎狄也。"《释文》:"……马云:昆仑在临羌西……析支在河关西……《汉书》……朔方郡有渠搜县。《武纪》云北伐渠搜是也。髳……西戎国名。"

《正义》:"四国皆衣皮毛,故以'织皮'冠之。传言'织皮毛布,有此四国',昆崙也,析支也,渠也,搜也。四国皆是戎狄也。末以'西戎'揔之。此戎在荒服之外,流沙之内。《牧誓》云:武王伐纣,有羌、髳从之。此是羌、髳之属,禹皆就次叙。美禹之功远及戎狄,故记之也。郑玄云:衣皮之民,居此昆仑、析支、渠搜三山之野者,皆西戎也。王肃云:昆崙在临羌西,析支在河关西;西戎,西域也。王肃不言'渠搜'。郑并渠、搜为一。孔传不明。或亦以渠、搜为一,通'西戎'为四也。郑以昆崙为山,谓别有昆崙之山,非河所出者也。所以孔意或是地名、国号,不必为山也。"②

李振兴案:昆仑,国名。经言:"织皮,昆仑、析支、渠搜,西戎即叙。"此义即为昆仑、析支、渠搜三西戎之国贡织皮也。王氏云在临羌西,即言昆仑国在临羌西也。王承马说。《释文》引马融之言云:"昆仑在临羌西。"案:临羌故城在今青海西宁县西,汉赵

---

① 顾颉刚、刘起釪《尚书校释译论》,页735—736。
② 阮刻《十三经注疏》,页150下—151上。

充国屯田处。后汉护羌校尉屯临羌,其先屯安汉,在西宁县东。(《大清一统志》)郑康成以昆仑为山名。其言云……(见上引——笔者注)以经文言,郑说似逊。析支,《后汉书》作赐支,国名。阎若璩《潜丘札记》:"析支,在河州西南徼外。《禹贡》雍州有昆仑、析支。应劭曰:析支在河关西南千余里,羌人所居,谓之河曲羌。《后汉书·西羌传》:自河关之西,宾于赐支,至于河首,绵地千里,皆羌地。赐支,即《禹贡》析支也。《水经注》引司马彪曰:自赐支以西,宾于河首,羌居其右,河水东流,屈而东北,经赐支之地,是为河曲。"蒋廷锡《尚书地理今释》亦作如是说。案:河关,汉置县,盖取河之关塞也,故城在今甘肃导河县西,其地区在今青海北部至于贵德县界。("西戎即叙")王言是也。此汎指居于西域戎人之国。如经言"昆仑、析支、渠搜",即西域戎人之国也。我国自古即称西方之野蛮人为戎。如《诗·小雅·出车》:"赫赫南仲,薄伐西戎"。《礼记·曲礼下》:"其在东夷、北狄、西戎,虽大曰子。"《史记·匈奴传》:"夏道衰,公刘失其稷官,变于西戎,邑于豳。"《管子·小匡》:"故东夷、西戎、南蛮、北狄,中诸侯国,莫不宾服。"无不以西戎通称西域之国也。《汉书》更有《西域传》以统述其国。①

**应勇案:** 郑以渠、搜为一,与昆仑、析支均为山名,居此三山之野者,皆西戎衣皮之民也。王肃未释"渠搜",但解"昆仑"、"析支"承马说,似以其为地名或县名而非山名也。"崐崘",《史记》作"昆仑",《汉志》作"昆崘",旧解为山名者居多。"析支",《大戴礼记·五帝德》作"鲜支",《后汉书·西羌传》作"赐支"。值得注意的是,马融解"昆仑在临羌西……析支在河关西",并未明确"昆仑"、"析支"为山名抑或地名、国名。"渠搜",《逸周书·王会》作

---

① 李振兴《王肃之经学》,页 196。此条所引伪孔传、《正义》、李振兴案语之"昆仑"二字,用字各有不同,笔者录引时未作更改。

"渠叟",《汉志》同,师古注:"叟,读曰搜。"《大戴礼记·五帝德》则作"渠廋"。《穆天子传》作"巨蒐"。《凉州异物志》云:"古渠搜国在大宛北界。"①皮锡瑞亦以王肃以地名释之似较可信,"今《地理志》……朔方有渠搜县。"②王肃更与郑不同者,以"西戎"为西域。《史记·夏本纪·索隐》解西戎在西域。蔡《传》亦引《水经》曰:"河自朔方东转经渠搜县故城北",言"盖近朔方之地也",似不用郑说。但"西戎"之解,蔡《传》不用王说而近郑说也。据孙星衍考,"昆仑、析支、渠搜三山"之说者,郑说实与马说同,且孙氏极力为郑说寻找证据。(孙《疏》,页181)李振兴亦以王说为是。刘起釪《尚书校释译论》似亦倾向王肃说,不以昆仑、析支、渠搜为山名,而"西戎"之解则更倾向于郑注。③

**"导岍及岐,至于荆山……"**

"郑玄以为四列,导岍为阴列,西倾为次阴列,嶓冢为次阳列,岷山为正阳列。"

"马融、王肃皆为三条,导岍北条,西倾中条,嶓冢南条。"

伪孔传:"更理说所治山川首尾所在。治山通水,故以山名之。三山皆在雍州。"《释文》:"导音道,从首起也。岍,音牵,字又作汧,山名,一名吴岳,马本作开。"

《正义》:"上文每州说其治水登山,从下而上,州境隔绝,未得径通,今更从上而下,条说所治之山。本以通水,举其山相连属,言此山之傍所有水害皆治讫也。因冀州在北,故自北为始。从此'导岍'至'敷浅原',旧说以为三条。《地理志》云:《禹贡》北条荆山,在冯翊怀德县南;南条荆山在南郡临沮县东北。是旧有'三条'之说也。故马融、王肃皆为三条,导岍北条,西倾中条,嶓冢南

---

① 顾颉刚、刘起釪《尚书校释译论》,页758。
② 皮锡瑞《今文尚书考证》卷三。
③ 详参顾颉刚、刘起釪《尚书校释译论》,页759。

条。郑玄以为四列,导岍为阴列,西倾为次阴列,嶓冢为次阳列,岷山为正阳列。郑玄创为此说。孔亦当为三条也。岍与嶓冢言导,西倾不言导者①,史文有详略,以可知故省文也。○传'更理'至'雍州'。○正义曰:荆、岐上已具矣,而此复言之,以山势相连而州境隔绝,更从上理说所治山川首尾所在,揔解此下导山水之意也。其实通水而文称导山者,导山本为治水,故以导山名之。《地理志》云:吴岳在扶风岍县西,古文以为岍山;岐山在美阳县西北,荆山在怀德县。三山皆在雍州。"②

李振兴案:王沿马说。《正义》引马融云:"三条,导汧为北,西倾为中条,嶓冢为南条。"马氏此说,原于《汉书·地理志》。其言云:"《禹贡》北条荆山,在冯翊怀德县南;南条荆山,在南郡临沮县东北。"是旧有三条之说也。之后,郑康成有四列之说,蔡沈有两条纪说。发轫师于其《禹贡地理补义》中详之曰:"一为马融三条说,即导岍及岐,直至太行碣石,是为北条;西倾、朱围直至桐柏、陪尾,是为中条;导嶓冢、荆山、内方、大别,则在江北,衡山、敷浅原,则在江南,江北、江南同为南条。于理欠顺。二为郑玄之四列说,即导岍及岐直至太行、碣石为阴列;西倾、朱围直至桐柏、陪尾为次阴列;导嶓冢、荆山直至内方、大别为次阳列;岷山之阳至于敷浅原为正阳列。其说似较马氏为优。三为蔡沈之两条纪说,即以导岍及岐至于陪尾为北条,导嶓冢至于敷浅原为南条,大河大江为纪,而以郑氏之阴列为北条大河北境之山,以郑氏之次阴列为北条大河东境之山,以郑氏之次阳列为南条江汉北境之山,以郑氏之正阳列为南条江汉南境之山。然蔡氏以岍、岐、荆山在大河北境,朱围、鸟鼠在大河西境。自有未安。"以上三说,各有短长。兹就马、郑三条、四列两说,综合修正如左:1北条:导岍(陕西

---

① "者"字阮刻《十三经注疏》本模糊不清,似为"智"。据黄怀信整理本《尚书正义》(页226)当为"者"。
② 阮刻《十三经注疏》,页151上。参黄怀信整理本《尚书正义》,页226。

陇县西四十里)及岐(岐山县东北十里)至于荆山(富平县西南十里)逾于河,是为渭北三山。壶口、雷首(山西永济县东南十五里)至于太岳(霍县东南三十里),是为西河三山。底柱(山西平陆县东南五十里大河中)、析城(阳城县西南七十里)至王屋(河南济源山,西垣曲之界山),是为南河三山。太行、恒山至于碣石,是为东河三山。以上为北条北列。2 中条:西倾、岷山(两山近甘肃、青海、四川界)为中条之祖山,江河上源之分水岭。朱圉(甘肃甘谷县西南三里)、鸟鼠(渭源县西二十里)至于太华,是为渭南三山。熊耳(河南卢氏县西南五十里)、外方(指嵩山)、桐柏至于陪尾(湖北安陆县北六十里之横尾山),是为汉北四山。以上中条北列。导嶓冢(此指陕西沔县西之嶓冢)至于荆山(湖北漳县西南)、内方(湖北荆门县东南)至于大别(指汉阳城北之鲁山),是为汉南四山。以上为中条南列。3 南条:岷山之阳(岷山已入中条,其南诸山则入南条)至于衡山,过九江(洞庭湖)至于敷浅原(江西德安县南之博阳山,或指庐山),是为江南二山。以上为南条南列。以上三条、四列说,就区域连属系统排列,采马、郑之长,无蔡氏之短,较为适中。①

**应勇案**:此条郑、王异解亦为拓展性解说。解经有二种,一为就经字作简明的文字说解,一为根据内容进行拓展性解说。此为后者。所谓三条、四条者,如刘起釪所言,乃九州之山之自然形势寻其条理系统者。于此,王承马说而郑不同。伪孔传、《正义》均用王说而不用郑说。蔡沈则郑、王均不用而另立新说。据皮锡瑞考,"三条者,今文家说也;四列者,古文异说也。汉人多用三条之说……罕云四列"。② 其实郑玄只是将"南条"复分为二列而已。③

---

① 李振兴《王肃之经学》,页196—197。
② 皮锡瑞《今文尚书考证》卷三。
③ 顾颉刚、刘起釪《尚书校释译论》,页762—763。

**"……导弱水,至于合黎,余波入于流沙……"**

郑以"合黎"为山名。"郑康成曰:'山名。《地说》云:合黎山在酒泉会水县东北。'"(孙《疏》,页186)

王肃则云:合黎、流沙,是地名。(《史记·夏本纪·集解》。此条马国翰未辑。)

伪孔传:"合黎,水名,在流沙东。"《释文》:"弱,本或作溺。合如字。黎,力兮反。马云地名。"伪孔传:"弱水余波西溢入流沙。"

《正义》:"此下所导,凡有九水,大意亦自北为始,以弱水最在西北,水又西流,故先言之。黑水虽在河南,水从雍、梁西界南入南海,与诸水不相参涉,故又次之。四渎,江、河为大,河在北,故先言河也。汉入于江,故先汉后江。其济,发源河北,越河而南,与淮俱为四渎,故次济,次淮。其渭与洛,俱入于河,故后言之。计流水多矣,此举大者言耳。凡此九水,立文不同。弱水、黑水、沇水不出于山,文单,故以水配,其余六水,文与山连,既系于山,不须言水。积石山非河上源,记施功之处,故云导河积石,言发首积石起也。漾江先山后水,淮、渭、洛先水后山,皆是史文,详略无义例也。又淮、渭、洛言自某山者,皆是发源此山,欲使异于导河,故加'自'耳。郑玄云:凡言导者,发源于上未成流;凡言自者,亦发源于上未成流。必其俱未成流,何须别'导'与'自'?河出崐崘,发源甚远,岂至积石犹未成流而云导河也?○传'合黎'至'沙东'。○正义曰:弱水得入合黎,知合黎是水名。顾氏云:《地记书》:合黎,山名。但此水出合黎,因山为名。郑玄亦以为山名。《地理志》:张掖郡删丹县,桑钦以为导弱水自此,西至酒泉合黎。张掖郡又有居延泽在县东北,古文以为流沙。如《志》之言,酒泉郡在张掖郡西,居延属张掖,合黎在酒泉,则流沙在合黎之东,与此传不合。案经弱水西流,水既至于合黎,余波入于流沙,当如传文,合黎在流沙之东,不得在其西也。"①

李振兴案:马融谓合黎、流沙,均地名。(《释文》。《史记·夏本纪·集解》)王承马说也。郑康成云:"《地说》:合黎山在酒泉会水县东北。"(《史记·夏本纪·索隐》)是康成以合黎为山名也。《隋书·地理志》:"张掖县有合黎山。"《元和志》:"合黎山,俗名要涂山,在张掖县西北二百里。"《括地志》:"兰门山,名合黎山,一名穷山,在删丹县西南七十里,弱水所出。"案:应以在张掖西北为是。流沙,马云地名,郑康成云:"《地理志》:流沙居延县西北,名居延泽。《地记》曰:弱水西流入合黎山,余波入于流沙,通于南海。"(《史记·夏本纪·集解》)屈万里先生云:"流沙,即沙漠。此谓甘肃鼎新县以东之沙漠,在今宁夏省。"(《尚书释义》)以地校之,是说为长。此马、王之所以为地名欤?②

应勇案:此条郑、王之异主要在"合黎"之解,并涉"流沙"。郑以"合黎"为山名,与前"昆仑、析支、渠搜"之解同。王肃以"合黎"与"流沙"同,俱是地名,非山名。此条伪孔传少见地既不用郑,与不用王,另立新解,以"合黎"为水名。《正义》从伪孔传。同在唐代的颜师古则以合黎为山名。《水经·山水泽地篇》:"合离山,在酒泉会水县东北(大典本误作西北)。"郦注:"合黎,山也。"③后人以为山名者或据自《水经注》,郑玄之说则源于纬书如上《地记书》也。郑玄为笃信谶纬者也。④ 王肃说承自马融。蔡《传》亦以"合黎"为山名。刘起釪则以郑说为是。⑤

---

① 阮刻《十三经注疏》,页 151 中—下。参黄怀信整理本《尚书正义》,页 230。
② 李振兴《王肃之经学》,页 198。文中所引《括地志》,李振兴原引作"《汉书·括地志》……",似有误。《汉书》无《括地志》,《地理志》亦无此文。《史记·夏本纪》正义引《括地志》云:"兰门山,一名合黎,一名穷石山,在甘州删丹县西南七十里。"《淮南子》云:"弱水源出穷石山……"
③ 顾颉刚、刘起釪《尚书校释译论》,页 784。参皮锡瑞《今文尚书考证》卷三。
④ 参拙著《郑玄通学及郑王之争研究》。
⑤ 顾颉刚、刘起釪《尚书校释译论》,页 784—785。

**"……同为逆河,入于海……"**

郑注:"下尾合,名为逆河,言相向迎受。"孙《疏》引曰:"下尾合,名曰逆河,言相逆受也。"(孙《疏》,页192)

"王肃云:同逆一大河,纳之于海。其意与孔同。"

伪孔传:"同合为一大河,名逆河,而入于渤海。皆禹所加功,故叙之。"

《正义》:"传言九河将欲至海,更同合为一大河,名为逆河,而入于渤海也。郑玄云:下尾合,名为逆河,言相向迎受。王肃云:同逆一大河,纳之于海。其意与孔同。"①

李振兴案:伪传云:"同合为一大河,名逆河,而入于海。"《正义》曰:"郑玄云:下尾合,名为逆河,言相迎受。"王云同逆一大河,纳于海。其义与郑同。②

**应勇案**:此条郑、王义基本相同,只是表述不同而已。唐徐坚《初学记》:"逆,迎也。言海口有朝夕潮以迎河。"(孙《疏》,页193)而依蔡《传》,则郑、王有不同。蔡《传》以"逆河"为具体河名,又不知其具体方位,故曰:"滎水、大陆、九河、逆河,皆难指实。"据皮锡瑞考,今文作"同为迎河,入于勃海。"③更见"逆河"非指具体河名也。

**"……过三澨,至于大别……"**

郑玄云:三澨,水名也,在江夏竟陵之界。

王肃云:三澨,水名也。(《水经注》卷四十引马融、王肃)

伪孔传:"三澨,水名,入汉。大别,山名。"④

李振兴案:马融曰:"三澨,水名也。"郑康成同,曰:"三澨在江

---

① 阮刻《十三经注疏》,页151下—152上。
② 李振兴《王肃之经学》,页198。
③ 皮锡瑞《今文尚书考证》卷三。
④ 阮刻《十三经注疏》,页152上。

夏竟陵之界。"《水经注》云："服虔或谓之邑,或又谓之地。京相璠、杜预亦云:水际及边地名也。惟郑玄及刘澄之言在竟陵界。"又《史记·索隐》云："今竟陵有三参水,俗名是三澨水。"为郑氏所本。竟陵在今湖北天门县。①

**应勇案：** 此条马、郑、王、伪孔均同。郑解较王注略详。

## "……又东至于澧……"

郑注：澧,陵名也。大阜曰陵。长沙有澧陵县,其以陵为名乎?（《史记·集解》、《正义》）

王注：澧,水名。（《史记·夏本纪·集解》引马融、王肃。王与马同。）

伪孔传："澧,水名。"

《正义》："郑玄以此经自'导弱水'已下言'过'、言'会'者,皆是水名,言'至于'者,或山或泽,皆非水名,故以'合黎'为山名,'澧'为陵名。郑玄云:今长沙郡有澧陵县,其以陵名为县乎?孔以'合黎'与'澧'皆为水名,弱水余波入于流沙,则本源入合黎矣。合黎得容弱水,知是水名。《楚辞》曰:濯余佩兮澧浦。是澧亦为水名。"②

李振兴案：醴,今本作澧。史公作醴。马融曰水名,王氏从之。《水经》云："澧水东至长沙下巂西北,东入于江。"注云："澧水流注于洞庭湖。"又《水经》云："江水又东,至长沙下巂县北,澧水、沅水、资水合,东流注之。"孙《疏》云："澧水注湖,由湘达江,在今洞庭湖北。故马氏以为水名也。"《正义》引《楚辞》曰："'濯余佩兮澧浦'。是澧亦水名。"然而郑康成以为陵名（《正义》）,其说与马、王异。应以名水为是。③

**应勇案：** 由此条可知,郑于《禹贡》地理有系统之解,并非简

---

① 李振兴《王肃之经学》,页 199。
② 阮刻《十三经注疏》,页 152 上。
③ 李振兴《王肃之经学》,页 199。

单地随文释义。此条王承马说而与郑大不同,伪孔传则从马、王之说而与郑异,《正义》从伪孔。《史记·索隐》亦以"醴"为水名为是,同马、王之说。蔡《传》亦以"澧"为水名。皮锡瑞考,今文"澧"作"醴",《史》《汉》皆作"醴",亦以水名为是。① 据段氏《撰异》,《唐石经》以下"醴"作"澧",盖依卫包妄改。刘起釪《尚书校释译论》亦以"醴"为水名为是。②

**"……导渭自鸟鼠同穴……"**

郑注:"鸟鼠之山有鸟焉,与鼠飞行而处之。又有止而同穴之山焉。是二山也。鸟名为鵌,似鵽而黄黑色。鼠如家鼠而短尾。穿地而共处,鼠内而鸟外。"(孙《疏》,页199—200)

王注:鸟鼠、同穴,皆山名。(《诗·秦风·郑谱·正义》)

伪孔传:"鸟鼠,其为雌雄同穴处此山,遂名山曰鸟鼠,渭水出焉。"

《正义》:"《释鸟》云:鸟鼠同穴,其鸟为鵌,其鼠为鼵。李巡曰:鵌、鼵,鸟、鼠之名,共处一穴,天性然也。郭璞曰:鼵如人家鼠而短尾,鵌似鵽而小,黄黑色,穴入地三四尺,鼠在内,鸟在外,今在陇西首阳县有鸟鼠同穴山。《尚书》孔传云共为雄雌。张氏《地理记》云不为牝牡。璞并载此言,未知谁得实也。《地理志》云:陇西首阳西南有鸟鼠同穴山,渭水所出,至京兆北沿司空县入河,过郡四,行千八百七十里。"③

李振兴案:王氏既云皆山名,是分鸟鼠、同穴为二山也。其说与郑同。郑氏云:……(见上引——笔者注)。鸟名为鵌,似鵽而黄黑色,鼠如家鼠而短尾,穿地而共处,鼠内而鸟外。《地说》曰:"鸟鼠山,同穴之枝干也。渭水出其中,东北过同穴枝间。"既言其

---

① 皮锡瑞《今文尚书考证》卷三。
② 顾颉刚、刘起釪《尚书校释译论》,页799。
③ 阮刻《十三经注疏》,页152中。参黄怀信整理本《尚书正义》,页237。

过,明非一山也。郑说本此。又案:胡渭《禹贡锥指》云:"鸟鼠、同穴四字为一山之名。上文从省(雍州)曰鸟鼠,以全举四字。盖属辞之体,详略各有所宜也。《元和志》:'渭川,渭源县为鼠山,一名青雀山,在县西七十六里,渭水所出,有三源,并下。'而《县志》谓鸟鼠在县西二十里,又西五里为南谷山。恐非。"屈万里先生亦以鸟鼠同穴为山名,在今甘肃渭源县。①

**应勇案**:此条郑、王似异而实无大异,伪孔传则显然融合郑、王之说而微异。郑解较王解为详。王注文据李振兴引,见于《诗·秦风·郑谱·正义》。蔡《传》曰:"同穴,山名。《地志》云:鸟鼠山者,同穴之枝山也……孔氏曰:鸟鼠共为雌雄,同穴而处。其说怪诞不经,不足信也。"是亦以鸟鼠、同穴为二山名也。孙星衍《尚书今古文注疏》以为,郑玄以鸟鼠、同穴为二山,亦源自纬书。(孙《疏》,页200)

"……五百里甸服,百里纳总,二百里纳铚,三百里纳秸服,四百里粟,五百里米;五百里侯服,百里采,二百里男邦,三百里诸侯;五百里绥服,三百里揆文教,二百里奋武卫;五百里要服,三百里夷,二百里蔡;五百里荒服,三百里蛮,二百里流……"

(1)蛮,"郑云:蛮者,听从其俗,羁縻其人耳,故云蛮。蛮之言缗也。其意言蛮是缗也。缗是绳也。言蛮者,以绳束物之名。""王肃云:蛮,慢也,礼仪简慢。与孔异。"

(2)关于经文所述疆土之大小,"郑玄以为,五服,服别五百里,是尧之旧制,及禹弼之,每服之间,更增五百里,面别至于五千里,相距为方万里";"司马迁与孔意同,王肃亦以为然,故肃注此云:贾、马既失其实,郑玄尤不然矣,禹之功在平治山川,不在拓境广土,土地之广,三倍于尧,而《书》传无称也,则郑玄创造,难可据

---

① 李振兴《王肃之经学》,页199。

信。汉之孝武,疲弊中国,甘心夷狄,天下户口,至减太半,然后仅开缘边之郡而已,禹方忧洪水,三过其门不入,未暇以征伐为事。且其所以为服之名,轻重颠倒,远近失所,难得而通矣。先王规方千里以为甸服,其余均分之公、侯、伯、子、男,使各有寰宇,而使甸服之外诸侯入禾藁,非其义也。史迁之旨,盖得之矣。是同于孔也。""史迁之旨以为诸小数者,皆是五百里服之别名,大界与尧不殊。盖得之矣。"(《诗·商颂·殷武·正义》)

伪孔传:"规方千里之内谓之甸服,为天子服治田,去王城面五百里。"

《正义》:"既言九州同风,法壤成赋,而四海之内,路有远近,更叙'弼成五服'之事。甸、侯、绥、要、荒五服之名,尧之旧制。洪水既平之后,禹乃为之节文,使赋役有恒,职掌分定。甸服去京师最近,赋役尤多,故每于百里即为一节。侯服稍远,近者供役,故二百里内各为一节,三百里外共为一节。绥、要、荒三服去京师益远,每服分而为二,内三百里为一节,外二百里为一节。以远近有较,故其任不等。甸服入谷,故发首言赋税也。赋令自送入官,故三百里内每皆言'纳',四百里、五百里不言'纳'者,从上省文也。于三百里言'服'者,举中以明上下,皆是服王事也。侯服以外贡不入谷,侯主为斥候,二百里内徭役差多,故各为一名,三百里外同是斥候,故共为一名。自下皆先言三百里,而后二百里,举大率为差等也。○传'规方'至'百里'。○正义曰:先王规方千里以为甸服,《周语》文。《王制》亦云千里之内曰甸。郑玄云:服,治田出谷税也。言甸者,主治田,故服名甸也。"

伪孔传:"甸服内之百里近王城者。禾藁曰緫,入之供饲国马。"

《正义》:"○传'甸服'至'国马'。○正义曰:去王城五百里緫名甸服。就其甸服内又细分之,从内而出,此为其首,故云甸服之内近王城者。緫者,緫下铚、秸、禾穗与藁,緫皆送之,故云'禾藁曰緫，入之供饲国马'。《周礼·掌客》待诸侯之礼有刍有禾。此緫是也。"

伪孔传："铚，刈，谓禾穗。"

《正义》："○传'铚刈谓禾穗。'○正义曰：刘熙《释名》云：铚，获禾铁也。《说文》云：铚，获禾短鎌也。《诗》云：奄观铚刈。用铚刈者谓禾穗也。禾穗用铚以刈，故以铚表禾穗也。"

伪孔传："秸，藁也。服藁役。"

《正义》："○传'秸，藁也。服藁役。'○正义曰：《郊特牲》云：莞簟之安而藁秸之设。秸亦藁也，双言之耳。去穗送藁，易于送穗，故为远弥轻也，然计什一而得藁粟皆送，则'秸服'重于'纳铚'，则乖近重远轻之义。盖纳粟之外，斟酌纳藁。'服藁役'者，解经'服'字。于此言'服'，明上下'服'皆并有所纳之役也。四百里犹尚纳粟，此当藁粟别纳，非是徒纳藁也。"

伪孔传："所纳精者少，粗者多。"

《正义》："○传'所纳'至'者多'。○正义曰：直纳粟米为少，禾藁俱送为多，其于税也，皆当什一，但所纳有精粗，远轻而近重耳。"

伪孔传："甸服之外五百里。侯，候也，斥候而服事。"

《正义》："○传'甸服'至'服事'。○正义曰：侯，声近候，故为候也。襄十八年《左传》称晋人伐齐，使司马斥山泽之险。斥，谓检行之也。斥候，谓检行险阻，伺候盗贼。此五百里主为斥候而服事天子，故名侯服。因见诸言'服'者，皆是服事也。"

伪孔传："侯服内之百里，供王事而已，不主一。"

《正义》："○传'侯服'至'主一'。○正义曰：'采'训为事。此百里之内主供王事而已。事，谓役也。有役则供，不主于一，故但言'采'。"

伪孔传："男，任也，任王者事。"

《正义》："○传'男，任也，任王者事。'○正义曰：男，声近任，故训为任。'任王者事',任受其役。此任有常,殊于不主一也。言'邦'者,见上下皆是诸侯之国也。"

伪孔传:"三百里同为王者斥候,故合三为一名。"

《正义》:"○传'三百'至'一名'。○正义曰:经言'诸侯'者,三百里内同为王者斥候,在此内所主事同,故合三百、四百、五百共为一名。言诸侯以示义耳。"

伪孔传:"绥,安也。侯服外之五百里,安服王者之政教。"

《正义》:"○传'绥安'至'政教'。○正义曰:'绥,安',《释诂》文。要服去京师已远,王者以文教要束使服。此绥服路近,言'安服王者政教',以示不待要束而自服也。《周语》云:先王之制,邦内甸服,邦外侯服,侯卫宾服,夷蛮要服,戎狄荒服。彼宾服,当此绥服。韦昭云:以文武侯卫为安,王宾之,因以名服。然则'绥'者,据诸侯安王为名;'宾'者,据王敬诸侯为名。彼云先王之制,则此'服'旧有二名。"

伪孔传:"揆,度也。度王者文教而行之。三百里皆同。"

《正义》:"○传'揆度'至'皆同'。○正义曰:《释诂》训揆为度。故双言之。以王者有文教,此服诸侯揆度王者政教而行之。必自揆度,恐其不合上耳。即是安服王者之义。"

伪孔传:"文教外之二百里奋武卫,天子所以安。"

《正义》:"○传'文教'至'以安'。○正义曰:既言三百,又言二百,嫌是三百之内。以下二服文与此同,故于此解之。此是文教外之二百里也,由其心安王化,奋武以卫天子,所以名此服为安也。内文而外武,故先揆文教,后言奋武卫。所从言之异,与安之义同。奋武卫天子,是其安之验也。言服内诸侯心安天子,非言天子赖诸侯以安也。"

伪孔传:"绥服外之五百里,要束以文教。"

《正义》:"○传'绥服'至'文教'。○正义曰:要者,约束之义。上言'揆文教',知要者,要束以文教也。绥服自揆天子文教,恐其不称上旨,此要服差远,已慢王化,天子恐其不服,乃以文教要服之。名为'要',见其疎远之义也。"

伪孔传:"守平常之教,事王者而已。"《释文》:"马云:夷,易也。"伪孔传:"蔡,法也。法三百里而差简。"

《正义》:"○传'蔡法'至'差简'。① ○正义曰:蔡之为法,无正训也。上言'三百里夷'。夷,训平也。言守平常教耳。此名为蔡,义简于夷,故训蔡为法。法则三百里者,去京师弥远,差復简易,言其不能守平常也。"

伪孔传:"要服外之五百里,言荒又简略。"

《正义》:"○传'要服'至'简略'。○正义曰:服名荒者,王肃云:政教荒忽,因其故俗而治之。传言'荒又简略',亦当以为荒忽又简略于要服之'蔡'也。"

伪孔传:"以文德,蛮来之,不制以法。"

《正义》:"○传'以文'至'以法'。○正义曰:郑云:蛮者,听从其俗,羁縻其人耳,故云蛮。蛮之言缗也。其意言蛮是缗也。缗是绳也。言蛮者,以绳束物之名。揆度文教,《论语》称远人不服,则修文德以来之。故传言'以文德,蛮来之'。不制以国内之法强逼之。王肃云:蛮,慢也,礼仪简慢。与孔异。然甸、侯、绥、要四服俱有三日之役,什一而税,但'二百里蔡'者,税征差简。其荒服力役、田税并无。故郑注云:蔡之言杀,杀其赋。荒服既不役作其人,又不赋其田事也。其侯、绥等所出税赋各入本国,则亦有纳总、纳铚之差,但此据天子立文耳,要服之内皆有文教,故孔于'要服'传云:'要束以文教。'则知已上皆有文教可知。独于绥服三百里云'揆文教'者,以去京师既远,更无别供,又不近外边,不为武卫,其要服又要束始行文教,无事而能揆度文教而行者,惟有此三

---

① "守平常之教,事王者而已"一句伪孔传文无对应之《正义》。黄怀信整理本《尚书正义》亦无。

百里耳。'奋武卫'者,在国习学兵武,有事则征讨夷狄。不于要服内奋武卫者,以要服逼近夷狄,要束始来,不可委以兵武。"

伪孔传:"流,移也。言政教随其俗。凡五服相距为方五千里。"

《正义》:"○传'流移'至'千里'。○正义曰:流,如水流,故云移也。其俗流移无常,故政教随其俗,任其去来,不復蛮来之也。凡五服之别,各五百里,是王城四面,面别二千五百里,四面相距为方五千里也。贾逵、马融以为甸服之外百里至五百里米,特有此数,去王城千里,其侯、绥、要、荒服各五百里,是面三千里,相距为方六千里。郑玄以为,五服,服别五百里,是尧之旧制,及禹弼之,每服之间,更增五百里,面别至于五千里,相距为方万里。司马迁与孔意同,王肃亦以为然,故肃注此云:贾、马既失其实,郑玄尤不然矣,禹之功在平治山川,不在拓境广土,土地之广,三倍于尧,而《书》传无称也,则郑玄创造,难可据信。汉之孝武,疲弊中国,甘心夷狄,天下户口,至减太半,然后仅开缘边之郡而已,禹方忧洪水,三过其门不入,未暇以征伐为事。且其所以为服之名,轻重颠倒,远近失所,难得而通矣。先王规方千里以为甸服,其余均分之公、侯、伯、子、男,使各有寰宇,而使甸服之外诸侯入禾藁,非其义也。史迁之旨,盖得之矣。是同于孔也。若然,《周礼》王畿之外别有九服,服别五百里,是为方万里,復以何故三倍于尧?又《地理志》言汉之土境东西九千三百二里,南北万三千三百六十八里。验其所言,山川不出《禹贡》之域。山川戴地,古今必同,而得里数异者,《尧典》、周、汉,其地一也,《尚书》所言,据其虚空鸟路,方直而计之,《汉书》所言,乃谓著地人迹屈曲而量之,所以数不同也。故王肃上篇注云:方五千里者,直方之数,若其迴邪委曲,动有倍加之较。是言经指直方之数,汉据迴邪之道,有九服、五服,其地虽同,王者革易,自相变改其法,不改其地也。郑玄不言禹变尧法,乃云地倍于尧,故王肃所以难之。《王制》云:西不尽流沙,东不尽东海,南不尽衡山,北不尽恒山,凡四海之内,断长补短,方三千里者。彼自言不尽,明未至远界。且《王制》汉世为之,不可与经合也。"①

李振兴案:《诗·周颂·天作·正义》引王肃难曰:郑云禹之时土广三倍于尧。计万里,为方五千里者四。而肃云三倍,则除本而三。五百里荒服者,史公以为要服外五百里荒服。马融则谓:政教荒忽,因其故俗而治之。韦昭注《周语》"戎狄荒服"云:"与戎狄同俗,故谓之荒。荒,荒忽无常之言也。"义与马同。再者,马氏以百里纳总,至二百里、三百里,俱在甸服之内,史公则以为在王城之外,甸服之内。与史公说又异。"三百里蛮,二百里流"者,今《尚书》欧阳、夏侯说中国方五千里,古《尚书》说五服旁五千里,相距万里。马融曰:"蛮,慢也。礼简怠慢。来不距,去不禁,流行无城郭,常居甸服之外,每百里为差,所纳总、铚、秸、粟、米者。是甸服之外,特为此数。其侯服之外,每言三百里者,还就其服之内别为名耳,非是服外更有其地也。甸服之外五百里,至王城千里,其侯、绥、要、荒各五百里,是面三千里,相距为方六千里。"郑氏别以为五服,服别五百里,是尧之旧制,及禹弼之,每服之间,更增五百里,面别至于五千里,相距为方万里。史公与孔传同,王肃亦以为然,故肃注此经云:"贾、马既失其实,郑玄尤不然矣。"孙《疏》引《诗·殷武·疏》辨王肃之非郑云:"传称禹会诸侯于涂山,执玉帛者万国。执玉帛者,惟中国耳,若要服之内,唯止四千,率以下等计之,正容六千余国。况诸侯之大,地方百里,三等分土,才容数千,安得有万国之言乎?"其辞甚当。又云:"案《禹贡》山川,皆在汉时郡县之内。汉地广万里,则如禹时五服亦然,不得谓郑说异于今文之非也。"今古文之说互异,各执所见,其来

---

① 阮刻《十三经注疏》,页153中、下。参黄怀信整理本《尚书正义》,页240—246。

有自。孙氏之言是矣。①

**应勇案：** 此条涉及残存之郑、王经注可对应比勘者主要有二：(1)如何理解经文中"五百里荒服，三百里蛮，二百里流"之"蛮"字。这是经学家们想象中国家最外围的政治、文化辐射区，所占据的辐射半径为五百里，其中靠内的三百里，经文中称之为"蛮"。郑以为"蛮者，听从其俗，羁縻其人耳，故云蛮。蛮之言缗也。""其意言蛮是缗也。缗是绳也。言蛮者，以绳束物之名。""王肃云：蛮，慢也，礼仪简慢。与孔异。"王肃之解与马同。而伪孔传解为："以文德，蛮来之，不制以法。"马、王之解是从其本身之文化特色言之；郑则既解其文化特色，又从其政治统治方式言之；伪孔传则只从政治统治方式言之。郑、王、伪孔各自之解释角度有所不同。(2)理想中古圣先王所规划出来的中华帝国版图到底有多大？此问题自汉以来经学家们争议颇多，受关注程度相当高。本来，中国历来是个版图大、人口众多、族群众多的国家，如何建设这个国家，使之和谐而又团结统一，这是以儒家典籍为主要经典依据的政治家、经学家们非常关注的问题。经学家们将理想的古代圣王统治下的中国版图想象得非常整齐划一而又分合有序，以王城为中心，国家的政治、文化有序地向四周辐射，由近及远，贡赋徭役也轻重合理，各不同半径距离内的人群被整合得井然有序。这样的理想主义国家模式一直是经学家们的治国蓝图。据孔颖达《正义》所引，司马迁、王肃与伪孔传都认为经文中所述及的"五服"蓝图当理解为方五千里，即服各五百里，五服二千五百里，即面别二千五百里，共方五千里；马融与贾逵则云方六千里，即面各三千里，因为除五服外，中间另有一个专门纳供的五百里区域，即此经文中所述甸服之外的"百里纳总，二百里纳铚，三百里纳秸服，四百里粟，五百里米"，介于甸服与侯服之间。郑玄则云方

---

① 李振兴《王肃之经学》，页200—201。

万里,认为尧时五服本各五百里,即方五千里,至禹时五服各增五百里,至于面各千里,共为方万里。(参前文)王肃为此对郑玄之说大加攻驳。据孙星衍《尚书今古文疏证》考,方五千里说为今《尚书》欧阳、夏侯说;方万里说为古《尚书》说。而贾、马之说又有不同。李振兴的述"万国"问题,此条《正义》未及,此不论。①

---

① 参见上文《益稷》篇条目。

## 《盤庚上》①

**"盤庚五迁,将治亳殷……盤庚迁于殷……于今五邦……"**

(1)"民不欲迁而盤庚必迁者,郑玄云:祖乙居耿,后奢侈踰礼,土地迫近山川,尝圮焉。至阳甲立,盤庚为之臣,乃谋徙居汤旧都。又序注云:民居耿久,奢淫成俗,故不乐徙。""王肃云:自祖乙五世至盤庚元兄阳甲,宫室奢侈,下民邑居垫隘,水泉泻卤,不可以行政化,故徙都于殷。"《正义》:"……皆言奢侈。郑玄既言君奢,又言民奢。王肃专谓君奢。……"

(2)又,郑、王皆云汤自商徙亳,数商、亳、嚻、相、耿为五。

伪孔传:"自汤至盤庚凡五迁都,盤庚治亳殷。"《释文》:"盤,本又作般……。"

《正义》:"商自成汤以来屡迁都邑,仲丁、河亶甲、祖乙皆有言语历载于篇,盤庚最在其后,故序揔之'自汤至盤庚凡五迁都'。今盤庚将欲迁居而治于亳之殷地,民皆恋其故居,不欲移徙,咨嗟忧愁,相与怨上,盤庚以言辞诰之。史叙其事,作《盤庚》三篇。……上文言自契至成汤八迁,并数汤为八,此言'盤庚五迁',又并数汤为五,汤一人再数,故班固云:殷人屡迁,前八后五。其实正十二也。……汤迁还从先王居也。《汲冢古文》云:

---

① 《孔传序》曰:伏生本《盤庚》三篇合为一。熹平石经尚合为一。后人分而为三。《尧典正义》曰郑注《尚书》分《盤庚》为三。参陈梦家《尚书通论(外二种)》,页85—107。但当代《尚书》学家刘起釪则认为,早在今文《尚书》的传人欧阳氏时,《盤庚》已被分割为上、中、下三篇。且刘起釪根据清人俞樾的意见,以传统的《盤庚中》为上篇,《盤庚下》为中篇,《盤庚上》为下篇。(可参《群经平议》卷四)——顾颉刚、刘起釪《尚书校释译论》,页901。本书所录则仍依传统的上、中、下三篇次序。

盤庚自奄迁于殷，殷在邺南三十里。束皙云：《尚书序》：'盤庚五迁，将治亳殷。'旧说以为居亳，亳殷在河南。孔子壁中《尚书》云'将始宅殷。'是与古文不同也。《汉书·项羽传》云：洹水南殷墟上。今安阳西有殷。束皙以殷在河北，与亳异也。然孔子壁内之《书》，安国先得其本，此'将治亳殷'，不可作'将始宅殷。''亳'字摩灭，容或为'宅'，壁内之《书》，安国先得，'治'皆作'乱'，其字与'始'不类，无缘误作'始'字。知束皙不见壁内之《书》，妄为说耳。若洹水南有殷墟，或当余王居之，非盤庚也。盤庚治于亳殷，纣灭在于朝歌，则盤庚以后迁于河北。盖盤庚后王有从河南亳地迁于洹水之南，后又迁于朝歌。……仲丁、祖乙亦是迁都，序无民怨之言，此独有怨者，盤庚，祖乙之曾孙也，祖乙迁都于此，至今多历年世，民居已久，恋旧情深，前王三徙，诰令则行，晓喻之易，故无此言，此则民怨之深，故序独有此事。彼各一篇而此独三篇者，谓民怨上，故劝诱之难也。民不欲迁而盤庚必迁者，郑玄云：祖乙居耿，后奢侈踰礼，土地迫近山川，尝圮焉。至阳甲立，盤庚为之臣，乃谋徙居汤旧都。又序注云：民居耿久，奢淫成俗，故不乐徙。王肃云：自祖乙五世至盤庚元兄阳甲，宫室奢侈，下民邑居垫隘，水泉泻卤，不可以行政化，故徙都于殷。皇甫谧云：耿在河北，迫近山川，自祖辛以来，民皆奢侈，故盤庚迁于殷。此三者之说，皆言奢侈。郑玄既言君奢，又言民奢。王肃专谓君奢。皇甫谧专谓民奢。言君奢者，以天子宫室奢侈侵夺下民。言民奢者，以豪民室宇过度，逼迫贫乏，皆为细民弱劣无所容居，欲迁都改制以宽之，富民恋旧，故违上意不欲迁也。案检孔传无奢侈之语，惟下篇云：今我民用荡析离居，罔有定极。传云：水泉沉溺，故荡析离居，无安定之极，徙以为之极。孔意盖以地势洿下，又久居水变，水泉泻卤，不可行化，故欲迁都，不必为奢侈也。此以君名名篇，必是为君时事，而郑玄以为上篇是盤庚为臣时事，何得专辄谬妄也！"

《释文》:"盤庚,殷王名。马云祖乙曾孙,祖丁之子。不言《盤庚诰》何? 非但录其诰也,取其徙而立功,故以《盤庚》名篇。"

《正义》:"此三篇皆以民不乐迁,开解民意,告以不迁之害,迁都之善也。中、上二篇未迁时事,下篇既迁后事。上篇人皆怨上,初启民心,故其辞允切。中篇民已少悟,故其辞稍缓。下篇民既从迁,故辞复益缓。哀十一年《左传》引此篇云《盤庚之诰》,则此篇皆诰辞也。题篇不曰《盤庚诰》者,王肃云:取其徙而立功,故但以《盤庚》名篇。然仲丁、祖乙、河亶甲等皆以王名篇,则是史意异耳,未必见他义。……《史记·殷本纪》云:盤庚崩,弟小辛立,殷复衰,百姓思盤庚,乃作《盤庚》三篇。与此序违,非也。郑玄云:盤庚,汤十世孙,祖乙之曾孙,以五迁继汤。……"

伪孔传:"……汤迁亳,仲丁迁嚣,河亶甲居相,祖乙居耿,我往居亳,凡五徙国都。"《释文》:"马云:五邦,谓商丘、亳、嚣、相、耿也。"

《正义》:"盤庚欲迁于亳之殷地,其民不欲适彼殷地,别有邑居,莫不忧愁,相与怨上,盤庚率领和谐其众忧之人,出正直之言以晓告曰:我先王初居此者,从旧都来于是,宅于此地。所以迁于此者,为重我民,无欲尽杀故。先王以久居垫隘,不迁则死,见下民不能相匡正以生,故谋而来徙,以徙为善,未敢专决,又考卜于龟以徙。既获吉兆,乃曰:其如我所行。欲徙之吉。先王成汤以来,凡有所服行,敬顺天命,如此尚不常安,可徙则徙,不常其邑,于今五邦矣。今若不承于古,徙以避害,则是无知,天将断绝汝命矣。天将绝命尚不能知,况曰其能从先王之基业乎? 今我往迁都,更求昌盛,若颠仆之木有用生蘖哉,人衰更求盛,犹木死生蘖哉。我今迁向新都,上天其必长我殷之王命于此新邑,继复先王之大业,致行其道,以安四方之人。我徙欲如此耳,汝等何以不愿徙乎? 前云若不徙以避害,则天将绝汝命,谓绝臣民之命,明亦绝我殷王之命。复云若迁往新都,天其长我殷之王命,明亦长臣民之命。互文也。……亳是大名,殷是亳内之别名。郑玄云:商家自徙此而号曰殷。郑以此前未有殷名也。中篇云：殷降大虐，将迁于殷，先正其号名。知于此号为殷也。虽兼号为殷，商名不改，或称殷，又有兼称殷商。《商颂》云：商邑翼翼，挞彼殷武。是单称之也。又《大雅》云：殷商之旅，咨汝殷商。是兼称之也。亳是殷地大名，故殷社谓之亳社。其亳，郑玄以为偃师，皇甫谧以为梁国谷熟县，或云济阴亳县。说既不同，未知谁是。……孔以祖乙圮于相地，迁都于耿，今盘庚自耿迁于殷，以我王为祖乙。此，谓耿也。……水泉咸卤，不可行化，王化不行，杀民之道。先王所以决欲迁此者，重我民，无欲尽杀故也。……是迁必卜也。……下云'于今五邦'，自汤以来数之，则此言先王，揔谓成汤至祖乙也。……孔以盘庚意在必迁，故通数我往居亳为五邦。郑、王皆云汤自商徙亳，数商、亳、嚚、相、耿为五，计汤既迁亳始建王业。此言先王迁都，不得远数居亳之前充此数也。……"①

李振兴案：盘，《熹平石经》作般。《汉书·扬雄传》："般庚所迁。"亦作般。迁者，《广雅·释诂》云：徙也。言将迁徙于殷。郑康成云："祖乙居耿，后奢侈踰礼，土地迫近山川，尝圮焉。至阳甲立，盘庚为之臣，乃谋徙居汤旧都。"(《正义》)皇甫谧云："耿在河北，迫近山川，自祖辛已来，已皆奢侈，故盘庚迁于殷。"(《正义》)《后汉书》卷八十上《文苑传》杜笃《奏论都赋》曰："盘庚去奢行俭于亳。"李贤注引《帝王纪》曰：盘庚以耿在河北，迫近山川，自祖辛以来，奢淫不绝，盘庚乃南渡河，徙都于亳。以上所引皆盘庚所以迁都之由。王鸣盛《尚书后案》云："其实所以迁都之故，兼为奢侈及河圮两事，故郑兼而言之。王肃说亦同。"②《释文》引马融之言云："五邦，谓商丘、亳、嚚、相、耿也。"郑、王承其说。《殷本纪》云："汤始居亳，从先王居。"《正义》引《括地

---

① 阮刻《十三经注疏》，页 168 中、下—169 上。参黄怀信整理本《尚书正义》，页 335—339。
② 李振兴《王肃之经学》，页 203。

志》云:"亳邑故城,在洛州偃师县西十四里,本帝喾之墟,商汤之都也。"又云:"帝仲丁迁于隞。"《索隐》云:"隞,亦作嚣,并音敖。"《正义》曰:《括地》云:荥阳故城,在郑州荥泽县西南十七里,殷时敖地也。《书》疏引李颙云:嚣在陈留浚仪县,则在今开封府西北。《殷本纪》又云:河亶甲居相。《正义》曰:《括地志》云:故殷城在相州内黄县东南十三里,即河亶甲所筑都之,故名殷城也。又云:祖乙迁于邢。《正义》曰:《括地志》云:绛州龙门县东南十二里耿城,故耿国也。亳,在今河南偃师县。隞,在今河南荥阳县。相,在今河南内黄县。耿,在今山西河津县。并汤前所都。商丘,今河南商丘县。共为五都也。①

**应勇案:** 此条残存郑、王注可对应比勘者有二:(1)关于盘庚迁殷的原因。郑、王均言及当时的生存环境恶化是迁都的一个重要原因。圮,毁也,约当今所谓塌方也。郑曰"土地迫近山川,尝圮焉"。到底是山体塌方还是河堤塌方,未明其指。据王肃所言"水泉泻卤",意当为河堤塌方。王鸣盛《尚书后案》亦径曰"河圮"。另一迁都之因即"奢侈",郑、王均言及,但据《正义》,郑既言君奢,又言民奢,王肃则专言君奢。而无论君主奢侈还是所有贵族都奢侈("民奢"绝非指最下层的小民),都会侵夺下民,造成激烈的社会矛盾,当社会矛盾激化到难以维系的程度,统治者就想到换个环境来缓解。这在今天的社会难以理解,但在当时的"小国寡民"社会是可以行得通的。只是郑、王对这种奢侈的解释有社会层面上的明显差异,郑认为当时的奢侈既有君主的奢侈,又有其它贵族们的奢侈,是一种全社会的不良风气,王肃则认为只是君主本身的奢侈问题。现代甲骨学、夏商史专家孟世凯先生在陈述这一段历史时倾向于郑玄的意见。② (2)对于"于今五邦"的

---

① 李振兴《王肃之经学》,页203。
② "……这些王室的贵族们自己过着骄奢淫逸的生活……"——见孟世凯《夏商史话》,中国青年出版社1986,页173。

解释。郑、王相同，即马融所言"商丘、亳、嚣、相、耿也"，勿庸多言。

**"今汝聒聒，起信险肤，予弗知乃所讼……"**

郑注："聒，读如聒耳之聒。聒聒，难告之貌。"

王注："聒聒，拒善自用之意也。"

伪孔传："聒聒，无知之貌。起信险伪肤受之言，我不知汝所讼言何谓。"《释文》："聒，古活反，马及《说文》皆云拒善自用之意。"

《正义》："郑玄云：聒，读如聒耳之聒。聒聒，难告之貌。王肃云：聒聒，拒善自用之意也。此传以'聒聒'为无知之貌，以'聒聒'是多言乱人之意也。起信险肤者，言发起所行，专信此险伪肤受浅近之言，信此浮言，妄有争讼，我不知汝所讼言何谓，言无理也。"①

李振兴案：《说文》："憰憰，拒善自用之意。"与马意同。段玉裁《古文尚书撰异》云："憰，卫包改为聒。开宝中，李昉、陈鄂等又改《释文》之'憰'为聒。攷《说文》十篇心部曰：憰，拒善自用之意也。""今本《释文》，系开宝妄改之本。大书字作'聒聒'，则其注当云：《说文》作'憰'。不得诬《说文》作'聒聒'。""《玉篇》心部云：憰，愚人无知也。耳部云：……无知貌。《广韵》十三末云：憰，愚憰无知。此皆用孔'无知之貌'为说。然则马、郑、王、孔本皆同。《说文》作憰，甚显白。寻卫包之妄改憰为聒者，以《正义》引郑注云：憰（今本《正义》改作聒），读如'聒耳'之聒，憰憰（今本《正义》改作聒聒），难告之貌。夫郑云难告之貌，与许、马、王拒善自用之意，伪孔传'憰憰（今本改作聒聒），无知之貌'，皆言其不可教训，不知话言。绝非多言讙聒之谓。""蔡氏仲默训'聒聒'为譊譊多

---

① 阮刻《十三经注疏》，页169中。参黄怀信整理本《尚书正义》，页341。

言。五百年来,墨守其说。包之遗毒,有如此者。"段氏之言甚切,不仅明字之源,亦且释三家之义,兼解后人之疑也。所以难告,非愚而何？惟因其愚,是以拒善自用也。其词虽异,其义一也。①

**应勇案:** 此条郑、王注可对应比勘者惟"慾慾"之解。一般认为郑改字以解经,因读"慾"为"聑",引起了后来卫包径改经字为"聑",其失大矣;王则申马说而与郑不同。而据段玉裁《古文尚书撰异》考订,郑玄本未改字以解经,是因为卫包等人不懂郑玄等汉代经学家注经之"例",而误以为郑玄改字以解经,于是径改经字为"聑",酿成大误。段玉裁文中一段非常关键的文字,李振兴上文未有引及,今补于此——"谓读如'聑耳'之聑者,此'读如',非'读为'也。汉人注经,凡言'读为'者,易其字;凡言'读如'者,拟其音。《说文》乃字书,故有'读如'而无'读为'。经注则'读为'、'读如'二者错出也。慾,音同聑,非训聑也。假令云'读为聑耳之聑',则易其字而义亦从同,下亦云难告之貌矣。孔颖达、卫包妄认慾、聑为古今字,不知小篆从心作慾,古文从耳作……孔安国以今文读之,改从小篆,而许叔重仍之。慾,……字与聑字绝不相涉。……"②由此可知,经文、郑注、马注、王注及伪孔传原本均作"慾慾",而非"聑聑"。是卫包等人改字使今人研讨经解变化之轨迹乱象丛生矣！慾慾,许慎《说文》、马融皆释为拒善自用之意,王肃承其说。郑玄注曰:"聑,读如聑耳之聑。"《正义》后文所引"聑聑,难告之貌"六字,或非郑语？或为《正义》释语？如是,则郑、王此条未有争议也,只是郑注不明晰而王肃申马融之说以明之耳。

---

① 李振兴《王肃之经学》,页 204。段玉裁《古文尚书撰异》卷六,乾隆、道光间段氏刻经韵楼丛书本,收入《续修四库全书》经部书类(46)。(下引版本同)此段李振兴案语文字原文颇多讹误衍漏,如末句李氏原文竟作"殷氏之言甚切……",当作"段氏之言甚切……"。所引段玉裁《古文尚书撰异》文字亦多有错漏,此次征引时均有重新校订。不一。

② 段玉裁《古文尚书撰异》卷六。

对此,刘起釪《尚书校释译论》似亦有所不知,以为后人之所以改为"聒",就是因为郑玄改字以解经使然。① 《说文·耳部》:"聒,驩语也。"《广韵·末韵》:"聒,声扰。"本来"憩"与"聒"义解不一,因卫包改字而使后人多以"言语讙哗乱其耳"解此经,如蔡《传》解为"譊譊多言"。因蔡《传》之影响力,如段玉裁所言,"五百年来,墨守其说。包之遗毒,有如此者"也。段玉裁以为"聒聒,难告之貌"当为郑玄语,则郑意为因言语讙哗乱人耳,则难劝也。如此则王承许、马说以为拒善自用,亦有与郑说大略可通处。

"迟任有言曰:人惟求旧,器非求旧,惟新。"

郑康成云:迟任,古之贤史。

王肃云:迟任,古老成人。(《正义》。《释文》引马融同。)

伪孔传:"迟任,古贤人。言人贵旧,器贵新,汝不徙,是不贵旧。"《释文》:"……马云:古老成人。"

《正义》:"可迁则迁,是先王旧法。古之贤人迟任有言曰:人惟求旧,器非求旧,惟新。言人贵旧,器贵新,汝不欲徙,是不贵旧,反迟任也。……○传'迟'至'贵旧'。○正义曰:其人既没,其言立于后世,知是古贤人也。郑玄云:古之贤史。王肃云:古老成人。皆谓贤也。"②

李振兴案:伪孔传云"古贤"。郑康成云:"迟任,古之贤史。"《论语·季氏篇》孔子称:"周任有言曰……"马融注云:"周任,古之良史。"郑云古之贤史,则迟任即周任欤? 老成人,亦贤人也。《诗·大雅·荡》:"虽无老成人,尚有典刑。"笺云:"老成人,谓若伊尹、尹陟、臣扈之属。"是亦贤人也。③

**应勇案**:此条亦为郑与其师马有所不同,而王则申马说以与郑

---

① 详顾颉刚、刘起釪《尚书校释译论》,页937。
② 阮刻《十三经注疏》,页169下—170上。
③ 李振兴《王肃之经学》,页204。

立异。伪孔传及《正义》则显然融合郑、王二说以解之。蔡《传》解为"古之贤人"。王鸣盛曰:"马云:古老成人。本《大雅·荡》篇。但《论语》孔子引周任之言,马云古之良史。迟任与周任相类。彼既良史,此不应异,故以为古之贤史也。"①王鸣盛为了护郑不惜牵强附会。

---

① 王鸣盛《尚书后案》卷六。

## 《盤庚中》

**"盤庚作,惟涉河以民迁……"**

盤庚作,"郑玄云作渡河之具","王肃云为此思南渡河之事"。

伪孔传:"为此南渡河之法,用民徙。"

《正义》:"盤庚于时见都河北,欲迁向河南,作惟南渡河之法,欲用民徙,乃出善言以告晓民之不循教者,大为教告,用诚心于其所有之众人。于时众人皆至,无有褒慢之人,尽在于王庭,盤庚乃升进其民,延之使前,而教告之。史叙其事,以为盤庚发诰之目。○传'为此'至'民徙'。○正义曰:郑玄云作渡河之具。王肃云为此思南渡河之事。此传言'南渡河之法'。皆谓造舟舡渡河之具,是济水先后之次,思其事而为之法也。"①

李振兴案:《正义》:"郑玄云……王肃云……(见上引——笔者注)"俞樾《群经平议》云:"经文止言'盤庚作',不言造作舟船。诸说皆非经旨。由不知《盤庚》中篇实为上篇故也。《孟子·公孙丑篇》曰:由汤至于武丁,贤圣之君六七作。与此'作'字同。'盤庚作',犹《系辞传》曰'神农氏作'、'黄帝尧舜氏作'也。'盤庚作,惟涉河以民迁',言盤庚即位,承祖乙之后,奢侈逾礼,故思涉河以民迁也。中、下两篇,皆附录盤庚迁都之事,故以此发端。中篇曰:'盤庚作,惟涉河以民迁',下篇曰:'盤庚既迁'。正相因也。上篇曰:'盤庚迁于殷。'则为迁殷后事。自后人泥于篇第,因并'盤庚作'之义而失之矣。"俞氏之意即为盤庚即位之后,即思涉河以民迁也,因一则祖乙奢侈逾礼,一则水泉

---

① 阮刻《十三经注疏》,页 170 中。参黄怀信整理本《尚书正义》,页 349。

洿卤,不克施教化,故思涉河而南也。俞氏以前后经文相互参照之义,实优于各家。①

**应勇案**：此条郑、王从不同角度解释"盤庚作",郑强调盤庚为迁都所做的具体工作,所谓"作渡河之具",王则强调盤庚动议、规划迁都之事的想法。《正义》显然又在融合郑、王二说。蔡《传》曰:"作,起而将迁之辞。"则近王解而远郑说。孙《疏》则对郑说有所偏向,"郑以经云'惟涉河',则上云'作',必渡河之具。"(孙《疏》,页232)

"……呜呼！今予告汝不易……"

"郑玄云：我所以告汝者,不变易。言必行之。谓盤庚自道己言必不改易。与孔异。"

"王肃云：告汝以命之不易。亦以不易为难。"

伪孔传："凡我所言,皆不易之事。"

《正义》："盤庚以言事将毕,欲戒使入之,故呜呼而叹之：今我告汝皆不易之事。言其难也。事既不易,当长敬我言……此'易'读为难易之易。不易,言其难也。王肃云：告汝以命之不易。亦以不易为难。郑玄云：我所以告汝者,不变易。言必行之。谓盤庚自道己言必不改易。与孔异。"②

李振兴案：伪孔传云："凡所言,皆不易之事。"《正义》申之曰："此'易'读为难易之易。不易,言其难也。"王氏所言,正为此义。而郑氏康成则云：……(见上引——笔者注)衡诸经之下文"永敬大恤,无胥绝远"之义,王说为是。蔡《传》云："告汝不易,即上篇'告汝于难'之意。今我告汝以迁都之难,汝当永敬我之所大忧念者,君民一心,然后可以有济。"如依郑氏之言,固可坚定民心,使民不三心两

---

① 李振兴《王肃之经学》,页205。
② 阮刻《十三经注疏》,页171中、下。参黄怀信整理本《尚书正义》,页357。

意,然而亦有独断专行、惟我为是为专之意焉。是以王说为优也。①

**应勇案**:此条郑、王之解大不同。郑解义在强调王者之政令不可改易,充分体现了王者的神圣与威权,如李振兴所言,有独断专行之意。王注则强调我王做出这样的决定以及这件事本身何其不容易,因此臣民们应当予以重视,并遵照执行,其言辞似带有恳求的意味,与上文《正义》"用诚心于其所有之众人"意同。此条伪孔传、《正义》、蔡《传》均是王而非郑。

---

① 李振兴《王肃之经学》,页 206。所引伪孔传语"凡"字后当有"我"字,参阮元《校勘记》。

## 《盤庚下》

**"……绥爱有众,曰:无戏怠,懋建大命……"**
"郑玄云:勉立我大命,使心识教令,常行之。"
"王肃云:勉立大教,建性命,致之五福。"
伪孔传:"安于有众,戒无戏怠,勉立大教。"
《正义》:"盤庚既迁至殷地,定其国都处所,乃正其郊庙朝社之位,又属民而聚之,安慰于其所有之众曰:汝等自今以后无得游戏怠惰,勉力立行教命,今我其布心腹肾肠,输写诚信,历遍告汝百姓……○传'安于'至'大教'。○正义曰:郑玄云:勉立我大命,使心识教令,常行之。王肃云:勉立大教,建性命,致之五福。又案:下句'尔无共怒予一人',是恐其不从己命。此句宜言我有教命,汝当勉力立之。郑说如孔旨也。"①

李振兴案:伪传云勉立大教。郑氏康成曰:勉立我大命,使心识教令,常行之,无戏怠。《正义》云:"下句'尔无共怒予一人',是恐其不从己命。此句宜言我有教命,当勉力立之。郑说如孔旨也。"孙《疏》云:"命为教令者,《释诂》命、令同为告也。郑注《礼记》云:'命谓教令也。'懋为勉者,《释训》云:懋懋,勉也。与勉同义。言汝无失民,勉立大令也。"蔡《传》云:"大命,非常之命也。"屈万里先生谓'大命'为国运。是说为长。王氏之言,仅及人身之奋勉,而致之五福。未若共同致力(勉力)于国运之建立为切。②

**应勇案**:郑义在强调臣民当努力领会、遵从、执行我王之圣命,王义则强调如此执行之效应,即它会为人们带来福祉。蔡

---

① 阮刻《十三经注疏》,页171下—172上。
② 李振兴《王肃之经学》,页206。所引"郑氏康成曰……"中"常行之"后当无"无戏怠"三字。见上引《正义》文字。所引孙《疏》文字亦有误,兹据中华书局"十三经清人注疏"本校正之。

《传》曰:"大命,非常之命也。迁国之初,臣民上下,正当勤劳尽瘁,趋事赴功,以为国家无穷之计,故盘庚以'无戏怠'戒之,以'建大命'勉之。"笔者以为蔡说更近郑解。清代一味护郑的王鸣盛认为王肃之"建性命致之五福"说完全牵强附会,不足信,但理据不明。① 此条郑解之思想指向在强调王教之神圣性,不可不尊;王解之思想指向则在执行王教的现实好处,更质实。王所言性命之说,古已有之,但因较为抽象晦涩,学界历来有纷扰。唐李习之有"复性"之说,清代有阮元专作《性命古训附威仪说》,晚近又有傅斯年氏作《性命古训辩证》。《尚书》经文本有性命之说,王氏解《尚书》言,当自《尚书》本经求之。《召诰》曰:"节性,惟日其迈。王敬作所,不可不敬德。"又曰:"若生子,罔不在厥初生,自贻哲命。今天其命哲,命吉凶,命历年。"又曰:"王其德之用,祈天永命。"阮元按:《召诰》所谓命,即天命也。若子初生,即禄命福极也。哲与愚,吉与凶,历年长短,皆命也。哲愚授于天为命,受于人为性,君子祈命而节性,尽性而知命。故《孟子·尽心》亦谓口目耳鼻四肢为性也。性中有味、色、声、臭、安佚之欲,是以必当节之。以下阮元又具引《孟子·尽心下》中讨论性命的那段文字及赵岐注文,以论人性当节而不当复,以驳唐李习之"复性"之说。②

---

① 详参王鸣盛《尚书后案》卷六,《清经解、清经解续编》合刊本(第三册),凤凰出版社(原江苏古籍出版社)2005。
② 《孟子·尽心下》:"口之于味也,目之于色也,耳之于声也,鼻之于臭也,四肢之于安佚也,性也。有命焉,君子不谓性也。仁之于父子也,义之于君臣也,礼之于宾主也,知之于贤者,圣人之于天道也,命也。有性焉,君子不谓命也。"赵岐注:"口之甘美味,目之好美色,耳之乐音声,鼻之喜芬香,四体谓之四肢,四肢懈倦则思安佚不劳苦,此皆人性之所欲也。得居此乐者,有命禄,人不能皆如其愿,凡人则任情纵欲而求可乐,君子之道,则以仁义为先,礼节为制,不以性欲而苟求之也。故君子不谓性也。仁者得以恩爱施于父子,义者得以理施于君臣,好礼者得以礼敬施于宾主,知者得以明智知贤达善,圣人得以天道王天下,此皆命禄,遭遇乃得居而行之,不遇者不得施行。然亦才性有之,故可用也。凡人则归之命禄,任天而已,不复治性。以君子之道,则修仁行义,修礼学知,庶几圣人,亹亹不倦,不但坐而听命,故曰君子不谓命也。"参阮元《揅经室集·性命古训附威仪说》,中国历史文集丛刊,中华书局1993,页212。

其实由阮元引《尚书·召诰》几句论性命之文及其解释,已明王肃此解之渊源及所指,"性"之节不节,乃孟子之后之说。《召诰》已明言"命"为天授。而"性"即生也,关于"性"之为"生",傅斯年氏《性命古训辩证》已从古文字学的角度专有讨论,兹不赘引,①实即如《召诰》所言:"若生子,罔不在厥初生,自贻哲命。"显然,以古义,性、命均有神授性,只是层次不同的概念,即阮元所谓"哲愚授于天为命,受于人为性"。王肃此解言"勉立大教,建性命,致之五福",并未否认王之"懋建大命"的神圣性,只是又强调这种神圣的"大命"能给人们带来福祉,将这种神圣性落到了实处,而郑氏所解只是一种虚幻的神圣性。

**"……朕不肩好货,敢恭生生,鞠人,谋人之保居,叙钦。"**

"郑、王皆以鞠为养,言能谋养人,安其居者,我则次序而敬之。与孔不同。"

伪孔传:"肩,任也。我不任贪货之人,敢奉用进进于善者,人之穷困,能谋安其居者,则我式序而敬之。"《释文》:"好,呼报反……"

《正义》:"言迁事已讫,故叹而敕之:呜呼,国之长、伯及众官之长,与百执事之人,庶几皆相与隐括,共为善政哉,我其勉力大助汝等为善,汝当思念爱敬我之众民,我不任用好货之人,有人果敢奉用进进于善,见穷困之人,能谋此穷困之人安居者,我乃次序而敬用之。……○传'肩任'至'敬之'。○正义曰:《释诂》云:肩,胜也。舍人曰肩,强之胜也。强能胜重,是堪任之义,故为任也。我今不委任贪货之人。以恭为奉。人有向善而心不决志,故美其人能果敢奉用进进于善者,言其人好善不倦也。鞠,训为穷。鞠

---

① 详见欧阳哲生主编《傅斯年全集》第二卷《性命古训辩证》,长沙:湖南教育出版社2003。

人,谓穷困之人。谋人之保居,谓谋此穷人之安居。若见人之穷困能谋安其居,爱人而乐安存之者,则我式序而敬之。《诗》云:式序在位。言其用次序在官位也。郑、王皆以鞠为养,言能谋养人,安其居者,我则次序而敬之。与孔不同。"①

李振兴案:伪孔传:"人之穷困,能谋安其居者,则我式序而敬之。"《正义》申其义云:"鞠,训为穷。鞠人,谓穷困之人。谋人之保居②,谓谋此穷人之安居。若见人之穷困,能谋安其居,爱人而乐安存之者,则我式序而敬之。《诗》云:式序在位。言其用次序在官位也。"是训保为安,训叙为次序,训钦为敬,训鞠为穷。于经文言之,似不若训鞠为养。因穷义狭,而养义宽也。是以郑、王不取。时贤屈万里先生又训"叙"为次第官爵,训"钦"为善,言能鞠养人民而养人民之安居者,我则次第其官爵,而钦善之也。其义更切。要之亦申郑、王之义也。③

**应勇案**:此条郑、王同。李振兴言伪孔传及《正义》之义"郑、王不取",于经义之传承顺序颠倒也,是伪孔传及《正义》不取郑、王义也。此种情况在伪孔氏《尚书》中较少见,大多或从王义,或据郑义,而以从王义者为多。蔡《传》曰:"鞠人、谋人,未详。或曰鞠,养也。"

---

① 阮刻《十三经注疏》,页172中。参黄怀信整理本《尚书正义》,页363。
② 李氏原引"居"作"君",误。
③ 李振兴《王肃之经学》,页206。

## 《高宗肜日》

**"……祖己曰：惟先格王，正厥事……"**

"此经直云'祖己曰'，不知与谁语。郑云谓其党。王肃云言于王。"

伪孔传："言至道之王遭变异，正其事，而异自消。"

《正义》："高宗既祭成汤，肜祭之日，于是有雊鸣之雉在于鼎耳。此乃怪异之事，贤臣祖己见其事而私自言曰：惟先世至道之王遭遇变异，则正其事，而异自消也。既作此言，乃进言训王。史录其事以为训王之端也。○传'言至'至'自消'。○格，训至也。至道之王，谓用心至极，行合于道。遭遇变异，改修德教，正其事，而异自消。大戊拱木，武丁雊雉，皆感变而惧，殷道复兴，是异自消之验也。至道之王，当无灾异，而云遭变消灾者，天或有遣告使之至道，未必为道不至而致此异。且此劝戒之辞，不可执文以害意也。此经直云'祖己曰'，不知与谁语。郑云谓其党。王肃云言于王。下句始言'乃训于王'。此句未是告王之辞。私言告人。郑说是也。"①

李振兴案：史公以为祖己告王。王氏从史公说也。郑康成云："祖己谓其党。"郑说是也。因经文"祖己曰"之下，又有"训于王曰"故也。孙《疏》云："案《大传》云：武丁问诸祖己。《五行志》云：武丁恐骇，谋于忠贤。故史公以为先告王而勿忧，乃陈其训也。不知郑说者，人臣无退有后言之义。'谓其党'者，王逸注《楚词》云：党，朋也。祖己将训王，先告其朋僚。知者，《大传》记高宗

---

① 阮刻《十三经注疏》，页176中。

之训,桑谷生朝,武丁召问其相,次问祖己,则知祖己之党,尚有相也。"是言得其正矣。①

**应勇案**:高宗即商代第二十三个王武丁。肜,祭之明日又祭。雊,雄雉鸣也。祖己,武丁之贤臣。此条郑、王之异在"祖己曰"到底是在对谁言说,郑以为"谓其党",据孙《疏》考释,即谓其朋僚;王肃则以为此乃直接对商王武丁之语。据分析,《史记》记其事亦以为对"王"所言。《正义》则有不知所从之惑。② 蔡《传》曰:"高宗祀丰于昵。昵者,祢庙也。丰于昵,失礼之正,故有雊雉之异。祖己自言当先格王之非心,然后正其所失之事。'惟天监民'以下,格王之言;'王司敬民'以下,正事之言也。"是蔡以此为祖己自言之语,与郑、王均不同,另辟一解。

---

① 李振兴《王肃之经学》,页 207。
② 参顾颉刚、刘起釪《尚书校释译论》,页 1001。

# 《西伯戡黎》

**"……西伯既戡黎……"**

"郑玄云:西伯,周文王也,时国于岐,封为雍州伯也,国在西,故曰西伯。〔南兼梁、荆。国在西,故曰西伯。戡黎,入纣圻内。〕"(王鸣盛所引郑注语增"南兼梁荆……"一句)

"王肃云:王者中分天下,为二公揔治之,谓之二伯,得专行征伐,文王为西伯,黎侯无道,文王伐而胜之。"

《正义》:"文王功业稍高,王兆渐著,殷之朝廷之臣始畏恶周家。所以畏恶之者,以周人伐而胜黎邑故也。殷臣祖伊见周克黎国之易,恐其终必伐殷,奔走告受,言殷将灭。史叙其事,作《西伯戡黎》。"

伪孔传:"……近王圻之诸侯,在上党东北。……"

《正义》:"郑玄云:西伯,周文王也,时国于岐,封为雍州伯也,国在西,故曰西伯。王肃云:王者中分天下,为二公揔治之,谓之二伯,得专行征伐,文王为西伯,黎侯无道,文王伐而胜之。两说不同。孔无明解。下传云'文王率诸侯以事纣',非独率一州之诸侯也。《论语》称'三分天下有其二以服事殷',谓文王也。终乃三分有二,岂独一州牧乎?且言西伯,对东为名,不得以国在西而称西伯也。盖同王肃之说。○传'近王'至'东北'。○正义曰:黎国,汉上党郡壶关所治黎亭是也。纣都朝歌,王圻千里,黎在朝歌之西,故为近王圻之诸侯也。郑云入纣圻内,文王犹尚事纣,不可伐其圻内。所言圻内,亦无文也。"①

---

① 阮刻《十三经注疏》,页176下—177上。参黄怀信整理本《尚书正义》,页382。

**李振兴案**：王氏所云……（见上引——笔者注）非是。盖文王其时尚为州牧，或称州伯，非二公之伯也。郑康成曰："西伯，周文王也，时国于岐，封为雍州伯也，国在西，故曰西伯。"《礼记·王制》云："二百一十国以为州，州有伯，八州八伯。"郑氏注云："殷之州长曰伯"。此言为雍州伯，则八州八伯之一矣。《王制》又云："分天下以为左右曰二伯。"郑必知西伯是州牧之伯者，《周礼·大宗伯职》云：八命作牧。郑仲师注云：一州之牧。又云：九命作伯。康成注云：上公有功德者加命为二伯。《楚辞·天问》云：伯昌号衰，秉鞭作牧。则是八命为一州之牧，非为东西二伯矣。故王逸《天问》亦谓文王为雍州牧，与郑说合，良是也。（见江声《尚书集注音疏》）王鸣盛《尚书后案》云："伯之义，郑、王不同者，……（详见下引——笔者注）是时文王犹未甚强盛，知其仅为当州之牧，未为二伯。王肃注非是。"是言甚晰。可了郑是王非之所以也。①

**应勇案**：此条郑、王注可对应比勘者主要是对"西伯"的解释。郑、王均以此经文中之"西伯"即指周文王，可按照郑玄之解，此时之周文王似只是一雍州之伯，因为在西边，故称"西伯"；依王肃之说，将整个天下中分为二，周文王拥有其中一半的领导权，这样看来，当时周文王在当时的实际政治地位就与郑玄之说大为不同。《正义》之说，意在申王义。李振兴则以郑说为长。孙《疏》亦倾向以郑说为是。（孙《疏》，页249）王鸣盛曰："'伯'之义，郑、王不同者，考天下诸侯之长，唐虞置四人为四岳，夏殷周置二人为二伯，每州诸侯之长谓之州牧，亦称伯。（详见《尧典》）此'西伯'郑必以为州伯，非二伯者，《大雅·旱麓》篇'瑟彼玉瓒'，《毛传》云：九命然后锡以秬鬯圭瓒。则毛意以为二伯即《大宗伯》'九命作伯'。康成注云：'上公有功德者加命为二伯。'是康成笺云：殷王

---

① 李振兴《王肃之经学》，页208。李氏原文或引作《楚词》，或引作《楚辞》，当以《楚辞》为是。所引《周礼》文字有出入，已据原文校正。

帝乙时,王季为西伯,受此赐。则康成意即以为此经之西伯是州伯之伯,即《大宗伯》所谓'八命作牧'者。是疏于王则引《孔丛》子思述子夏之言,谓帝乙时王季以九命作伯,文王因之;于郑则引此经并注以证。又引《楚辞·天问》云:伯昌号衰,秉鞭作牧。王逸云:文王为雍州牧云云。王肃每事欲与郑异,故于此经从毛以为二伯,又私造《孔丛》之书以实其说。然《毛传》固不及郑笺之确,《天问》及王注可为文王作州伯之切据也。又伏生《大传》谓戡耆之后,纣始囚文王于牖里,散宜生、闳夭、南宫适取美马、怪兽、美女献纣,始赦文王。是时文王犹未甚强盛,知其仅为当州之牧,未为二伯。王肃注非是。疏又申伪孔意,谓与王同,皆非也。(《史记》以囚羑里在戡黎之前。此说非是。)"[①]

---

① 王鸣盛《尚书后案》卷八。

## 《牧誓》

**"……千夫长,百夫长……"**

郑玄以千夫长为"师帅",百夫长为"旅帅"。

王肃以千夫长为"师长",百夫长为"卒长"。"意与孔同"。

伪孔传:"师帅,卒帅。"

《正义》:"○传'师帅,卒师。'○正义曰:《周礼》二千五百人为师,师、帅皆中大夫;百人为卒,卒长皆上士。孔以'师'虽二千五百人,举全数亦得为千夫长。长与帅其义同,是千夫长亦可称帅,故以千夫长为'师帅',百夫长为'卒帅'。王肃云:师长、卒长。意与孔同。顺经文而称长耳。郑玄以为师帅、旅帅也。与孔不同。"①

李振兴案:伪孔传云……《正义》申之曰:……(见上引——笔者注)如以《周礼》为准,郑、王二氏之言皆未为得。因师既为二千五百人,千夫长何得称师?五百人为旅,今百人又何得称旅?是以云二氏均未为得也。蔡《传》云:"千夫长,统千人之帅;百夫长,统百人之帅也。"是言得之。②

**应勇案:** 此条郑、王小异,主要在"百夫长"之解。孙《疏》疏郑义曰:"《周礼·夏官·序官》云:'二千五百人为师,师帅皆中大夫。五百人为旅,旅帅皆下大夫。'故郑以千夫长为师帅,百夫长为旅帅也。"非常牵强。以经解经,是汉以来经学诠释的一个传统,直到清代亦保留,故《正义》疏传义,必引《周礼》之说以明之。后人则每只从字面意思进行疏通文义,而不与他经互证,如蔡

---

① 阮刻《十三经注疏》,页183上。
② 李振兴《王肃之经学》,页210。

《传》上述之说。

"**弗迓克奔,以役西土**。"(阮元《校勘记》云:"按《匡谬正俗》引此经,迓作御,又称徐仙民音禦。是徐本亦作御。疏云王肃读御为禦,则孔氏所据本亦作御。盖作御者,古文也;作迓者,今文也。《释文》云:马作禦。《史记》同。)[①]

郑注:"禦,强禦,谓强暴也。克,杀也。不得暴虐杀纣师之奔走者,以为周之役也。"(《史记·周本纪·集解》。孙《疏》,页289)

"王肃读御为禦,言不禦能奔走者,如殷民欲奔走来降者,无逆之;奔走去者,可不禦止。役,为也,尽力以为我西土。与孔不同。"

伪孔传:"商众能奔来降者,不迎击之,如此则所以役我西土之义。"《释文》:"迓,……马作御,禁也。役,马云为也。……"

《正义》:"迓,训迎也,不迎击商众能奔来降者,兵法不诛降也。役,谓使用也。如此不杀降人,则所以使用我西土之义。用义于彼,令彼知我有义也。王肃读'御'为禦,言不禦能奔走者,如殷民欲奔走来降者,无逆之;奔走去者,可不禦止。役,为也,尽力以为我西土。与孔不同。"[②]

李振兴案:王氏读御为禦,足见其当时所见本为禦。史公"弗迓"作"不禦","奔"作"犇"(《周本纪》)。马融曰:"禦,禁也。役,为也。"(《释文》)王氏释"禦"、"役"从马氏也。郑康成曰:……(见上引——笔者注)伪孔传云:"商众能奔来者,不迎击之。如此则所以役我西土之义。"是说与王氏异。蔡《传》云:"迓,迎也。能奔来降者,勿迎击之,以劳役我西土之人。此勉武勇,而戒其杀降也。"惠栋《九经古义》云:"徐仙民音御为五所反。案:既训迎,当音五驾反,不得音御。此则孔氏《尚书》本作御,训为迎也。《史

---

① 阮刻《十三经注疏》,页186下。
② 阮刻《十三经注疏》,页183下。参黄怀信整理本《尚书正义》,页426。

记》及马融本皆作禦,王肃又读御为禦,非也。古禦字作御。古文、《春秋传》皆然。《毛诗·谷风》曰:亦以御冬。《毛传》云:御,禦也。御,又与迓同。大夫士必自御之。注云:御,当为讶。讶,迎也。《春秋传》曰:跛者御跛者,眇者御眇者。皆讶也。世人乱之。但御虽为迓,训诂家当依本字释之,无直改经文之理。"江声曰:"禦,伪孔本作御,解为迎。卫包承诏改《尚书》字,遂于《正义》本改御为迓。大谬矣。"如以经文言,迓,当训为迎(见《说文》)。克,杀也。《释诂》云:"杀,克也。"《公羊》隐元年传云:"克之者何? 杀之也。"以,用也(见《说文》)。役,助也。《广雅·释诂》云:"役,助也。"言弗迎杀其师之来奔者,谓不杀降者,可用其人为周之助也。愚以为作如是解,可合众家之长,而无其失。①

**应勇案:**迓,惠栋言《史记》及马融本皆作禦。从郑注可看出,郑本亦作禦。而王肃注读御为禦,李振兴先生曰"足见其当时所见本为禦",非也,既读御为禦,显见其本当作御,而训义为禦。《正义》已言之。今刘起釪《尚书校释译论》则径改经文为"御"。据考,《唐石经》即已作"迓",但唐初本与王肃本同,作"御"。唐以前本或作"御",或作"禦"。是郑、王所据文本字有不同。段玉裁《古文尚书撰异》以为改为"迓",必卫包所改,因有"迎"意,故为之。此条郑解显得更多血腥气,王肃解则稍温和些。郑解"禦"为强暴,"克"为杀,"役"即为周人所役使;王则解"御"为拦击,"役",为也,只是强调这样做对周人有好处。马融曰:"禦,禁也。役,为也。"是王承马说而与郑异。蔡《传》近王解,而"役"字则另立新解。今人刘起釪则释"弗御"、"克奔"为舞蹈中的二个动作,对马、郑、王之解完全不以为然。② 据皮锡瑞考,今文迓作禦。③ 是郑本从今文。

---

① 李振兴《王肃之经学》,页211。
② 见顾颉刚、刘起釪《尚书校释译论》,页1105。
③ 皮锡瑞《今文尚书考证》卷十。

# 《洪范》

"……箕子乃言曰:我闻在昔,鲧陻洪水,汩陈其五行,帝乃震怒,不畀洪范九畴,彝伦攸斁,鲧则殛死,禹乃嗣兴,天乃锡禹洪范九畴,彝伦攸叙。初一曰五行,次二曰敬用五事,次三曰农用八政……"

"郑玄云:农,读为醲。则农是醲意,故为厚也。政施于民,善不厌深,故厚用之,政乃成也。"

"张晏、王肃皆言农,食之本也。食为八政之首,故以农言之。"

《正义》:"……此经……必是箕子自为之也……自'一五行'以下,箕子更条说九畴之义。此条说者,当时亦以对王,更復退而修撰,定其文辞,使成典教耳。……"

伪孔传:"陻,塞;汩,乱也。治水失道,乱陈其五行。"《释文》:"……陻,音因……。"伪孔传:"畀与斁,败也。天动怒鲧,不与大法九畴。畴,类也。故常道所以败。"《释文》:"……斁……败也。"伪孔传:"放鲧至死不赦。嗣,继也。废父兴子,尧舜之道。"《释文》:"殛,……本或作極,音同。"伪孔传:"天与禹,洛出书,神龟负文而出,列于背,有数至于九,禹遂因而第之,以成九类,常道所以次叙。"

《正义》:"箕子乃言,答王曰:我闻在昔,鲧障塞洪水,治水失道,是乃乱陈其五行而逆天道也,天帝乃动其威怒,不与鲧大法九类,天之常道所以败也。鲧则放殛,至死不赦,禹以圣德继父而兴,代治洪水,决道使通,天乃赐禹大法九类,天之常道所以得其次叙。此说其得九类之由也。……○传'畀与'至'以败'。○正义曰:……自古以来得九畴者,惟有禹耳,未闻余人有得之者也……以禹由治水有功,故天赐之。鲧亦治水而天不与,以鲧、禹俱是治水,父不得而子得之,所以彰禹之圣,当于天心,故举鲧以彰禹也。……○传'天与'至'次叙'。○正义曰:《易·系辞》云:河出图,洛出书,圣人则之。九类各有文字,即是《书》也。……知此天与禹者,即是《洛书》也。《汉书·五行志》刘歆以为伏羲继天而王,河出图,则而画之,八卦是也;禹治洪水,锡《洛书》,法而陈之,《洪范》是也。先达共为此说。龟负洛书,经无其事,《中候》及诸纬多说黄帝、尧、舜、禹、汤、文、武受图书之事,皆云龙负图,龟负书。纬候之书不知谁作,通人讨核,谓伪起哀、平,虽复前汉之末始有此书,以前学者必相传此说,故孔以九类是神龟负文而出,列于背,有数从一而至于九,禹见其文,遂因而第之,以成此九类法也。此九类陈而行之,常道所以得次叙也。言禹第之者,以天神言语必当简要,不应曲有次第丁宁若此,故以为禹次第之。禹既第之,当有成法可传,应人尽知之,而武王独问焉,言箕子典其事,故武王特问之其义,或当然也。若然,大禹既得九类,常道始有次叙,未有《洛书》之前,常道所以不乱者,世有浇淳,教有疏密,三皇以前,无文亦治,何止无《洛书》也?但既得九类,以后圣王法而行之,从之则治,违之则乱,故此说常道攸叙、攸斁,由《洛书》耳。"

伪孔传:"农,厚也。厚用之,政乃成。"《释文》:"农,马云:食为八政之首,故以农名之。"

《正义》:"○传'农厚'至'乃成'。○正义曰:郑玄云:农,读为醲。则农是醲意,故为厚也。政施于民,善不厌深,故厚用之,政乃成也。张晏、王肃皆言农,食之本也。食为八政之首,故以农言之。然则农用止为一食,不兼八事,非上下之例,故不然。八政三德,揔是治民,但政是被物之名,德是在己之称,故分为二畴也。"[1]

---

[1] 阮刻《十三经注疏》,页 187 中—188 上。

**李振兴案**：马融曰："食为八政之首，故以农名之。"（《释文》）张晏曰："农，食之本。食为八政首，故以农为名。"（《正义》）马、张、王三氏之言义同。郑康成曰："农读为醲。"《说文》云："醲，厚酒也。"《广雅·释诂》云："醲，厚也。"又"农，勉也。"是以伪孔传亦云："农，厚也。厚用之，政乃成。"以经文言之，王氏之说是也。因政者，治民也。治民以养民为宗，养民舍农何由？且中国素以农立国，农为首要之事，何需待言？故古之为政者，无不首重农事也。于此益见王言之切矣。①

**应勇案**：此条郑、王之异主要在"农"字之解。郑以为"农"字当读为"醲"，醲者，厚酒也，引申为厚，与上文之"敬"字意相近，有虔敬、仁厚对待之意。依段玉裁之例，"郑如"不为改字，"读为"则为改字，故此条郑玄实为改字以解经。王肃则从马融之说，从本读，以为"农"即今所谓农业之农，农业是为食之本，下文述八政之具体内容，食为首，故此处以农立言。据上下文气，王解难通，《正义》已言之，郑解则较切合此段经文之文气，李振兴之意见难从。此条伪孔传及《正义》用郑义而不用王说，颜师古亦用郑说而以王说为非。② 蔡《传》则用王说而不用郑解。王鸣盛曰："传多从马、王，偶或从郑违马、王，此其一也。"③《汉官解诂》引此作"勉用八政"，据此则郑说为长。《广雅·释诂》有"农，勉也"之说。刘起釪《尚书校释译论》亦从郑说而不用王说。④

**"……土爰稼穑……"**

稼穑，郑玄云："种谷曰稼，若嫁女之有所生"；王肃云：种之曰稼，敛之曰穑。（《史记·宋微子世家·集解》）

---

① 李振兴《王肃之经学》，页212—213。
② 参皮锡瑞《今文尚书考证》卷十一。
③ 王鸣盛《尚书后案》卷一二。
④ 顾颉刚、刘起釪《尚书校释译论》，页1149。

伪孔传:"种曰稼,敛曰穑。土可以种,可以敛。"

《正义》:"○传'种曰'至'以敛'。○正义曰:郑玄《周礼注》云:种谷曰稼,若嫁女之有所生。然则穑是惜也,言聚畜之可惜也。其为治田之事,分为种、敛二名耳。土上所为,故为土性。上文'润下'、'炎上'、'曲直'、'从革',即是水、火、木、金,体有本性。其稼穑以人事为名,非是土之本性。生物是土之本性,其稼穑非土本性也。爰,亦曰也。变曰言爰,以见此异也。六府以土谷为二,由其体异故也。"①

**李振兴案**:史公"爰"作"曰"。《诗·伐檀》传云:"种之曰稼,敛之曰穑。"郑康成《周礼注》云:"种谷曰稼,若嫁女之有所生。"伪孔传亦云:"种曰嫁,敛曰穑。土可以种,可以敛。"释稼穑之义皆同。②

**应勇案**:李振兴言此郑、王释稼、穑之义皆同,其实有所不同也。郑以人事比附解之,郑氏之此类经注较多,王肃则以本意解之。

"……二五事,一曰貌,二曰言,三曰视,四曰听,五曰思。貌曰恭,言曰从,视曰明,听曰聪,思曰睿。恭作肃,从作乂,明作晢③,聪作谋,睿作圣。"

"郑玄云:睿,通也。此恭、明、聪、睿行之于我身,其从,则是彼人从我以与上,下违者,我是而彼从,亦我所为,不乖倒也。此

---

① 阮刻《十三经注疏》,页188中、下。
② 李振兴《王肃之经学》,页213。
③ "晢",阮元《校勘记》曰:"古本作'作曰',误。顾炎武曰:石经、监本同。《书传会选》:晢,之列反,字与晰同,下当从日,从口非。按疏云:王肃及《汉书·五行志》皆云:悊,智也。定本作晢,则读为晢。段玉裁云:《说文》日部:晢,昭晣明也。从日折声。口部:哲,知也。从口折声。心部:悊,敬也,从心折声。三字各有所属本义,而经传多相假借。"——阮刻《十三经注疏》,页193下。黄怀信整理本《尚书正义》经文亦作"晢"。

据人主为文,皆是人主之事。《说命》云:'接下思恭,视远惟明,听德惟聪。'即此是也。"晢,据郑义,即作哲。

"王肃云:睿,通也。思虑苦其不深,故必深思使通于微也。"晢,王肃作悊,智也。①

伪孔传:"……必通于微。"《释文》:"睿,……马云通也。……"伪孔传:"于事无不通谓之圣。""明作晢",伪孔传:"照了"。《释文》:"晢,之舌反,徐之列反,又之世反。"

《正义》:"此章所演,亦为三重,第一言其所名,第二言其所用,第三言其所致。貌是容仪,举身之大名也。言是口之所出,视是目之所见,听是耳之所闻,思是心之所虑。一人之上,有此五事也。貌必须恭,言必可从,视必当明,听必当聪,思必当通于微密也。此一重即是'敬用'之事。貌能恭,则心肃敬也。言可从,则政必治也。视能明,则所见照晢也。听能聪,则所谋必当也。思通微,则事无不通,乃成圣也。此一重言其所致之事。《洪范》本体与人主作法,皆据人主为说。貌揔身也,口言之,目视之,耳听之,心虑之。人主始于敬身,终通万事,此五事为天下之本也。五事为此次者,郑云此数本诸阴阳,昭明人相见之次也。《五行传》曰:貌属木,言属金,视属火,听属水,思属土。《五行传》,伏生之书也。孔于'太戊桑谷'之下云:'七日大拱,貌不恭之罚'②;'高宗雊雉'之下云:'耳不听之异'③;皆《书传》之文也。孔取《书传》为说,则此次之意亦当如《书传》也。木有华叶之容,故貌属木;言之

---

① 以上所引"郑玄云……"之后半句"此据人主为文……","王肃云……"之后半句"思虑苦其不深……",究竟为郑玄、王肃原注文亦或孔颖达《正义》之解释语,存疑。孔颖达《正义》所引文字常有此疑,引前人语与自己之疏文难分,皆因其时未有现代人行文之标点符号规范也。好在即使为《正义》之疏解,亦当符合所引人之义也。参下引《正义》文字。
② 详见《咸有一德》篇伪孔传文字。伪孔传原文无"貌"字。——见阮刻《十三经注疏》,页166下。
③ 详见《高宗肜日》伪孔传文字。——阮刻《十三经注疏》,页176上。

决断若金之斩割,故言属金;火外光,故视属火;水内明,故听属水;土安静而万物生,心思虑而万事成,故思属土。又于《易》,东方震为足,足所以动容貌也;西方兑为口,口出言也;南方离为目,目视物也;北方坎为耳,耳听声也;土在内,犹思在心,亦是五属之义也。……此五事皆有是非。《论语》云:非礼勿视,非礼勿听,非礼勿言,非礼勿动。又引《诗》云:思无邪。故此五事皆有是非也。此经历言五名,名非善恶之称,但为之有善有恶,传皆以是辞释之。貌者,言其动有容仪也。言者,道其语有辞章也。视者,言其观正不观邪也。听者,受人言,察是非也。思者,心虑所行,使行得中也。传于'听'云'察是非',明五者皆有是非也,所为者为正、不为邪也。于'视'不言视邪正,于'听'言察是非,亦所以互相明也。○传'必通于微'。○正义曰:此一重言'敬用'之事。貌戒惰容,故恭为'俨恪'。《曲礼》曰:俨若思。俨是严正之貌也。恪,敬也。貌当严正而庄敬也。言非理则人违之,故言是则可从也。视必明于善恶,故必清彻而审察也。听当别彼是非,必微妙而审谛也。王肃云:睿,通也。思虑苦其不深,故必深思使通于微。此皆'敬用'使然,故经以善事明之。郑玄云:此恭、明、聪、睿行之于我身,其从,则是彼人从我以与上下违者;我是而彼从,亦我所为不乖倒①也。此据人主为文,皆是人主之事。《说命》云:'接下思恭,视远惟明,听德惟聪。'②即此是也。○传'于事'至'之圣'。○正义曰:此一重言所致之事也。恭在貌而敬在心。人有心慢而貌恭,必当缘恭以致敬,故貌恭作心敬也。下从上则国治,故人主言必从,其国可以治也。视能清审则照了物情,故视明致照晢也。

---

① 阮刻《校勘记》:"宋板闽本同毛本,倒作剌。卢文弨云宋板非。"——阮刻《十三经注疏》,页193下。此句黄怀信整理本《尚书正义》断为:"此恭、明、聪、睿行之于我身,其从,则是彼人从我。以与上下违者,我是而彼从,亦我所为不乖倒也。"不敢苟同。

② 此句不见于今本《说命》,而见于《太甲中》。见阮刻《十三经注疏》,页165上。

听聪则知其是非，从其是，为谋必当，故听聪致善谋也。睿、圣俱是通名，圣大而睿小，缘其能通微，事事无不通，因睿以作圣也。郑玄《周礼注》云：圣通而先识也。是言识事在于众物之先，无所不通，以是名之为圣。圣是智之上、通之大也。此言人主行其小而致其大，皆是人主事也。郑云皆谓其政所致也，君貌恭则臣礼肃，君言从则臣职治，君视明则臣照晢，君听聪则臣进谋，君思睿则臣贤智。郑意谓此所致皆是君致臣也。案'庶征'之章，休征、咎征皆肃、乂所致，若肃、乂、明、聪皆是臣事，则休咎之所致，悉皆不由君矣。又圣大而睿小，若君睿而致臣圣，则臣皆上于君矣。何不然之甚乎！晢字，王肃及《汉书·五行志》皆云：悊，智也。定本作晢，则读为哲。"①

  **李振兴案**：睿，深通川也（见《说文》）。马融云："睿，通也。"（《释文》）郑康成曰："此恭、明、聪、睿行之于我身，其从，则是彼人从我以与上下违者，我是而彼从，亦我所为不乖刺也。"睿，通于政事。《汉书·五行志》睿作容……《尚书大传》亦作容。郑注云："容，当为睿。睿，通也。"孙《疏》云："韦昭注《楚语》云：睿，明也。《书》曰'睿作圣'。马、郑皆用古文《尚书》说。孔壁本亦作睿。而今文《尚书》作：思曰容。"王氏之释睿为通，亦古文说也。其说甚辨。②

  **应勇案**：此条郑、王注可对应比勘者有二：（1）"睿"字之解，郑、王同马，无不同。（2）"明作晢"之解，郑、王有异。依郑义，"晢"字为正，即"照晢"也。王肃则作"悊"，智也。《释文》曰："晢，

---

① 阮刻《十三经注疏》，页188下—189上。参黄怀信整理本《尚书正义》，页454—456。所引《正义》末句黄怀信断为："'晢'字王肃及《汉书·五行志》皆云：'晢，智也。定本作晢。'则读为哲。"将"定本作晢"四字断在《汉书·五行志》文中，误。今中华书局点校本《汉书·五行志》原文作"悊，知也"。"定本作晢"当是《正义》文字。

② 李振兴《王肃之经学》，页214。李先生引郑康成语之断句，原文如此，笔者以为不妥。

之舌反；徐之列反；又之世反。"蔡《传》本经文直作"明作晢",解曰："晢者,智也。"是以王说为是也。孙《疏》本经文亦直作"明作晢",未解哲、晢之异。据皮锡瑞考,今文作"悊",《史记》直作"明作智",《汉志》曰"明作悊",以王肃说为是。① 则是郑从古文经字而王用今文经字也。王鸣盛自从郑而驳王,以为"晢"为本字,王擅改为"悊",曰："王肃欲与郑异,遂改作悊,且训智……若作悊,则与思睿之义相混。郑注及伪孔与《说文》合,得之。又郑注《五行传》曰：悊,瞭也。郑注《春官》叙官云：瞭,目明貌。此经'晢'属视义,应作明。郑说为长。(……悊可训明,晢不可改悊。)"② 据《正义》,似传本经文或作"晢",或作"悊",不一定是王肃有意改字。据考,汉今文本作"悊",即"哲"之或体；郑玄本作"晢",为古文。伪古文、《唐石经》皆用古文之"晢"。《说文》："晢,昭晣也。"意义与"明"重复。刘起釪《尚书校释译论》以从"悊"为妥,经文则直作"明作哲",与蔡《传》、孙《疏》本同。③

"三八政：一曰食,二曰货,三曰祀,四曰司空,五曰司徒,六曰司寇,七曰宾,八曰师。"

郑玄云："宾,掌诸侯朝觐之官,《周礼》大行人是也。"

王肃云："宾,掌宾客之官也。"

伪孔传："……礼宾客,无不敬……"

《正义》："八政者,人主施政教于民有八事也,一曰食,教民使勤农业也；二曰货,教民使求资用也；三曰祀,教民使敬鬼神也；四曰司空之官,主空土以居民也；五曰司徒之官,教众民以礼义也；六曰司寇之官,诘治民之奸盗也；七曰宾,教民以礼,待宾客相往来也；八曰师,立师防寇贼以安保民也。八政如此次者,人不食则

---

① 皮锡瑞《今文尚书考证》卷十一。
② 王鸣盛《尚书后案》卷一二。
③ 顾颉刚、刘起釪《尚书校释译论》,页1157。

死,食于人最急,故食为先也。有食又须衣,货为人之用,故货为二也。所以得食、货,乃是明灵佑之,人当敬事鬼神,故祀为三也。足衣食,祭鬼神,必当有所安居,司空主居民,故司空为四也。虽有所安居,非礼义不立,司徒教以礼义,故司徒为五也。虽有礼义之教而无刑杀之法,则强弱相陵,司寇主奸盗,故司寇为六也。民不往来,则无相亲之好,故宾为七也。寇贼为害,则民不安居,故师为八也。此用于民缓急而为次也。食、货、祀、宾、师,指事为之名,三卿,举官为名者,三官所主事多,若以一字为名,则所掌不尽,故举官名以见义。郑玄云:此数本诸其职先后之宜也。食谓掌民食之官,若后稷者也;货掌金帛之官,若《周礼》司货贿是也;祀掌祭祀之官,若宗伯者也;司空掌居民之官,司徒掌教民之官也,司寇掌诘盗贼之官,宾掌诸侯朝觐之官,《周礼》大行人是也;师掌军旅之官,若司马也。王肃云:宾,掌宾客之官也。即如郑、王之说,自可皆举官名,何独三事举官也?八政主以教民,非谓公家之事,司货贿掌公家货贿,大行人掌王之宾客,若其事如《周礼》,皆掌王家之事,非复施民之政,何以谓之政乎?且司马在上,司空在下,令司空在四,司马在八,非取职之先后也。……"①

李振兴案:《周礼·秋官》云:"大行人掌大宾之礼及大客之仪,以亲诸侯。"此言大行人之职也。是以王氏云"掌宾客之官也"。郑康成曰:"宾,掌诸侯朝觐之官,《周礼·大行人》是也。"蔡《传》云:"宾者,礼诸侯远人,所以往来交际也。"三家之言义同。王氏约言之,郑、蔡详言之也。②

**应勇案**:此条残存郑、王注可对应比勘者惟"宾"字之解,郑、王义大略相同,李振兴已言之,郑明引《周礼》以况"宾"即大行人之职事,王肃则较笼统地理解为掌宾客之官,未以《周礼》之职事

---

① 阮刻《十三经注疏》,页189上一中。参黄怀信整理本《尚书正义》,页456—457。
② 李振兴《王肃之经学》,页214。

相比况。《正义》以比况《周礼》之事为不妥,以为此宾事当是教民"以礼待宾客相往来也",非是《周礼·大行人》所职之诸侯朝觐之王朝大礼,当是民事,而非王事。

"……六三德,一曰正直,二曰刚克,三曰柔克。平康正直,强弗友刚克,燮友柔克,沈潜刚克,高明柔克。惟辟作福,惟辟作威,惟辟玉食。臣无有作福作威玉食。臣之有作福作威玉食,其害于而家,凶于而国,人用侧颇僻,民用僭忒。"

郑玄以为:(1)"三德,人各有一德,谓人臣也。"即"人臣各有一德,天子择使之。""注云安平之国,使中平守一之人治之,使不失旧职而已;国有不顺孝敬之行者,则使刚能之人诛治之;其有中和之行者,则使柔能之人治之。差正之。"(2)郑康成曰:"害于汝家,福去室;凶于汝国,乱下民。"

依王肃义,(1)此三德为"王者一人之德,视世而为之",与伪孔传义同;(2)王肃云:大夫称家,言秉权之臣必灭家,复害其国也。

伪孔传:"能正人之曲直。刚能立事。"《释文》:"克,马云胜也。"伪孔传:"和柔能治。三者皆德。世平安,用正直治之。友,顺也。世强御不顺,以刚能治之。燮,和也。世和顺,以柔能治之。沈潜,谓地虽柔亦有刚,能出金石。高明谓天。言天为刚德,亦有柔克,不干四时,喻臣当执刚以正君,君亦当执柔以纳臣。言惟君得专威福,为美食。"《释文》:"……张晏注《汉书》云:玉食,珍食也。韦昭云:诸侯备珍异之食。"伪孔传:"在位不端平,则下民僭差。"《释文》:"……忒,……马云恶也。"

《正义》:"此三德者,人君之德,张弛有三也,一曰正直,言能正人之曲使直;二曰刚克,言刚强而能立事;三曰柔克,言和柔能治。既言人主有三德,又说随时而用之,平安之世,用正直治之;强御不顺之世,用刚能治之;和顺之世,用柔能治之。既言三德张驰随时而用,又举天地之德以喻君臣之交;地之德沉深而柔弱矣,而有刚能出金石之物也;天之德高明刚强矣,而有柔能顺阴阳之气也;以喻臣道虽柔,当执刚以正君;君道虽刚,当执柔以纳臣也。既言君臣之交,刚柔递用,更言君臣之分,贵贱有恒,惟君作福得专赏人也,惟君作威得专罚人也,惟君玉食得备珍食也,为臣无得有作福作威玉食。言政当一统,权不可分也。臣之有作福作威玉食者,其必害于汝臣之家,凶于汝君之国,言将得罪丧家且乱邦也。在位之人用此大臣专权之故,其行侧颇僻,下民用在位颇僻之故,皆言不信而行差错。○传'和柔'至'皆德'。○正义曰:刚不恒用,有时施之,故传言'立事'。柔则常用以治,故传言'能治'。三德为此次者,正直在刚、柔之间,故先言。二者先刚后柔,得其叙矣。王肃意与孔同。郑玄以为三德,人各有一德,谓人臣也。○传'友顺'至'治之'。○正义曰:《释训》云:善兄弟为友。友是和顺之名,故为顺也。传云:'燮,和也。'《释诂》文。此三德是王者一人之德,视世而为之,故传三者各言世,世平安,虽时无逆乱而民俗未和,其下犹有曲者,须在上以正之,故世平安,用正直之德治之;世有强御不顺,非刚无以制之,故以刚能治之;世既和顺,风俗又安,故以柔能治之。郑玄以为人臣各有一德,天子择使之。注云安平之国,使中平守一之人治之,使不失旧职而已;国有不顺孝敬之行者,则使刚能之人诛治之;其有中和之行者,则使柔能之人治之。差正之。与孔不同。○传'高明'至'纳臣'。○正义曰:《中庸》云:博厚配地,高明配天。高而明者,惟有天耳。知高明谓天也。以此高明是天,故上传'沈潜'谓地也。文五年《左传》云:天为刚德,犹不干时。是言天亦有柔德,不干四时之序也。地柔而能刚,天刚而能柔,故以喻臣当执刚以正君,君当执柔以纳臣也。○传'言惟'至'美食'。○正义曰:于三德之下说此事者,以德则随时而用,位则不可假人,故言尊卑之分,君臣之纪,不可使臣专威福、夺君权也。衣亦不得僭君而独言食者,人之所资,食最为重,故举言重也。王肃云:辟,君也。不言王者,关诸侯也。诸侯于国得专赏罚,其义或当然也。○传'在位'至'僭差'。○正义曰:此经福、威与食,于君每事言辟,于臣则并文而略之也。作福作威谓秉国之权、勇略震主者也。人用侧颇僻者,谓在位小臣见彼大臣威福由己,由此之故,小臣皆附下罔上,为此侧颇僻也,下民见此在位小臣秉心僻侧,用此之故,下民皆不信,恒为此僭差也。言在位由大臣,下民由在位,故皆言用也。传不解'家'。王肃云:大夫称家。言秉权之臣必灭家復害其国也。"①

李振兴案:正直、刚、柔谓之"三德"。指人臣而言也。正直者,正者无邪,直者无曲,乃谓平正不曲也。刚者,强也。柔者,和柔也。言人臣具有此三德者,方足以治人也。郑康成以为正直为"中平之人"(《史记·集解》)。蔡《传》以为正者无邪,直者无曲。是言得之。俞樾《群经平议》云:"经言正直,不言正曲直,传义非也。"克,胜也(《释文》引马融)。郑云:克,能也。刚而能柔,柔而能刚,宽猛相济,以成治立功(《史记·集解》)。蔡《传》云:"克,治。刚克柔克者,威福予夺、抑扬进退之用也。"如马氏言,则以刚克为刚强胜人,谓其性偏于刚强也,未若蔡氏之释"克"为"治"义洽。如郑氏言,则刚、柔无以分辨。需知刚、柔各为贤德,岂容混肴?是以孔子曰:"吾未见刚者。"或对曰:"申枨。"子曰:"枨也欲,焉得刚。"(《论语·公冶长篇》)《老子》亦云:"知其雄,夺其雌。"又曰:"天下莫柔弱于水,而攻坚强者莫之能胜,以其无以易之也。"均以刚、柔为美德也。《正义》曰:"此三德,人君之德。"亦非也。王鸣盛曰:"……三德,是言君之治民,当用三德之人以治之。则三德当属臣言。传以为人君之自有之德,非也。"又,关于"惟辟作福,惟辟作威,惟辟玉食"一句,李振兴案:王氏之言,取马、郑二氏之意立说也。马融云:"辟,君也。玉食,美食。不言王者,关诸侯

---

① 阮刻《十三经注疏》,页190下—191上。参黄怀信整理本《尚书正义》,页466。

也。"(《史记·宋微子世家·集解》)郑康成云:"作福,专爵赏也。作威,专刑罚也。玉食,备珍美也。"(《史记·宋微子世家·集解》)《释诂》云:"辟,君也。"玉食,犹言好食。《史记·孝武本纪·索隐》引《三辅决录》云:"杜陵有玉氏音肃,《说文》以为从玉,音畜牧之畜。"《孟子·梁惠王下篇》云:"畜君者,好君也。"高诱注《吕览》云:"畜,好。"凡经言玉女、玉色,义皆为好。是也。"不言王者,关诸侯"者,此乃兼言天子与诸侯,故不曰王也。而诸侯于其国,亦君也,得专威福者。《王制》云:"次国三卿,二卿命于天子,一卿命于其君";"小国二卿,皆命于其君。"是诸侯得爵命大夫也。《康诰》是周公诰康叔之书,而云"敬明乃罚"。《文王世子》云:"狱成有司谳于公。"是诸侯得专刑罚也。是以王氏云:"辟,君也。不言王者,关诸侯也。诸侯于国,得专赏罚也。"(又,关于"臣之有作福作威玉食,其害于而家,凶于而国"一句,)李振兴案:郑康成曰:"害于汝家,福去室;凶于汝国,乱下民。"(孙《疏》,页309)此言大臣(大夫之家)专作赏罚。此于天子、诸侯言,则为大权旁落,政出多门,可以为害国家也。大夫专赏罚,则必危诸侯之国;大臣专赏罚,则必危天子位;而大夫之家臣专赏罚,则必危其家矣。是以王氏云然也。[1]

**应勇案:** 此条郑、王义之异有二:(1)箕子所陈之"三德"到底是王德、君德亦或臣德?郑以为指臣德,王者、君可根据不同的臣子所具备的"三德"中的某一方面的优势,因才任用,发挥各自的特长。王肃则以为"三德"都是指"王者"或"君"一人之德,视世道不同情况而施之以不同的德治。伪孔传用王说。孙《疏》似以王义为是。王鸣盛曰"马、王云云与郑同也",似有疏漏,不敢苟同。李振兴以郑说为是而不用王说。(2)经文中"臣之有作福作威玉

---

[1] 李振兴《王肃之经学》,页216—217。此段案语李振兴原文亦颇多讹误,重录时已校正。

食,其害于而家,凶于而国"一句,郑、王之解小异,郑解"家"为一般意义之家庭,王肃则解为《左传》中"天子建国,诸侯立家"之"家",是特称判断。蔡《传》之解近王义,即"国"主要指诸侯,"家"主要指大夫。此类小异,王鸣盛未能甄别,故此条竟难得地称道王肃之说为是也。①

"……七,稽疑,择建立卜筮人,乃命卜筮,曰雨曰霁曰蒙曰驿曰克,曰贞曰悔。"

(1) "稽疑,择建立卜筮人,乃命卜筮","郑、王皆以建、立为二,言将考疑事,选择可立者,立为卜人、筮人。"

(2) 蒙、驿,郑、王本均分别作雺、圛。② "郑玄以圛为明,言色泽光明也。雺者,气泽郁郁冥冥也。自以明、闇相对,异于孔也。" "王肃云:圛,霍驿消灭,如云阴;雺,天气下,地不应,闇冥也。其意如孔言。"

(3) 克,"郑玄云:克者,如雨气色相侵入。" "克者,如祲气之色相犯也。"(《史记·集解》) "王肃云兆相侵入。盖兆为二拆,其拆相交也。"

伪孔传:"龟曰卜,蓍曰筮。考正疑事,当选择知卜筮人而建立之。"《释文》:"蓍音尸。"伪孔传:"建立其人,命以其职。龟兆形有似雨者,有似雨止者。蒙,阴闇。(驿),气落驿不连属。"《释文》:"驿,音亦,注同。属音烛。"伪孔传:"(克,)兆相交错。(以上雨、霁、蒙、驿、克五者,)卜兆之常法。内卦曰贞,外卦曰悔。"

《正义》:"'稽疑'者,言王者考正疑事,当选择知卜筮者而建立之,以为卜筮人,谓立为卜人、筮人之官也。既立其官,乃命以卜筮之职。云卜兆有五,曰雨兆,如雨下也;曰霁兆,如雨止也;曰

---

① 王鸣盛《尚书后案》卷一二。
② 参陈梦家《尚书通论(外二种)》,页136。

雾兆，气蒙闇也；曰圛兆，气落驿不连属也；曰克兆，相交也。筮卦有二重，二体乃成一卦，曰贞，谓内卦也；曰悔，谓外卦也。卜筮兆卦，其法有七事，其卜兆用五：雨、雾、蒙、驿、克也；其筮占用二：贞与悔也。卜筮皆就此七者推衍其变。立是知卜筮人，使作卜筮之官。其卜筮必用三代之法，三人占之，若其所占不同而其善钧者，则从二人之言。言以此法考正疑事也。○传'龟曰'至'立之'。○正义曰：'龟曰卜，蓍曰筮'，《曲礼》文也。考正疑事，当选择知卜筮人而建立之。建亦立也，复言之耳。郑、王皆以建、立为二，言将考疑事，选择可立者，立为卜人、筮人。○传'兆相'至'常法'。○正义曰：此上五者灼龟为兆，其璺坼形状有五种，是卜兆之常法也。《说文》云：霁，雨止也。霁似雨止，则雨似雨下。郑玄曰：霁如雨止者，云在上也。雾，声近蒙。《诗》云：'零雨其蒙。'则蒙是闇之义，故以雾为兆，蒙是阴闇也。圛即驿也，故以为兆，气落驿不连属。落驿，希疏①之意也。雨、雾既相对，则蒙、驿亦相对，故驿为落驿，气不连属，则雾为气连蒙闇也。王肃云：圛，霍驿消灭，如云阴；雾，天气下，地不应，闇冥也。其意如孔言。郑玄以圛为明，言色泽光明也。雾者，气泽郁郁冥冥也。自以明闇相对，异于孔也。克，谓兆相交错。王肃云兆相侵入。盖兆为二坼，其坼②相交也。郑玄云：克者，如雨气色相侵入。卜筮之事，体用难明，故先儒各以意说，未知孰得其本。今之用龟，其兆横者为土，立者为木，斜向径者为金，背径者为火，因兆而细曲者为水。不知与此五者同异如何。此五兆不言一曰二曰者，灼龟所遇无先后也。○传'内卦'至'曰悔'。○正义曰：僖十五年《左传》云：秦伯伐晋，卜徒父筮之，其卦遇蛊。蛊卦巽下艮上。《说卦》云：巽为风，艮为山。其占云：蛊之贞风也，其悔山也。是内卦为贞，外卦

---

① "疎"，黄怀信整理本《尚书正义》作"疏"。
② "拆"，黄怀信整理本《尚书正义》作"坼"。

为悔也。筮法爻从下起,故以下体为内,上体为外,下体为本,因而重之,故以下卦为贞。贞,正也,言下体是其正。郑玄云:悔之言晦,晦犹终也。晦是月之终,故以终言。上体是其终也。下体言正,以见上体不正。上体言终,以见下体为始。二名互相明也。……"①

李振兴案:王从郑说也。稽者,考也。(《广雅·释言》)建者,立也,有设置义。《曲礼》云:"龟曰卜,蓍曰筮。"是以郑、王、伪孔传所言同也。《正义》曰:"考正疑事,当选择知卜筮者而建立之。建,亦立也。復言之耳。"是也。此与今之任用专家意同。经文所言,盖占筮之象也。曰雨曰霁者,未见王氏之言。据先儒所释,咸以为龟兆象雨,象雨上而云气在上也。王氏云圛,霍驿消灭,如云阴者。沿许氏说也。许慎《说文》第六口部引《商书》曰:"圛者,升云半有半无。"《说文》、《系传》、《困学纪闻》均作如是说。伪孔传所谓驿,气落驿不连属。亦用许义也。雺,天气下,地不应,闇冥也。王用《尔雅》文,与《说文》不合。《说文》卷十一下雨部云:"霿,地气发,天不应。雺,籀文霿。"然则霿、雺是一字也。雨部又有天气地不应曰……段氏解之甚详,以正《尔雅》、《玉篇》之误。王氏之从《尔雅》恐非。"克,兆相侵入"者,先儒多作如是说。如郑玄云:"克者,如祲气之色相犯也。"(《史记·集解》)伪孔传云:"兆相交错。五者卜兆之常法。"《正义》云:"此上五者,灼龟为兆,其墨拆形状有五种,是卜兆之常法也。"又云:"卜筮之事,体用难明,故先儒各以意说,未知孰得其本。"蔡《传》云:"克者,交错,有相胜之意。其兆为土。"凡此皆以兆象为释也。惟王氏引之以命龟为说,其言云:"襄二十八年《左传》:卢蒲癸,王何卜攻庆氏,示子之兆。子之曰:克,见血。昭十七年《传》:吴人伐楚,楚卜战不吉。司马子鱼令龟曰魴也。以其属死之,楚师继之,尚大克之,

---

① 阮刻《十三经注疏》,页 191 上、中。参黄怀信整理本《尚书正义》,页 467—469。

吉。是曰克为命龟之事也。"此说是也。《诗·小宛》传：克，胜也。曰克者，卜问战事胜否也。商承祚[①]："象人戴胄形。克本训胜。训肩，殆引申之谊矣。"又案：《周礼·太卜》八命，一曰征。郑司农云：征为征伐人也。五曰果。郑氏云：果，谓事成与否也。则此曰克，亦与"曰征"、"曰果"相似，是亦命龟之事，非为兆象也。又案：郑氏释此经云："雨者，兆之体气如雨然。济（以霁为济。见《释文》）者，如雨止之云气在上者也。圛者，色泽而光明也。雾蟊者，气不释郁冥冥也。克者，如浸气之色相犯也。"先儒多是其说。郑氏所以释圛为"色泽而明光也"，乃以此为吉兆故也。细绎王氏"圛，霍驿消灭，如云……"，亦有光明义。因霍，俗作靃。《说文》：靃，飞声也（见《说文》雨部）。《文选》张衡《西京赋》云："霍绎纷泊。"注："霍绎，飞走之貌。"驿、绎义通（见《尔雅·释训》）。《诗·大雅·常武》："徐方绎骚"。笺云："绎，当作驿。"上云曰雨曰霁，今云曰圛。霁，雨止而云在上也。今霍驿消灭，暑光乃现，是有光明义也。是以郑、王所言，其义同也。[②]

**应勇案**：此段经文残存之郑、王义解可对勘者有三：（1）"郑、王皆以建、立为二，言将考疑事，选择可立者，立为卜人、筮人。"即郑、王均以为此意为设立卜人、筮人二官以负责卜、筮之事。郑、王无不同。（2）关于蒙、驿二兆相的解释。今本经文作蒙、驿，而据阮元《校勘记》曰："孙志祖云：案经文本作雺、圛而传读为蒙、驿耳。孔疏犹作雺、圛，且云：雺，声近蒙，圛即驿也。可证经文之作雺、圛矣。不知何时径改经为蒙、驿，沿误至今，幸疏中字多不及全改，后之学者犹可寻求是正也。○按改作蒙、驿在唐天宝、开宝时。说详段玉裁《尚书撰异》。"可证经文本当作雺、圛，卫包改为蒙、驿也。对此二兆相之解释，郑、王有不同，依郑解，雺、圛正好

---

① 李氏原引作"商存祚"，恐误。
② 李振兴《王肃之经学》，页218—219。

代表阴霾与晴朗;依王解,则雺有类今之阴,圛有类今谓之阴转多云,还是与郑说有别。李振兴谓此条郑、王义实同,实不然也。王鸣盛曰:"玩此经疏,则郑、王皆以雺为蒙,圛为驿。又《诗·载驱》笺:《古文尚书》以悌为圛。疏云:《洪范》卜兆有曰圛,古文作悌,今文作圛,贾逵以今文校之,定为圛,故郑依贾氏所奏,从定为圛,于古文则为悌。合而论之……郑读若蒙而即改为蒙,则非矣。……"① 关于郑、王之异,王鸣盛自是郑而非王,曰:"圛训明,正与雺对。晚晋人妄改为落驿,以对蒙……《说文》以圛为升云半有半无,亦是光明状,与郑合。……"② 其实笔者以为,所谓"晚晋人妄改为落驿",实际是根据王肃义推衍而来。或曰:"圛"为今文,古文则作"悌"。《史记》作"涕",即源自古文"悌"也。贾逵以今文校之,定以为"圛"。郑依贾氏所奏,亦作"圛"。《说文》:"圛,读若驿。"看来唐开元、天宝中改经文为"蒙"、"驿"亦不为无据。③而据《诗·载驱》"齐子岂弟"郑玄笺:"《古文尚书》'弟'为'圛'。"则古文为"圛",而非今文为"圛"。段玉裁《古文尚书撰异》即坚信此说,曰:"《今文尚书》作'涕',《古文尚书》作'圛',皆有佐证,不得反而易之。"则郑、王所据经文"圛"为古文。而"雺",据考,西汉今文作"霿",即"雺",又作"雾"。《史记·宋世家》引即作"雾"。段玉裁曰:"霿,亦可音蒙。"(《撰异》)而东汉古文则作"䨪",亦作"雺"。今刘起釪《尚书校释译论》则将经文径改回为"曰圛曰雺"。④ (3)关于兆相"克"之解释。郑曰"克者,如雨气色相侵入",又曰:"克者,如浸气之色相犯也。"(《史记·宋微子世家·集解》)浸,《广韵·侵韵》:"浸,日傍气也。"《周礼·春官·保章氏》:"以五云之物,辨吉凶,水旱降丰荒之浸象。"贾公彦疏:"浸,谓日旁云

---

① 王鸣盛《尚书后案》卷一二。
② 王鸣盛《尚书后案》卷一二。
③ 王应麟《困学纪闻》,[清]翁元圻等注,页221。
④ 顾颉刚、刘起釪《尚书校释译论》,页1179—1180。

气。以见五色之云,则知吉凶也。"此解郑以云气解卦相,与王肃以兆相本身之交错相侵为解不同。王鸣盛亦自是郑而非王。

**"凡七,卜五,占用二,衍忒。立时人作卜筮,三人占,则从二人之言……"**

郑玄断为"卜五占用,二衍忒"。"郑玄云'卜五占用',谓雨、霁、蒙、驿、克也;'二衍忒',谓贞、悔也。断'用'从上句。'二衍忒'者,指谓筮事。"郑玄又曰:"卜五占之用,谓雨、霁、圛、雰、克也。二衍忒,谓贞、悔也。……兆卦之名凡七,龟用五,易用二。"

王肃则断如上,云:"'卜五'者,筮短龟长,故卜多而筮少;'占用二'者,以贞、悔占六爻;'衍忒'者,当推衍其爻义以极其意。"

伪孔传:"立是知卜筮人,使为卜筮之事。夏、殷、周卜筮各异,三法并卜,从二人之言,善钧从众。卜筮各三人。"《释文》:"占用二,马云:占,筮也。……"

《正义》:"○传'立是'至'三人'。○正义曰:此经'卜五占用二衍忒',孔不为传。郑玄云'卜五占用',谓雨、霁、蒙、驿、克也;'二衍忒',谓贞、悔也。断'用'从上句。'二衍忒'者,指谓筮事。王肃云:'卜五'者,筮短龟长,故卜多而筮少;'占用二'者,以贞、悔占六爻;'衍忒'者,当推衍其爻义以极其意。卜五占二,其义当如王解。其'衍忒',宜摠谓卜筮皆当衍其义,极其变,非独筮衍而卜否也。传言'立是知卜筮人,使为卜筮之事'者,言经之此文覆述上句'立卜筮人'也。言'三人占',是占此卜筮,法当有三人。《周礼·太卜》掌三兆之法,一曰玉兆,二曰瓦兆,三曰原兆;掌三易之法,一曰《连山》,二曰《归藏》,三曰《周易》。杜子春以为玉兆,帝颛顼之兆;瓦兆,帝尧之兆。又云《连山》虙牺,《归藏》黄帝。三兆、三易皆非夏、殷。而孔意必以三代夏、殷、周法者,以《周礼》指言一曰二曰,不辨时代之名。案《考工记》云:夏曰世室,殷曰重屋,周曰明堂。又《礼记·郊特牲》云夏收,殷冔,周冕。皆以夏、殷、周三代相因,明三易亦夏、殷、周相因之法。子春之言,孔所不取。郑玄《易赞》亦云:夏曰《连山》,殷曰《归藏》。与孔同也。所言三兆三易,必是三代异法,故传以为夏、殷、周卜筮各以三代异法,三法并卜,法有一人,故三人也。'从二人之言'者,二人为善既钧,故从众也。若三人之内贤智不等,虽少从贤,不从众也。'善钧从众',成六年《左传》文。既言三法并卜,嫌筮不然,故又云'卜筮各三人'也。经惟言三占从二,何知不一法而三占而知三法并用者,《金縢》云:乃卜三龟,一习吉。《仪礼·士丧》:卜葬,占者三人,贵贱俱用三龟,知卜筮并用三代法也。……"①

**李振兴案**:王说是也。"凡七"者,即经上文"曰雨曰霁曰蒙(王作雾)曰驿(王作圛)曰克曰贞曰悔"也。"卜五"者,即雨、霁、雾、圛、克也。"占用二"者,即谓以易占,则用贞、悔二事也。衍者,推衍。忒者,变化。乃以《易》之爻义而推衍其变化之微也。是以《正义》申之曰:"卜五占二,其义当如王解。"蔡《传》释此经之句读,与王氏同。惟以"忒"训过,谓所以推人事之过差也。似不若王氏之言为有理。而郑康成则以"卜五占用,二衍忒"为读,此读乃据《史记·宋世家》箕子之对,谓"卜五占之用,二衍忒"为断。是以清儒多从其说。谓"卜五占用"者,用之衍忒,则非占也。《尚书》省去之字,合以"占用"为一句,"二衍忒"为一句,则义理明矣。(惠栋《九经古义》)郑氏云:"卜五占之用,谓雨、霁、圛、雾、克也。二衍忒,谓贞、悔也。将立卜筮人,乃先命名兆卦而分别之。兆卦之名凡七,龟用五,易用二。"(《史记·宋微子世家·集解》。孙《疏》,页 310)是说与王氏异,然亦有理,兹并存之。②

**应勇案**:此句经文接上条。衍,推演也。忒,变更也。《尔

---

① 阮刻《十三经注疏》,页 191 中。
② 李振兴《王肃之经学》,页 219。原文多讹误,重录时已校正。如所引末一句郑玄注文"谓贞、悔也"下省略"将立卜筮人,乃先命名兆卦而分别之"数字,且文后无出处注明,笔者此次重录时一并校正补之。

雅·释言》:"爽,忒也。"邢昺疏引孙炎曰:"忒,变杂不一。"《说文》心部:"忒,更也。"《诗·鲁颂·閟宫》:"春秋匪解,享祀不忒。"郑玄笺:"忒,变也。"此条郑、王义解之区别在于,郑以为"五占"即通过雨、霁、蒙、驿、克五种卜龟兆相来占算疑事,"二衍忒"则指通过筮卦之贞、悔二体推演吉凶变化;王肃则以为,无论用卜龟之五兆相,还是用筮卦之贞、悔,其目的都在于"衍忒"。二解小异。

"……曰休征:曰肃,时寒若;曰乂,时旸若;曰晢,时燠若;曰谋,时寒若;曰圣,时风若。曰咎征:曰狂,恒雨若;曰僭,恒旸若;曰舒,恒燠若;曰急,恒寒若;曰蒙,恒风若……"

(1) 舒,郑曰举迟也,王曰惰也。(郑、王本均作"舒",传世伪孔本则作"豫"。)

(2) 蒙,郑曰见冒乱也,王曰瞽蒙也。

伪孔传:"叙美行之验,君行敬则时雨顺之,君行[1]政治则时旸顺之,君能照晢则时燠顺之,君能谋则时寒顺之,君能通理则时风顺之。叙恶行之验,君行狂疾则常雨顺之,君行僭差则常旸顺之,君行逸豫则常燠顺之,君行急则常寒顺之,君行蒙闇则常风顺之。"

《正义》:"……上既言失次序,覆述失次序之事,曰恶行致备极之验。何者是也?曰君行狂妄则常雨顺之,曰君行僭差则常旸顺之,曰君行逸豫则常暖顺之,曰君行急躁则常寒顺之,曰君行蒙闇则常风顺之。此即致上文'一极备,凶;一极无,凶'也。○传'君行'至'顺之'。○正义曰:此休咎皆言'若'者,其所致者皆顺其所行,故言'若'也。《易·文言》云:云从龙,风从虎,水流湿,火就燥。是物各以类相应,故知天气顺人所行,以示其验也。其咎

---

[1] 阮元《校勘记》曰:"《史记》集解无'行'字,与疏合。"——阮刻《十三经注疏》,页194中。

反于休者,人君行不敬则狂妄,故狂对肃也;政不治则僭差,故僭对乂也;明不照物则行自逸豫,故豫对晢也;心无谋虑则行必急躁,故急对谋也;性不通晓则行必蒙闇,故蒙对圣也。郑玄以狂为倨慢,以对不敬,故为慢也。郑、王本'豫'作'舒',郑云举迟也,王肃云:舒,惰也。以对照晢,故为迟、惰。郑云:急,促,自用也。以'谋'者用人之言,故'急'为自用己也。郑云:蒙,见冒乱也。王肃云:蒙,瞀蒙。以圣是通达,故蒙为瞀蒙。所见冒乱,言其不晓事,与圣反也。与孔各小异耳。"①

　　李振兴案:舒,今本作豫。伪孔传谓:"君行逸豫,则常燠顺之。"《正义》曰:"明不照物,则行自逸豫。故豫对晢也。"郑康成豫作舒,谓举迟也。言人君举事太舒,则有常燠之咎气来顺之。(《公羊》成元年疏)王氏亦作舒,但训舒为惰。是又与郑氏异也。蔡《传》云:"舒,怠也。"怠、惰义同。是蔡承王说也。此言意谓上不勤政,人民自处于常热之中也。天以常热为灾。上之舒惰,自人民之灾也。又案:《史记》、《汉书·五行志》均作舒。是郑、王之作舒,盖有所本。《五行志》云:"言上不明,暗昧蔽惑,则不能知善恶,亲近习,长同类,无功者受赏,有罪者不杀,百官废乱,失在舒缓。故其咎舒也。"孙《疏》云:"言舒缓,即郑举迟之义。"是也。以此观之,王说似逊。伪孔传云:"君行蒙闇,则常风顺之。"此即谓君之思惟蒙闇不通,则天以常风为灾,以表其征也。《正义》云:"性不通晓,则行必蒙闇。故蒙对圣也。"又云:"郑云:蒙,见冒乱也。王肃云:蒙,瞀蒙。以圣通达,故蒙为瞀蒙。所见冒乱,言其不晓事,与圣反也。与孔各小异耳。"孔言得之。蔡《传》云:"蒙,昧也。"是亦承孔传之说也。郑、王二家言似逊。②

　　**应勇案**:此条残存之郑、王解义亦可对勘者有二:(1)舒(即今

---

① 阮刻《十三经注疏》,页 192 中。参黄怀信整理本《尚书正义》,页 475。
② 李振兴《王肃之经学》,页 220。

本之"豫"),郑、王经字相同,解义亦基本相同,"举迟"即有怠惰意。(2)蒙,郑、王解义亦基本相同。《正义》及李振兴之解均不够明晰。郑所谓"见冒乱",即因盲目无知而易被人冒乱也。王肃曰:蒙,瞽蒙。一作瞽蒙。《周礼·春官》之属。郑司农注云:"无目眹谓之瞽,有目眹而无见谓之蒙。"眹,俗称眼珠。人为瞽蒙,自是盲目而易被人冒乱也。此二条同样可见王肃有意与郑立异之端倪也,王肃即使不能在经义上与郑立异,也要在用语上有所区别。

"……日月之行,则有冬有夏……"

郑玄:四时之间,合于黄道也。(《礼记·月令·正义》。孙《疏》,页318)

王肃:日月行有常度,君臣礼有常法,以齐其民。①

**应勇案**:此条郑解关注天象本身,王解则关注与天象相关之人事。

"九五福:……四曰攸好德……"

郑玄曰:"民皆好有德也。"

王肃云:"言人君所好者道德为福。"

伪孔传:"……所好者德,福之道……"

《正义》:"五福者,谓人蒙福佑有五事也……'四曰攸好德',性所好者美德也……○传'所好'至'之道'。○正义曰:……郑云:民皆好有德也。王肃云:言人君所好者,道德为福。《洪范》以人君为主,上之所为,下必从之,人君好德,故臣亦好德,事相通也。"②

李振兴案:王氏此说,即勉人君好道德,亦所以为福也。郑康

---

① 阮刻《十三经注疏》,页192下。参李振兴《王肃之经学》,页296。此条未见李氏案语。
② 阮刻《十三经注疏》,页193上。

成曰:"攸好德,人皆好有德也。"(《正义》)伪孔传云:"所好者德,福之道。"蔡《传》云:"'攸好德'者,乐其道也。"是皆以"好"为喜好之好,即言好德乃福也。俞氏樾《群经平议》以"好"应读为美好之好。好德,即美好之德。人有美好之德,即福也。其言曰:"今文家说以'好德'与'恶'对,则'好'字读如美好之好。其说似较古文为长。"又云:"古字'攸'与'修'通。'攸好德',即修好德。人能修饰其美德,如孟子所谓饱乎仁义,不愿人之膏粱;令闻广誉施于身,不愿人之文绣。是亦福也。《张表碑》曰:令德攸兮。'攸'亦'修'之假借字。'令德'即好德也。疑今文家固以'攸'为'修'矣。"是言较郑、王、蔡氏说为长。①

**应勇案**:此条郑、王解义大不同。虽郑、王皆以"好"为喜好之好,但依郑说,乃是老百姓均喜好有德,那才是福佑之道;依王说,乃是强调统治者的喜好非常要紧,即李振兴所言"勉人君好道德,亦所以为福也。"伪孔传、孔颖达《正义》则以王说为是。王鸣盛解郑义曰:"人皆好德,即为人君之福。"②王肃说正与之相反。

---

① 李振兴《王肃之经学》,页221。
② 王鸣盛《尚书后案》卷十二。

## 《金縢》

**应勇案**：縢，郑、王皆云：縢，束也。《正义》："武王有疾，周公作策书告神，请代武王死，事毕，纳书于金縢之匮，遂作《金縢》。凡序言'作'者，谓作此篇也。案经周公策命之书自纳金縢之匮，及为流言所谤，成王悟而开之，史叙其事，乃作此篇，非周公作也。……经云金縢之匮，则金縢是匮之名也。《诗》述韇弓之事云'竹闭绲縢'。《毛传》云：绲，绳；縢，约也。此传言'缄之以金'，则训'縢'为缄。王、郑皆云：縢，束也。又郑《丧大记》注云：齐人谓棺束为缄。《家语》称周庙之内有金人三缄其口。则縢是束缚之义。……"①《正义》又引郑玄云："凡藏秘书，藏之于匮，非周公始造此匮，独藏此书也。"可知这种藏机要文件的秘匮是早就存在的，非周公始创。② 此条郑、王经注可对勘，但李振兴《王肃之经学》未列，特补于此。此条郑、王义无不同。

**"既克商二年，王有疾，弗豫……"**

"既克商二年"，郑、王义解似不同，郑义似为克殷"后二年"，王曰"克殷明年"。

伪孔传："伐纣明年，武王有疾，不悦豫。"

《正义》："既克商二年，即伐纣之明年也。王有疾病不悦豫，召公与太公二公同辞而言曰：我其为王敬卜吉凶，问王疾病当瘳否。周公曰：王今有疾，未可以死近我先王，故当须卜也。周公既

---

① 阮刻《十三经注疏》，页195下。参黄怀信整理本《尚书正义》，页493。
② 参刘起釪《尚书·金縢校释译论》，刊氏著《尚书研究要论》，齐鲁书社2007（下引版本同）。

为此言,公乃自以请命之事为己事,除地为墠,墠内筑坛……○传'伐纣'至'悦豫'。○正义曰:武王以文王受命十三年伐纣。既杀纣,即当称元年。克纣称元年,知此二年是伐纣之明年也。王肃亦云'克殷明年'。《顾命》云:王有疾不怿。怿,悦也。故不豫为不悦豫也。何休因此为例云:天子曰不豫,诸侯曰负兹,大夫曰犬马,士曰负薪。"①

**李振兴案:**《史记·周本纪》云十一年伐纣。克商二年,当为武王十三年也。《正义》云:"武王以文王受命十三年伐纣。既杀纣,当称元年克纣,知此二年,是伐纣之明年也。"是说推理甚切,故引王氏之言以为证据验。郑氏康成云:"武王于文王崩后六年伐纣,后二年有疾。"(《诗·豳谱·正义》引。孙《疏》,页323)则此为武王之十五年也。王鸣盛以郑说为是。②

**应勇案:** 此条残存郑、王注之可对应比勘者为:武王"有疾"到底在哪一年,即经文所谓"既克商二年"该作何解。孙《疏》曰:"二年者,《史记·周本纪》云'十一年伐纣',则此为武王十三年。《诗·豳谱》疏此郑注云:'武王于文王崩后六年伐纣,后二年有疾。'则此为武王之十五年也。《史记·集解》引皇甫谧曰:'武王元年,岁在乙酉。'则此年岁在丙戌也。"(孙《疏》,页323—324)此条郑解不明,孙星衍、王鸣盛、李振兴等均以郑解"既克商二年"为伐纣后之第三年,即伐纣之年数加2年,而据伪孔传、《正义》及所引王肃之说,则解"既克商二年"为伐纣后第二年,即"克殷明年"。孙《疏》先说以伐纣后第三年为义,而后引皇甫谧之说解之,则显以伐纣后第二年为义。则孙《疏》前后有矛盾。"惟郑是从"的王

---

① 阮刻《十三经注疏》,页196上。参黄怀信整理本《尚书正义》,页494。
② 李振兴《王肃之经学》,页222。李振兴原文引"郑氏康成云……"一句下引号在"此为武王之十五年也"后,误。孙《疏》所引此文,据陈抗、盛冬铃点校,下引号在"二年有疾"后,则"此为武王之十五年也"一句为孙星衍断语,而非郑氏语。当以陈抗、盛冬铃之点校为是。

鸣盛①坚持以郑说为是,曰:"王及伪传以为'克商明年',然经言'既克商二年',则是既克商而又二年,明不数克商之年也,故郑以为'后二年',王及伪传皆非是。"②皮锡瑞亦以克殷后第三年为是,即"十一年伐纣,则克商二年为十三年,即王访箕子之岁也。"③今刘起釪《尚书校释译论》则以王说为是。④

**"……乃卜三龟一习吉,启籥见书,乃并是吉……"**

"郑玄云:籥,开藏之管也。开兆书藏之室以管,乃复见三龟、占书亦合,于是吉。"

"王肃亦云:籥,开藏占兆书管也。"

伪孔传:"习,因也。以三王之龟卜一相因而吉。三兆既同吉,开籥见占兆书,乃亦并是吉。"《释文》:"籥,……马云:藏卜兆书管。……"

《正义》:"祝告已毕,即于坛所,乃卜其吉凶,用三王之龟卜,一皆相因而吉,观兆已知其吉,犹尚未见占书。占书在于藏内,启藏以籥,见其占书亦与兆体乃并是吉。公视兆曰:……○传'习因'至'而吉'。○正义曰:习,则袭也。袭是重衣之名,因前而重之,故以'习'为因也。虽三龟并卜,卜有先后,后者因前,故云因也。《周礼•太卜》掌三兆之法,一曰玉兆,二曰瓦兆,三曰原兆。三兆各别,必三代法也。《洪范》卜筮之法:三人占,则从二人之言。是必三代之法并用之矣。故知三龟,三王之龟。龟形无异代之别,但卜法既别,各用一龟,谓之三王之龟耳。每龟一人占之,其后君与大夫等揔占三代之龟,定其吉凶。未见占书已知吉者,卜有大体见兆之吉凶,粗观可识,故知吉也。○传'三兆'至'是

---

① 参拙著《郑玄通学及郑王之争研究》"研究史"部分。
② 王鸣盛《尚书后案》卷十三。
③ 皮锡瑞《今文尚书考证》卷十三。
④ 详见顾颉刚、刘起釪《尚书校释译论》,页1223—1224。

吉'。〇正义曰：郑玄云：籥，开藏之管也。开兆书藏之室以管，乃复见三龟、占书亦合，于是吉。王肃亦云：籥，开藏占兆书管也。然则占兆别在于藏。《太卜》'三兆'之下云：'其经兆之体皆百有二十，其颂皆千有二百。'占兆之书，则彼颂是也。略观三兆既已同吉，开藏以籥，见彼占兆之书，乃亦并是吉。言其兆、颂符，同为大吉也。"①

李振兴案：马融云："籥，藏卜兆书管。"(《释文》)王氏不取其说。郑康成云："籥，开藏之管也。开兆书藏之室以管，乃复见三龟、占书亦合，于是吉。"王说同。蔡《传》云："籥与鑰通。"郑、王、蔡之意皆以籥为管键，为牝者。《方言》云："户鑰自关而东谓之键，自关而西谓之鑰。"《文选》注引郑氏《易注》云："齐鲁之间名门户及藏器之管曰籥。盖籥与鑰同，键亦通称，内有牡键，以牝管开之也。"(见孙《疏》)是皆以籥为鑰之说也。然而籥，非管籥也，乃简属也。《说文》云："籥，书僮竹笘也。"又云："颍川人名小儿所书写为笘。"……《一切经音义》引《纂文》云："关西以书篇为籥。"徐锴曰："谓编竹以习书。《尚书》曰：启籥见书。即今鑰字。"(《说文系传》)是籥为简属，所以载书，故必启籥然后见书也。以是言之，郑、王、蔡三家之说皆非也。②

应勇案：此条郑、王解说无不同，但值得注意的是，郑、王之解均不取马说。马融曰："籥，藏卜兆书管。"乃以兆书藏在一管中，此管称"籥"。"启籥"即打开这个管，以见兆书。郑、王则以"籥"为开藏兆书之管，《正义》释之曰："开兆书藏之室以管，乃复见三龟、占书亦合，于是吉。"乃是以"籥"为今之钥匙，以此开藏兆书之室，以见兆书。蔡《传》用郑、王之说。而清人王引之、近人王国维及今人刘起釪、李振兴皆用"简属"之说，不用马、郑、王说。③

---

① 阮刻《十三经注疏》，页196下。参黄怀信整理本《尚书正义》，页498—499。
② 李振兴《王肃之经学》，页222。
③ 顾颉刚、刘起釪《尚书校释译论》，页1232。

**"……武王既丧,管叔及其群弟乃流言于国……"**(李振兴案:此条马氏未辑。余萧客所辑标题为:"王翼日乃瘳。"与王氏言不合。今正。①)

(1) 郑以为文王死时为受命七年之时,王肃则以为文王死时为受命九年之时。

(2) 郑以为武王"崩"时成王年十岁,王肃则以为武王"崩"时成王已十三岁。

(3) 郑、王均以《康诰》、《洛诰》、《召诰》为周公作。

(4) 郑、王均以为文王十五而生武王,九十七而终,终时武王八十三矣,而武王崩时,年九十三矣。

伪孔传:"武王死,周公摄政,其弟管叔及蔡叔、霍叔乃放言于国,以诬周公,以惑成王。"

《正义》:"周公于成王之世为管、蔡所诬,王开金縢之书,方始明公本意,卒得成就周道,天下太平。史官美大其事,述为此篇,故追言请命于前,乃说流言于后。自此以下说周公身事。武王既丧,成王幼弱,周公摄王之政,专决万机,管叔及其群弟蔡叔、霍叔乃流放其言于国中曰:公将不利于孺子。言欲篡王位,为不利。周公乃告二公曰:我之不以法法此三叔,则我无以成就周道,告我先王。既言此,遂东征之。周公居东二年……○传'武王死'至'成王'。○正义曰:武王既死,成王幼弱,故周公摄政。摄政者,虽以成王为主政,令自公出,不復关成王也。《蔡仲之命》云:群叔流言,乃致辟管叔于商,囚蔡叔于郭邻,降霍叔于庶人。则知群弟是蔡叔、霍叔也。《周语》云:兽三为群。则满三乃称群。蔡、霍二人而言群者,并管,故称群也。传既言周公摄政,乃云'其弟管叔',盖以管叔为周公之弟。《孟子》曰:周公弟也,管叔兄也。《史记》亦以管叔为周公之兄。孔似不用《孟子》

---

① 李振兴《王肃之经学》,页222。

之说，或可。孔以其弟谓武王之弟，与《史记》亦不违也。流言者，宣布其言，使人闻知，若水流然。流，即放也，乃放言于国，以诬周公，以惑成王。王亦未敢诮公。是王心惑也。郑玄云：流'公将不利于孺子'之言于京师。于时管、蔡在东，盖遣人流传此言于民间也。"①

李振兴案：郑康成云："文王年十五生武王，九十七而终，终时武王八十三矣，于文王受命为七年。后六年伐纣，后二年有疾，疾瘳，后二年崩，时年九十三矣。"(《诗·豳谱·正义》)②又云："文王崩后，明年生成王，则武王崩时，成王年十岁。服丧三年毕，成王年十二，明年将践阼，周公欲代之摄政，群叔流言，周公辟之居东都。时成王年十三也。居东二年，成王收捕周公之属党，时成王年十四也。明年秋大孰，遭雷风之变，时周公居东三年，成王年十五，迎周公反，而居摄之元年也。居摄四年，封康叔，作《康诰》，时成王年十八也。故《书传》云：天子太子十八称孟侯。居摄七年，成王年二十一也。明年成王即政，年二十二也。此是郑义推成王幼不能践阼之事也。"(《礼记·文王世子·正义》)③以上所引郑、王二家之言，相同者为"文王十五而生武王，九十七而终。终时武王八十三矣。武王崩时，九十三矣。"此据《礼记·文王世子》立说，故相同也。郑云文王崩时武王受命为七年，后六年伐纣，故为十三年伐纣。王氏则以为文王终时，武王受命九年，十三年伐纣。而伐纣之年同，而受命之年不同。④ 二说未知孰是。郑云文王崩后明年成王生，武王崩时，成王年十岁。王氏则云：文王崩时，成

---

① 阮刻《十三经注疏》，页197上。参黄怀信整理本《尚书正义》，页500。
② 参阮刻《十三经注疏》，页387—388。
③ 李振兴原引此段文字、出处均有讹误，重录时已校正。参阮刻《十三经注疏》，页1404下。
④ 李振兴此处陈述有大谬。《诗·豳谱·正义》所引郑、王注文明确是说文王受命之年，非武王受命之年也。参见上述引文。

王三岁,武王崩时,成王则十三岁矣。然而《史记·周公世家》则云:"武王既崩,成王少,在强葆中。"《蒙恬列传》及《淮南子·要略篇》亦曰在强葆中。江声则以为十三,此与王肃同。《琴操》云:"武王崩,太子诵年七岁。"而《周易集解》引干宝之言云:"武王之崩,年九十三矣,而成王八岁。"言各异辞,未悉孰是。然考诸《金縢》之言,一则云"周公居东二年",一则云"王执书以泣"。既能执书以泣,已深悉人事矣。如在强葆之中,则无能执书以泣矣。以理推之,当以武王崩时,成王年已十三,周公摄政七载,致政于成王,时成王年二十,于理为顺。郑云:周公辟之居东都,居东二年,成王收捕周公之属党。郑说恐非。假令辟之居东为实,而东亦非东都。此时东都尚未营建,何东都之有?(见齐召南《尚书注疏考证》及王夫之《尚书稗疏》)如必以"居东"言,此东乃为楚(见《左传》十三年"迓晋侯于新楚"杜注[①])。徐鸿博曰:"周公奔楚,当是因流言出居,依于王季之墓也。"然是说亦不可从。因居东实乃东征也。因东居,乃当时管叔、蔡叔及武庚所居之地。管国在今河南郑县,蔡国在今河南汝县北,武庚仍居于殷,殷旧都在今河南淇县北。三地均在周都镐京之东,故曰东居。《诗·豳风·破斧》曰:"周公东征,四国是皇。"(四国,郑笺云:管、蔡、商、奄也。)此乃歌周公东征之事也。《史记·鲁周世家》引此作"宁淮夷东土,二年毕定"。是东居为东征之证也。《史记·周本纪》云:"武王有瘳而后崩,太子诵代立,是为成王,成王少,周初定天下,周公恐诸侯畔,周公乃摄行政当国,管叔、蔡叔群弟疑周公,与武庚作乱畔周,周公奉成王命,伐诛武庚、管叔,放蔡叔,以微子开代殷后,国于宋。"此与《鲁周公世家》所记正同。《诗·豳谱》引《书传》曰:"周公居摄,一年救乱,二年克殷,三年践奄。"是欧阳、夏侯等亦不以

---

[①] 李振兴原注未明《春秋》十二公所在,只言"十三年",失之。经核,此文见于《左传》成公十三年。参杨伯峻《春秋左传注》,中华书局1981,页866。

居东为辟居,而成王竟收捕其属党也。其说终不若王氏之"周公摄政,遭流言,作《大诰》而东征,二年克殷"为可从。至于《康诰》、《召诰》、《洛诰》,郑、王二氏均以为周公作者,乃据《史记》为说。屈万里先生云:"定公四年《左传》谓成王分康叔以殷民七族,命以《康诰》,而封于殷虚。《书序》、《史记》皆本其说,以为本篇乃武庚之乱平后,成王封康叔于卫之诰也。按:《史记·卫世家·索隐》引宋忠云:康叔从康徙封卫。是知康乃国名。康叔始封于此,故有康叔、康侯之称。郑玄谓康为谥号(见《正义》)。实不然也。"(《尚书释义》)本篇既名《康诰》,时周公摄政,故知此乃于康叔徙封于卫时,周公假王命诰之之辞也。①

　　应勇案:此条经文涉及到的上述四点郑、王义解比勘,内容并不直接对应本经文字,只是由于此条经文牵扯到了几个相关史实。对于这几个相关史实的认定,郑、王有同有不同。对比这几个相同或相异的史实,很有意义,故李振兴特于此条下申说之。但李先生关注的是经解之是非,笔者之旨则在对勘郑、王之义解异同。李先生案语又在此大出其误,故笔者特根据孔颖达《正义》所引郑、王对于这几个相关史实的解说,重新概括如上述四点。其中最值得重视的是第(1)(2)两条郑、王相异点。兹在李振兴案语中引及孔颖达《正义》所述的基础上,再补其它经文下《正义》引及之相关文字二段:《诗·豳谱·正义》引曰:"王肃《金縢》注云:文王十五而生武王,九十七而终,时受命九年,武王八十三矣。十三年伐纣,明年有疾,时年八十八矣。九十三而崩,以冬十二月,其明年称元年,周公摄政,遭流言,作《大诰》而东征,二年克殷,杀管、蔡,三年而归,制礼作乐,出入四年,至六年而成,七年营洛邑,作《康诰》、《召诰》、《洛诰》,致政成王。然则文王崩之年,成王已三岁,武王八十而后有成王,武王崩时,成王已十三,周公摄政七

---

① 李振兴《王肃之经学》,页223—225。

年,致政成王,年二十。"①《礼记·明堂位·正义》引曰:"王肃以《家语》之文:武王崩,成王年十三。郑康成用卫宏之说:武王崩时成王年十岁。与王肃异也。"②另,对于上述第二条郑、王之异,《礼记·明堂位·正义》引曰:"孔以武王崩,成王年十三。"③是伪孔传用王而不用郑也。孙《疏》亦具考上述第(2)条之事,即武王崩时,成王到底几岁,有七岁说,有八岁说,有一二岁说,不一而足。王肃之说,孙《疏》考为古《尚书》说。孙《疏》宁信《史记·鲁周公世家》之说,即"武王既崩,成王少,在强葆之中",以为此当史公从真正的孔安国问故而为之说,既在"强葆"中,推测也就一二岁也(孙《疏》,页331)。而皮锡瑞则认为武王崩时,成王绝非"甚幼","非襁褓"。引《史记》曰:"成王七年,周公反政。"又曰:"成王长,能听政,于是周公乃还政于成王。"皮锡瑞曰:"七年,当从武王崩后数起。若武王崩,成王在强葆,再加七年,不过十岁,公既摄政,何不再摄数年,俟其长而归之,乃遽授之十岁孺子乎?岂十岁孺子即已长能听政乎?则武王崩时,成王非强葆又可知也。《五经异义》引《古文尚书》说:成王即位年十三,明年葬武王于毕,成王年十四,周公冠之而出征,东征三年归,营洛,制礼乐而致政,成王年十九。谯周《五经然否论》引《古文尚书》说亦云:武王崩,成王年十三。王肃以为文王年十五而生武王,九十七而终,时受命九年,武王八十三矣。十三年伐纣,明年有疾,时年八十八矣。九十三而崩,以冬十二月,其明年称元年,周公摄政遭流言,作《大诰》而东征,二年克殷,杀管、蔡,三年而归,制礼作乐,出入四年,至六年而成,七年营洛邑,作《康诰》、《洛诰》、《召诰》,致政成王。然则文王崩之年,成王已三岁,武王八十而后有成王,武王崩,成王已十三。周公摄政,七年致政,成王年二十。郑君则以为武王崩时,成王年十

---

① 阮刻《十三经注疏》,页387—388。
② 阮刻《十三经注疏》,页1487—1488。
③ 阮刻《十三经注疏》,页1487—1488。

岁,服丧三年,居东三年,成王年十五迎周公反而居摄,居摄四年封康叔作《康诰》,是成王年十八也。故《书传》云:天子太子十八称孟侯。郑解孟侯用今文说,又加服丧居东之年,故与古文说不同,与今文说亦异。若《大传》以为摄政四年建侯卫,成王年十八称孟侯,则武王崩时,成王年已十四,与古文说成王即位年十三相去一年,再加三年为周公七年致政之年,成王年二十一,与古文说成王年十九相去二年。是今、古文说成王之年本无大异,初非幼在襁褓之中。《汉书·杜钦传》云:昔周公身有至圣之德,属有叔父之亲,而成王有独见之明,无信谗之听,而管、蔡流言而周公惧。此亦不在襁褓之一证。若在襁褓,安得有独见之明?……卢辨注《大戴礼记》曰:武王崩,成王十有三也。……"①是皮氏并未确论武王崩时成王几岁,只言其不会如在襁褓中那么幼小,当已长大。

**"……周公居东二年,则罪人斯得。于后,公乃为诗以贻王,名之曰《鸱鸮》,王亦未敢诮公……"**

郑玄以为所谓"居东二年",指的是"周公避流言之难,出居东都二年"(《诗·豳谱》郑笺②)之事。依郑义,"罪人斯得"当指"成王多杀公之属党"。郑康成曰:"罪人,周公之属党,与知居摄者。周公出,皆奔,今二年尽为成王所得。谓之罪人,史书成王意也。罪其属党,言将罪之。"(孙《疏》,页332)"郑玄以为武王崩,周公为冢宰三年,服终,将欲摄政,管、蔡流言,即避居东都,成王多杀公之属党,公作《鸱鸮》之诗,救其属臣,请勿夺其官位土地,及遭风雷之异,启金縢之书,迎公来反,反乃居摄,后方始东征管、蔡。解此一篇及《鸱鸮》之诗皆与孔异。"(《正义》)

王肃则以为所谓"居东二年"即指周公东征。"东,洛邑也。

---

① 皮锡瑞《今文尚书考证》卷十三。
② 见阮刻《十三经注疏》,页387中。

管、蔡与商、奄共叛,故东征镇抚之。案验其事,二年之间,罪人皆得。"依王义,则"罪人斯得"当指尽得反叛之罪人。

伪孔传:"周公既告二公,遂东征之,二年之中,罪人此得。成王信流言而疑周公,故周公既诛三监而作诗,解所以宜诛之意以遗王,王犹未悟,故欲让公而未敢。"

《正义》:"(接前引)……周公居东二年,则罪人于此皆得。谓获三叔及诸叛逆者。罪人既得,讫成王犹尚疑公,公于此既得罪人之后,为诗遗王,名之曰《鸱鸮》。《鸱鸮》言三叔不可不诛之意……〇传'周公'至'此得'。〇正义曰:《诗·东山》之篇歌此事也。序云东征,知居东者,遂东往征也。虽征而不战,故言'居东'也。《东山》诗曰:自我不见,于今三年。又云:三年而归。此言二年者,《诗》言初去及来,凡经三年,此直数居东之年,除其去年,故二年也。罪人既多,必前后得之,故云二年之中,罪人此得。惟言居东,不知居在何年。王肃云:东,洛邑也,管、蔡与商、奄共叛,故东征镇抚之,案验其事,二年之间,罪人皆得。〇传'成王'至'未敢'。〇正义曰:成王信流言而疑周公,管、蔡既诛,王疑益甚,故周公既诛三监而作《诗》,解所以宜诛之意,其《诗》云《鸱鸮》。《鸱鸮》:既取我子,无毁我室。《毛传》云:'无能毁我室者,攻坚之故也,宁亡二子①,不可以毁我周室。'②言宜诛之意也。《释言》云:贻,道也。以《诗》遗王犹未悟,故欲让公而未敢。政在周公,故畏威未敢也。郑玄以为武王崩,周公为冢宰三年,服终,将欲摄政,管、蔡流言,即避居东都,成王多杀公之属党,公作《鸱鸮》之诗,救其属臣,请勿夺其官位土地,及遭风雷之异,启金縢之书,迎公来

---

① 阮刻《十三经注疏》本《尚书正义》引文"子"作"字",阮元《校勘记》亦未有说明,今据同本《毛诗正义》文字正之。——阮刻《十三经注疏》,页394下。
② 黄怀信整理本《尚书正义》此处引《毛传》文字有上引号而无下引号,或为疏忽所致。当下引号至"不可以毁我周室"。

反,反乃居摄,后方始东征管、蔡。解此一篇及《鸱鸮》之诗皆与孔异。"①

李振兴案:王氏言"东,洛邑也",非是。盖东都之营建,乃平定管、蔡、武庚之乱以后之事。此言东居二年,东居乃指管、蔡、武庚之居,周公东征二年克殷而诛管放蔡之事。(详见前"武王既丧"条)王氏于前既言东征,此又言:东,洛邑也。乃承马说。(马说见《释文》)郑氏康成云:"居东者,出处东国待罪,以须君之察己。"(见《诗·豳谱·疏》)②郑说亦非也。史公明言:"'我之所以弗辟而摄行政者,恐天下畔周,无以告我先王太王、王季、文王……'于是卒相成王。……管、蔡、武庚等果率淮夷而反,周公乃奉成王命兴师东伐,作《大诰》。遂诛管叔,杀武庚,放蔡叔。"又云:"宁淮夷东土,二年而毕定。"(《史记·鲁周公世家》)而《诗·豳风·破斧》亦云:"周公东征,四国是皇。"此明周公东征也。曰"东,洛邑也",曰"居东者,出处东国待罪"者,皆未若《史记》、《诗》言之可信也。则"罪人斯得"者,斯,尽也,言尽得反叛之人也。王说是也。(王说据《史记》立言)郑氏既云居东待罪,此则云:"罪人,周公之属党。与知居摄者周公,出皆奔,今二年尽为成王所得,谓之罪人。史书成王意也。罪其属党,言将罪之。"(《诗·鸱鸮·疏》)郑氏此言,非为无据。如《诗》之《鸱鸮》:"既取我子,无毁我室。"笺云:"周公竟武王之丧,欲摄政,成周道,致太平,管叔、蔡叔等流言亦云:公将不利于孺子。成王不知其意,而多罪其属党。"再如……干宝云:"此成王始觉周公至诚之象,将正四国之罪,宜释周公之党。"此说与郑同。上言《鸱鸮》、《墨子》之言为郑氏所据。干宝之说同郑氏。然终不若史公、《诗·豳·破斧》之言为顺理。③

---

① 阮刻《十三经注疏》,页 197 上、中。参黄怀信整理本《尚书正义》,页 500—501。
② 详阮刻《十三经注疏》,页 388 下。
③ 李振兴《王肃之经学》,页 226。所引原文亦多讹误,重录时已校正。

**应勇案**：此条郑、王之异，主要在"居东"之解。所列经文下之《正义》未具引郑、王注原文，参证《诗·豳谱·正义》等文字，则可见郑、王解义之不同。《诗·豳谱》郑笺及孔颖达《正义》文字所述郑玄及王肃对于周公"居东"之义的分歧较为明晰，即郑以为"居东"为避流言而离开京城而东居，王肃则以为所谓"居东"即指周公东征事。因《毛诗正义》以郑笺为基础，故引述郑说时不及引述相反的王肃之说那么明晰，在述及郑、王关于周公"居东"的不同理解时，《豳谱·正义》在述及郑义后特别引及："毛以《鸱鸮》为管、蔡而作，则'罪人斯得'为得管、蔡，'周公居东'为东征也。居东二年既为征伐，则'我之不辟'当训'辟'为法，谓以法诛之。如是则毛氏之说周公无避居之事矣。但不知毛意以周公摄政为是丧中即摄，为在除丧之后，此不明耳。王肃之说祖述毛氏传，意或如肃言。……"①王肃是毛而非郑。伪孔传用王说而不用郑说。此条据孙《疏》所考，则郑说为承马说，而孙氏不以为然，倾向以王说为是，王说与史公说同。（孙《疏》，页332—333）"惟郑是从"的王鸣盛则曰："郑以斯时公之心迹未明，王疑方甚。则此事实情理所有。况此时武庚未叛，管、蔡未诛，'罪人斯得'，舍此将何所指乎？郑说是也。李鼎祚《周易集解》于《蒙》初六'用说桎梏'引干宝云：此成王始觉周公至诚之象，将正四国之罪，宜释周公之党。然则康成此注，干宝已引之。古书多亡，无可援证，在郑当日，必别有据也。王及传以居东为东征，其谬……皆非也。……郑以'居东'为避居东都者，据《墨子》等书，周公实有避居事。'居东'非东征也。《作洛解》总叙武王克殷以迄作洛，其年次有凌越而过，非必比年接叙……遂谓比年相接，以此难郑也。"②王鸣盛显然为了护郑，有按情理推论之倾向，明明证据不足，却想当然地说郑

---

① 阮刻《十三经注疏》，页387中—388下。
② 王鸣盛《尚书后案》卷十三。

氏必有他据，只是我们不知道而已，对王肃说之证据之一《逸周书·作洛解》，则认定其不可靠。皮锡瑞则信王肃说，以"居东二年"指东征事，且以此为伏生说，为今文说。① 今人刘起釪则是郑而非王。②

"……二公命邦人，凡大木所偃，尽起而筑之，岁则大熟。"

马、郑、王皆云：築，拾也。"禾为大木所偃者，起其木，拾下禾，无所亡失。"

伪孔传："木有偃拔，起而立之，築有其根，桑果无亏，百谷丰熟。周公之德，此已上，《大诰》后，因武王丧并见之。"《释文》："築，音竹，本亦作筑，谓築其根。马云：築，拾也。见，贤遍反。"

《正义》："……二公命邦人凡大木所偃仆者，尽扶起而築之，禾木无亏，岁则大熟。言周公之所感致若此也。……○传'木有'至'见之'。○正义曰：上文禾偃、木拔，拔必亦偃，故云'木有偃拔，起而立之，築有其根，桑果无亏，百谷丰熟。'郑、王皆云：築，拾也。禾为大木所偃者，起其木，拾下禾，无所亡失。意太曲碎，当非经旨。案序：将东征，作《大诰》。此上'居东二年'以来皆是《大诰》后事，而编于《大诰》之前者，因武王丧并见之。"③

李振兴案：马融云："築，拾也。禾为木所偃者，起其木，拾其下禾，乃无所失亡也。"（《释文》及《史记·集解》）是郑、王承马说也。《释文》云："築，本亦作筑。"段玉裁云："筑与掇双声，故得训拾。筑、築皆非正字。未见筑是築非也。且马、郑、王皆云：筑（李氏原引如此，当作'築'。——笔者注），拾也。安知汉魏时《尔雅》不作筑乎？"王鸣盛《尚书后案》云："《释文》云'本亦作

---

① 皮锡瑞《今文尚书考证》卷十三。
② 详参刘起釪《尚书·金縢校释译论》，见氏著《尚书研究要论》。
③ 阮刻《十三经注疏》，页 197 中、下。参黄怀信整理本《尚书正义》，页 502—504。

筑'者,马、郑、王本也。传以为'筑有其根'。《说文》卷六上木部云:築,擣也,从木,筑声。刘熙《释名》卷四《释言语》云:笃,築也。築,坚实称也。伪孔传为此解以求异于马、郑,遂改筑为築。若谓所築者是木,则偃者是禾,拔者是木。经言'大木所偃',正指木拔而压偃之禾耳。不得即以所偃为木。若谓所築者是木,则偃者是禾,则上文云'大熟',知此时正届收获之期,遭风所偃,拾而取之,何用复加擣築其根使之坚实乎?疏谓郑注曲碎。郑文似曲碎,义实是,传文似明顺,义实非也。"此说甚是。是郑,亦所以是王也。①

**应勇案:** 此条郑、王义解可对应比勘者主要在"築"字之解。马、郑、王均以築为拾也,未有不同。李振兴言郑、王承马说,是也。然以祖郑知名的王鸣盛根据《释文》"築,音竹,本亦作筑"一句断定即马、郑、王本作"筑",恐有疑也。依例,若马、郑、王本作"筑"而《释文》所据本作"築",陆氏会明确指出"马、郑、王本作'筑'",而不会只曰"本亦作筑"。又,李振兴所引经文"偃"作"拔",并注曰"今本作偃",不知何据。《释文》、《正义》均未如此说。段玉裁《古文尚书撰异》原文为:"《释文》曰:築,本又作筑。玉裁按:此好事者因马、郑、王皆云'築,拾也',合于《尔雅》,遂改从《尔雅》作筑,而不知《释文》、《正义》未尝言马、郑、王作筑也。筑与掇双声,故得训拾。筑、築皆非正字,未见筑是築非也。且马、郑、王皆云'築,拾也',安知汉魏时《尔雅》不作築乎?注经者于此等无轻议改。"②刘起釪以马、郑、王说为是,而以为伪孔传说不确。③

---

① 李振兴《王肃之经学》,页226—227。
② 段玉裁《古文尚书撰异》卷一四。
③ 详参刘起釪《尚书·金縢校释译论》,见氏著《尚书研究要论》。

# 《大诰》①

**"王若曰：猷，大诰尔多邦，越尔御事。"**

（1）郑、王本均"猷"在"诰"下，经文为："大诰猷尔多邦……"

（2）郑玄云"王"谓周公，居摄命大事，则权称王也。王肃则以为称成王命，故称王。（《礼记·明堂位·正义》）"王谓摄也"。

伪孔传："周公称成王命，顺大道以诰天下众国及于御治事者尽及之。"《释文》："猷，音由，道也。邦，马本作'大诰繇尔多邦'。"

《正义》："周公虽摄王政，其号令大事则假成王为辞。言王顺大道而为言曰：我今以大道诰汝天下众国及于众治事之臣，以我周道不至……○传'周公'至'及之'。○正义曰：序云'相成王'，则'王若曰'者，称成王之言，故言周公称成王命。实非王意。成王尔时信流言，疑周公，岂命公伐管、蔡乎？猷，训道也，故云'顺大道以告天下众国'也。郑、王本'猷'在'诰'下。《汉书》王莽摄位，东郡太守翟义叛，莽依此作《大诰》，其书亦'道'在'诰'下。此本'猷'在'大'上，言以道诰众国，于文为便，但此经云'猷'，《大传》云：大道。古人之语多倒，犹《诗》称中谷、谷中也。'多邦'之下云'於尔御事'②，是于诸国治事者尽及之也。郑玄云：王，周公也，周公居摄，命大事则权称王。惟名与器不可假人。周公自称

---

① 依伪孔传本《尚书正义》，《大诰》在《金縢》后，皮锡瑞《今文尚书考证》则置《大诰》于《金縢》前，以"伏生《尚书大传》以《大诰》列《金縢》前"，据《大诰》篇之来由，亦当置于《金縢》前。参皮锡瑞《今文尚书考证》卷十二。

② 《正义》原文如此。依经文，当作"越尔御事"。

为王,则是不为臣矣。大圣作则,岂为是乎?"①

**李振兴案**:王本是也。伪孔本作:"猷,大诰尔多邦。"《释文》云:马本"大诰繇尔多邦。"《正义》曰:"郑、王本'猷'在'诰'下。"《汉书·翟方进传》:翟义起讨贼,莽依《周书》作《大诰》,亦言:"摄皇帝若曰:大诰道诸侯王三公列侯。"莽所依者,今文《尚书》也。段玉裁《古文尚书撰异》云:"古文、今文,并作'诰猷',不作'猷诰'也。惟繇、猷古通用。"王氏云:"称成王命,故称王"者,此据《史记》为说也。《史记·鲁周家》曰:"周公乃奉成王命,兴师东伐,作《大诰》。"是时成王尚幼,周公居摄,命大事则权代成王也。故假成王为辞耳(《正义》)。郑氏康成云:"王谓摄也。"(《正义》)孙《疏》云:"郑以为王为周公,是也。若谓是周公述王命以诰,则当如《多方》言'周公曰'、'王若曰',或如《多士》先言周公告,乃復言王若曰。今此文不然,则是王即周公矣。"王鸣盛亦主是说。然而以当时武王崩,周公代成王摄行政当国,流言谓其不利孺子之情势言,周公即使称王,亦应假王命而言。周公圣人也,有盛德,其所以居摄,乃因成王尚幼,故其自始自终无称王之心,今东征大告天下诸侯,假王言以出之,亦未为不可也。②

**应勇案**:此条经文下残存之郑、王义解可对应比勘者有二:(1)"猷"字与"诰"字的位置,郑、王本均为"猷"在"诰"下,为"大诰猷尔多邦",此与伪孔本不同,可证伪孔传非王肃伪也。据段玉裁考,今古文均当如郑、王之语序。则将"猷"字置前乃伪孔传本之伪也。李振兴亦以"大诰猷尔多邦"为是。(2)对于"王若曰"之"王"字之理解,郑、王有相当微妙之区别。依郑义,既然周公居摄,代成王行政,那发布政令之"王若曰"就是指周公本人。王肃则强调,即使你周公是实际的掌权者,但你是代成王行政,因此发

---

① 阮刻《十三经注疏》,页198上、中。参黄怀信整理本《尚书正义》,页507。
② 李振兴《王肃之经学》,页227。

号施令时一定要明确这是成王的命令,而不是你周公自己的命令,因此这里的"王若曰"是因为周公称成王之命,所以才名之"王若曰",如果是周公是自己发号施令,那就不能称"王"。在王肃看来,能否称"王"这是个相当严肃谨慎的事,你周公虽然是实际的掌权者,但你不能擅自称"王",正如孔颖达《正义》所言:"惟名与器不可假人。周公自称为王,则是不为臣矣。大圣作则,岂为是乎?"伪孔传、《正义》均认为郑玄的说法不妥。可郑玄坚持如此理解,是否另有深意? 郑曰:"王,谓摄也。周公居摄,命大事则权代王也。"(孙《疏》,页 342)直接解"王"为"摄",似乎就不存在是否僭越的问题了。而《礼记》郑注则说得更为明确。《礼记·明堂位第十四》:"昔者周公朝诸侯于明堂之位,天子负斧依南乡而立⋯⋯"郑注曰:"天子,周公也⋯⋯"《正义》引曰:"故《大诰》云'王若曰'。郑云:王谓周公,居摄,命大事则权称王也。王肃以为称成王命,故称'王'。与郑异也。"① 看来,郑玄坚持认为这个时候的周公就是"王",就是实际的天子。郑玄是否希望在这个特殊的时候由他心目的这位圣王周公取成王而代之? 笔者曾讨论过郑玄在汉末那个特殊的乱世,对周公及《周礼》寄予的深意。② 参证此条经义,郑玄经学的思想史意义尤显得有意义。孙《疏》以郑说为是。(孙《疏》,页 342)王鸣盛自亦以郑说为是。皮锡瑞考郑说为今文家言,王肃之说则为妄谬之说。③

**"弗吊天降割于我家不少,延洪惟我幼冲人⋯⋯"**

马、郑、王均以"延"字上读,即将经文断为"天降割于我家不少延,洪惟我幼冲人⋯⋯"马融本或作"弗少延","割"作"害"。

---

① 阮刻《十三经注疏》,页 1487—1488。
② 参拙著《郑玄礼学的"非学术"意义》,刊《江南大学学报》(人文社会科学版)2002 年第 2 期。
③ 皮锡瑞《今文尚书考证》卷十二。

"王肃又以'惟'为念,向下为义:大念我幼童子与继文武无穷之道。"

伪孔传:"言周道不至,故天下凶害于我家不少。谓三监、淮夷并作难。"《释文》:"割,马本作害。不少,马读'弗少延'为句。"伪孔传:"凶害延大,惟累我幼童人成王。言其不可不诛之意。"

《正义》:"……(接上文)以我周道不至,故上天下其凶害于我家不少。言叛逆者多。此害延长宽大,惟累我幼童人成王。自言害及己也……○传'凶害'至'之意'。○正义曰:《释诂》云:延,长也;洪,大也。此害长大,败乱国家。经言'惟我幼童人'①,谓损累之,故传加'累'字。累我幼童人,言其不可不诛之意。郑、王皆以'延'上属为句,言害不少,乃延长之。王肃又以'惟'为'念',向下为义:大念我幼童子与继文武无穷之道。"②

李振兴案:《释文》云:"割,马本作害。"郑康成云:"言害不少,乃延长之。"经文"降害于我家",谓武王崩丧也。"不少延"者,谓遭丧后,三监及淮夷叛也。是以郑、王二氏云:"言害不少,乃延长之"也。③

**应勇案**:此条马、郑、王均以"延"字上读,义亦无不同。而伪孔传以"延"字下读,可证伪孔传非王肃伪也。而《正义》特别述及王肃以"惟"为念,解"洪惟我幼冲人"一句为"大念我幼童子与继文武无穷之道",或郑对此句之解义与王不同,具体如何,未见《正义》引及,存疑。

"……殷小腆,诞敢纪其叙,天降威,知我国有疵。……"
("叙",或作"绪"。——笔者注)

(1)腆,郑注:"腆,谓小国也";王注:腆,谓主也。殷小主谓

---

① 阮刻本原文如此。经文原作"幼冲人"。黄怀信整理本《尚书正义》亦作"幼冲人"。
② 阮刻《十三经注疏》,页198上、中。参黄怀信整理本《尚书正义》,页507。
③ 李振兴《王肃之经学》,页227。

禄父也。大敢纪其王业,经纪王业,谓復之也。天降威者,谓三叔流言当诛伐之。(《正义》)

(2) 疵,郑、王皆云:"知我国有疵病之瑕。"

伪孔传:"言殷后小腆腆之禄父大敢纪其王业,欲復之。"《释文》:"腆,……马云至也……。"伪孔传:"天下威,谓三叔流言,故禄父知我周国有疵病。"《释文》:"疵,……马云瑕也。"

《正义》:"正义曰:上言为害不少,陈欲征之意,未说武庚之罪。更復发端言之曰:今四国叛逆,有大艰于西土。言作乱于东,与京师为难也。西土之人为此亦不得安静,于此人情皆蠢蠢然动。殷后小国腆腆然之禄父,大敢纪其王业之次叙,而欲兴復之。禄父所以敢然者,上天下威于三叔,以其流言,欲下威诛之。禄父知我周国有此疵病,而欺惑东国人,令人不安……○传'言殷'至'復之'。○正义曰:殷本天子之国,武庚比之为小,故言小腆。腆是小貌也。郑玄云:腆,谓小国也。王肃云:腆,主也。殷小主,谓禄父也。大敢纪其王业,经纪王业,望復之也。○传'天下'至'疵病'。○正义曰:王肃云:天降威者,谓三叔流言,当诛伐之。言诛三叔是天下威也。《释诂》云:疵,病也。郑、王皆云知我国有疵病之瑕。"①

李振兴案:王氏之说极是。马融云:"腆,至也。"(《释文》)郑康成云:"腆,谓小国也。"(《正义》)是皆未若王言为洽。段玉裁《古文尚书撰异》云:"《说文》:敟,主也。王谓腆,为敟之假借也。敟,经典多作'典'。《释文》曰:马云至也。至,当亦主之讹。"绪,伪孔本作叙,孙《疏》本亦作绪,并云:"《汉书》作'诞敢犯祖乱宗之序'。师古曰:诞,大也。序与绪通。"绪者,业。纪者,犹理也。其绪,谓殷之王业也。此经即言殷之小主禄父(武庚)竟敢整理恢復殷旧日之王业也。郑云:腆,谓小国也。义似逊。王氏之说是也。

---

① 阮刻《十三经注疏》,页 198 中、下。参黄怀信整理本《尚书正义》,页 508—509。

此与前经文"予不敢闭于天降威"之"天降威"同。乃言上天所降肃杀之法则,以诛除三叔、武庚也。王鸣盛则以为天降威于我国,使我主少国危,骨肉自相谗贼。其说不确。盖前文有"殷小腆,诞敢纪其叙"之言,后又谓降威于周邦,则语不类矣。既言禄父欲复旧业之非是,此乃言天降威以伐之,乃自然之事也。故以王说为是。马融云:"疵,瑕也。"(《释文》)郑康成云……(见上引——笔者注)郑、王二氏,皆从马氏立说也。蔡《传》云:"疵,病也。"经文乃谓天降威杀之法则,即将诛杀罪人之际,禄父亦知我周邦有疵病也。意指管、蔡之流言作乱也。是郑、王皆云"知我有疵病之瑕"。①

**应勇案**：此条残存之郑、王义解可对应比勘者有二：（1）关于"腆",依郑解,"殷小腆"即殷小国也。周人述周国成就大业之过程,将已灭之殷国谓之小国,亦无不通。依王解,"殷小腆"即殷小主,即指武庚禄父也。周人述己之王业成就过程,自然将自己说成是大王,而将已灭之殷国之后人——纣子武庚禄父说成是"殷小主"。王之解亦无不通。伪孔传对于"腆"字未作专门解释,依其串讲之义,其对"腆"字之解即同《正义》之陈述:腆,小貌也。故伪孔传述曰"殷后小腆腆之禄父……"《正义》亦述之曰"殷后小国腆腆然之禄父……"看来,伪孔传对于郑、王之解难于是此而非彼,只好折中。以"腆"为小貌,郑解之"小国"说亦通,王解之"小主"说亦通。《正义》疏伪孔传义,故作上述解。后之人实际仍沿用此折中郑、王之说,如清人徐鼒撰《小腆纪年附考》,专记南明历史。此"腆",释之"小",较之郑之"国"说与王之"主"说,均为圆通,以此"小腆"指南明小国亦可,指南明之朱氏"小主"亦可。段玉裁谓马氏之"至"字当为"主"字之讹,恐为主观推断,《广雅·释诂一》确有释"腆"为"至"之说,非为"主"也。李振兴言王氏之说

---

① 李振兴《王肃之经学》,页229。

极是,笔者不敢苟同。前文言"殷小腆,诞敢纪其叙",后之"天降威"即不能指降威于周国?此说无据。蔡《传》释"腆"为厚,用《方言》之说,与马、郑、王说均不同。(孙《疏》,页345)(2)关于"疵"字之解,郑、王无不同。

"……今蠢,今翼日,民献有十夫,予翼以于敉宁武图功。我有大事,休,朕卜并吉……"

"郑玄云:'卜并吉'者,谓三龟皆从也。"

"王肃云:何以言美?以'三龟一习吉',是言并吉,证其休也。与孔异矣。"

伪孔传:"大事,戎事也。人谋既从卜,又并吉,所以为美。"

《正义》:"○传'大事'至'为美'。○正义曰:成十三年《左传》云:国之大事,在祀与戎。今论伐叛,知大事,戎事也。十夫来翼人谋,既从卜,又并吉,所以为美。美,即经之'休'也。既言其休,乃说我卜,并言以成此休之意。郑玄云:'卜并吉'者,谓三龟皆从也。王肃云:何以言美?以'三龟一习吉',是言并吉,证其休也。与孔异矣。"①

李振兴案:大事,戎事也。成十三年《左传》曰:"国之大事,在祀与戎。"此为征伐而出诰语,故所云大事,谓戎事也。休,美者,《释诂》文。郑康成曰:"卜并吉者,谓三龟皆从也。"以三龟皆从者,古人卜用三龟,而以玉兆、瓦兆、原兆,三兆各占一龟也。(见孙《疏》)是以王氏云以"三龟一习吉"为美也。②

**应勇案**:此条残存之郑、王解义可对应比勘者只有"朕卜并吉"一句。郑以为之所以言"并吉",是因为"三龟皆从";王肃以为之所以"并吉",是因为"三龟一习吉"。郑、王义解其实无不同。

---

① 阮刻《十三经注疏》,页198中、下。
② 李振兴《王肃之经学》,页229。

所谓"三龟皆从","三龟一习吉",上文《金縢》经文"乃卜三龟,一习吉"下已引有《正义》之解:"习,则袭也。袭是重衣之名,因前而重之,故以习为因也。虽三龟并卜,卜有先后,后者因前,故云因也。《周礼·太卜》掌三兆之法,一曰玉兆,二曰瓦兆,三曰原兆。三兆各别,必三代法也。《洪范》卜筮之法:三人占,则从二人之言。是必三代之法并用之矣。故知三龟,三王之龟。龟形无异代之别,但卜法既别,各用一龟,谓之三王之龟耳。每龟一人占之,其后君与大夫等揔占三代之龟,定其吉凶。未见占书已知吉者,卜有大体,见兆之吉凶,粗观可识,故知吉也。"①此所谓"与孔异矣",指郑说与王说均与伪孔异,因为伪孔传认为人谋与占卜并吉,所以休;郑、王则认为,休、美之原因就在于"三龟一习吉",无所谓人谋与占卜之别。其实,伪孔传既言"人谋既从卜",则人谋与占卜为一事矣,图增异说,其实无异矣。

"……若考作室,既厎法,厥子乃弗肯堂,矧肯构?厥父菑,厥子乃弗肯播,矧肯获?厥考翼,其肯曰:予有后,弗弃基……"

《正义》曰:郑于"矧肯构"下有"厥考翼,其肯曰:予有后,弗弃业"十二字经文。王同。②

伪孔传:"以作室喻治政也。父已致法,子乃不肯为堂基,况肯构立屋乎?不为其易,则难者可知。又以农喻其父已菑耕其田,其子乃不肯播种,况肯收获乎?"《释文》:"菑,侧其反,草也。田一岁曰菑。"伪孔传:"其父敬事创业,而子不能继成其功,其肯言我有后,不弃我基业乎?今不征,是弃之。"

《正义》:"子孙成父祖之业,古道当然。王又言曰:今顺古昔之道,我其往东征矣,我所言国家之难备矣,日日思念之。乃以

---

① 阮刻《十三经注疏》,页196下。
② 李振兴《王肃之经学》,页150。

作室为喻,若父作室,营建基趾,既致法矣,其子乃不肯为之堂,况肯构架成之乎?又以治田为喻,其父菑耕其田,杀其草,已堪下种矣,其子乃不肯布播,况肯收获乎?其此作室、治田之父,乃是敬事之人,见其子如此,其肯言曰:我有后,不弃我基业乎?必不肯为此言也。我若不终文、武之谋,则文、武之神亦如此耳,其肯道我不弃基业乎?……○传'又以'至'获乎'。○正义曰:上言作室,此言治田,其取喻一也。上言'若考作室,既厎法',此类上文,当云'若父为农,既耕田'。从上省文耳。菑,谓杀草,故治田一岁曰菑,言其始杀草也。播,谓布种,后稷播殖百谷是也。定本云:'矧弗肯构'、'矧弗肯获'。皆有'弗'字。检孔传所解,'弗'为衍字。○传'其父'至'弃之'。○正义曰:治田、作室为喻既同,故以此经结上二事。郑、王本于'矧肯构'下亦有此一经。然取喻既同,不应重出。盖先儒见下有而上无,谓其脱而妄增之。"①

李振兴案:今本经文作"若考作室,既厎法,厥子乃弗肯堂,矧肯构。厥父菑,厥子乃弗肯播,矧肯获?厥考翼其肯曰:予有后,弗弃基?"然而郑、王本在"矧肯构"下却有"厥考翼其肯曰:予有后,弗弃基?"而在"矧肯获"下亦有"厥考翼其肯曰:予有后,弗弃业?"是以《正义》曰:"郑、王本于'矧肯构'下,亦有此一经。然取喻既同,不应重出。"衡诸经义,《正义》之言是也。兹简释经文于后:考,父。厎,定也。筑土为房基曰堂。矧,况也。架木为房顶曰构。菑音ㄗ,新垦一岁之田。播,播种。获,收割。翼,衍文。(见《经义述闻》)弃,废弃。基,基业也。全文之义即谓:父造作房舍,既已定下法则,然其子却不肯将房屋地基筑起,如是又何肯架起屋顶?其父将田地已开垦一年,其子竟不肯播种,如是又何肯收获?于此种情形下,其父尚能云:"我有后人,不会废弃予之基

---

① 阮刻《十三经注疏》,页199下。参黄怀信整理本《尚书正义》,页516。

业乎?"①

**应勇案**：此条未见郑、王义解可对应比勘者，只有《正义》述郑、王本经文"矧肯构"下均亦有"厥考翼其肯曰：予有后，弗弃业"十二字值得注意，即两喻之间，每喻之后都有一句"厥考翼其肯曰：予有后，弗弃业"，不似伪孔本只有此一句也。可见郑、王本均与伪孔传本不同，可证伪孔传非王肃伪也。孙《疏》本则直接将经文如郑、王原样恢复。见其反对伪孔之倾向。（孙《疏》，页350）

---

① 李振兴《王肃之经学》，页229—230。

## 《酒诰》

**"王若曰明大命于妹邦……"**

马、郑、王本均作"成王若曰……"①

伪孔传:"周公以成王命诰康叔,顺其事而言之,欲令明施大教命于妹国。妹,地名,纣所都朝歌以北是。"《释文》:"'王若',马本作'成王若曰'。注云:言'成王'者,未闻也。俗儒以为成王骨节始成,故曰'成王'。或曰以成王为少成二圣之功,生号曰'成王',没因为谥。卫、贾以为戒成康叔以慎酒,成就人之道也,故曰'成'。此三者吾无取焉。吾以为后录《书》者加之,未敢专从,故曰未闻也。妹邦,马云:妹邦,即牧养之地……"

《正义》:"○传'周公'至'北是'。○正义曰:此为下之目,故言'明施大教命于妹国'。此妹与沫一也,故沫为地名,纣所都朝歌以北,但妹为朝歌之所居也,朝歌近妹邑之南,故云'以北是'。《诗》又云'沫之东矣'、'沫之乡矣',即东与北为乡也。妹属墉,纣所都在妹又在北与东,是地不方平,偏在墉多故也。马、郑、王本以文涉三家而有'成'字。郑玄云:成王,所言成道之王。三家云:王年长,骨节成立。皆为妄也。"②

李振兴案:《释文》引马融之言云:"言成王者,未闻也。俗儒以为成王骨节始成,故曰'成王'。或曰以成王少成二圣之功,生号曰成王,没因为谥。卫、贾以为戒成康叔以慎酒,成就人之道也,故曰'成'。此三者,吾无取焉。吾以为后录《书》者加之,未敢

---

① 参陈梦家《尚书通论(外二种)》,页136。
② 阮刻《十三经注疏》,页205下—206上。参黄怀信整理本《尚书正义》,页550。

专从,故曰未闻也。"马说是也。《古文尚书》马、郑、王本,及今文《尚书》三家本,"王"上皆有"成"字。此乃后录者所加也。是以伪孔传本删去"成"字。其删是也。郑康成云:"成王,所言成道之王。"(《正义》)所言亦为牵强,不足取。(三者,谓俗儒。或说及卫、贾说也。江声语。)《尚书集注音疏》:"马君止言后录者加之,未推其所以必加之故。故声是马说而更推求之。《康诰》篇首言'乃鸿大诰'。鸿之言代,是既标明周公代王诰矣。此篇与《康诰》并是诰康叔者,史官并载其书,后世或不知,容或疑亦是周公代诰,不容不有以别之,故称成王尔。故《史记》注后加'成'字,以别异于《康诰》之周公代诰也。"①

**应勇案**:此条残存之郑、王注可对应比勘者为文本问题,义解只见郑说而未见王说。马、郑、王本均作"成王若曰……"而不似伪孔传本作"王若曰",证伪孔传本非王肃伪也。"三家",孙《疏》曰指欧阳、大小夏侯也,非如李振兴所言指"俗儒",而且如《释文》所引,卫、贾本亦有"成"字,则汉代《尚书》本大都有"成"字,故经学家多有对"成"字之解释。伪孔删"成"字,李振兴曰"其删是也",清人段玉裁则曰"大非",因为"成王"确实生即称"成王"。(孙《疏》,页 373—374)可惜的是,不见王肃对"成"字之诠释。

---

① 李振兴《王肃之经学》,页 232。

# 《召诰》

**"……厥终智藏瘝在……"**

瘝,郑、王均解为"病"。

伪孔传:"其终,后王之终,谓纣也。贤智隐藏,瘝病者在位,言无良臣。"《释文》:"瘝,工顽反。"

《正义》:"○传'其终'至'良臣'。○正义曰:既言'后王',又復言'其终',知是后王之终,谓纣也。以瘝从病类,故言瘝,病也。郑、王皆以瘝为病。小人在位,残暴在下,故以病言之。"①

李振兴案:瘝,病。此王承郑说也。伪孔传亦云。此乃言病民之人在位也。如《牧誓》云:"乃惟四方之多罪逋逃,是崇是长,是信是使,是以为大夫卿士,俾暴虐于百姓,以奸宄于商邑。"此正谓病民之人在位也。《史记·殷本纪》亦云:"用费中为政,费中善谀,好利,殷人弗亲,纣又用恶来,恶来善毁谗诸侯。"非病民之人在位而何?孙《疏》云:"瘝,俗字当作鳏。鳏为离家行役之人。"似未若郑、王之说为当。②

**应勇案**:此条郑、王义解可对应比勘者惟"瘝"一字,无不同,伪孔传亦同,蔡《传》亦同。李振兴言"王承郑说",颇值得在诠释学视野下讨论。作为有意与郑玄立异的王肃,恐怕不会"承郑说",有相同之解,亦或是不得不同也。

---

① 阮刻《十三经注疏》,页 212 中—218 上。参黄怀信整理本《尚书正义》,页 581。"残暴在下",阮元《校勘记》:"《纂传》'在下'作'其民'。"黄怀信整理本径作"在下"。

② 李振兴《王肃之经学》,页 150、233。

**"……王来绍上帝,自服于土中……"**

自,郑、王皆解为"用"。

伪孔传:"言王今来居洛邑,继天为治,躬自服行教化于地势正中。"

《正义》:"周公之作洛邑,将以反政于王,故召公述其迁洛之意。今王来居洛邑,继上天为治,躬自服行教化于土地正中之处,故周公旦言曰:……○传'言王'至'正中'。○正义曰:传言'躬自服行',则不训用也。郑、王皆以'自'为用。"①

李振兴案:郑、王说是也。因全句经文为:"王来绍上帝,自服于土中。"即言王来助上帝,居天下之中,行教化,用以治万民也。伪孔传训"自"为躬自,与郑、王异。又案:绍,伪孔传训继。……孙诒让以绍训助,绍上帝即助上帝也。(《尚书骈枝》)服,治也。(《说文》)土中,即中土。洛邑居国之中,故云土中。②

**应勇案**:此条残存之郑、王义解可对应比勘者惟一"自"字,郑、王均以"自"为用,无不同,如上李振兴之疏解。伪孔传之解与郑、王均不同,证伪孔传非王肃伪也。蔡《传》解与伪孔传同。

---

① 阮刻《十三经注疏》,页212下。
② 李振兴《王肃之经学》,页150、234。

## 《洛诰》

**"……汝乃是不蘉,乃时惟不永哉……"**

蘉,马、郑、王均云:勉也。

伪孔传:"汝乃是不勉为政,汝是惟不可长哉。欲其必勉,为可长。"《释文》:"蘉,徐莫刚反。又武刚反。马云:勉也。"

《正义》:"○传'汝乃'至'可长'。○正义曰:成王言:公其以予万亿年。言欲己长久也。故周公于此戒之:汝乃于是不勉力为政,汝惟不可长哉。欲其必勉力勤行政教,为可长久之道,然后可致万亿年耳。蘉之为勉,相传训也,郑、王皆以为勉。"①

李振兴案:乃,若也(《经传释词》)。蘉,郑氏亦训勉(《正义》)。经文之义乃谓:汝若是不勉于为政,于是国祚即不得长久也。(下文云:"乃时惟不永哉"。乃时,即于是之意。)②

**应勇案**:此条郑、王义解可对应比勘者惟一"蘉"字。马、郑、王均解为"勉",无不同。伪孔传亦同。

**"王若曰:……惟公德明光于上下,勤于四方,旁作穆穆迓衡不迷文武勤教予冲子夙夜毖祀……"**

迓,马、郑、王皆音鱼据反。

伪孔传:"四方旁来,为敬敬之道,以迎太平之政,不迷惑于文武所勤之教。言化洽。"《释文》:"迓,……马、郑、王皆音鱼据反。"

《正义》:"王以周公将退,因诲之而请留公。王顺周公之意而

---

① 阮刻《十三经注疏》,页215下。
② 李振兴《王肃之经学》,页236。

言曰：公当留住而明安我童子，不可去也。所以不可去者，当举行大明之德，用使我小子襃扬文、武之业而奉当天命，以和常四方之民……更述居摄时事，惟公明德光于天地，勤政施于四方，使四方旁来为敬敬之道，以迎太平之政，下民皆不復迷惑于文、武所勤之教。言公化洽使如此也。……○传'四方'至'化洽'。○正义曰：上言施化在公，此言民化公德。'四方旁来，为敬敬之道'，民皆敬向公以迎太平之政。言迎者，公政从上而下，民皆自下迎之，言其慕化速也。文、武勤行教化，欲以教训利民，民蒙公化，识文、武之心，不復迷惑文武所勤之教。言公居摄之时，政化已洽于民也。"①

**应勇案**：此条残存之郑、王注可对应比勘者惟"迓"字之音读。据《释文》，马、郑、王音读无不同，皆音鱼据反。此条李振兴无案语。蔡《传》解"迓"为迎，是与马、郑、王之读不同，而与伪孔同也。据孙《疏》，音鱼据反即为"御"。"迓"下之"衡"，郑曰："称上曰衡"。衡者，《汉书·律历志》云："平也，所以在权而均物，平轻重也。"此句言周公之德，光于天地，施于四方，溥为穆穆之美化，操御平天下之衡，不有迷错。以文、武之光烈，教予于冲幼之时，早夜慎修祀典。(孙《疏》，页411—412)故此句断为"……旁作穆穆，迓衡不迷，文武勤教予冲子，夙夜毖祀……"而伪孔传则断为"旁作穆穆迓衡，不迷文武勤教，予冲子夙夜毖祀……"据"衡"字之解，似以孙星衍说为是，因为伪孔传及《正义》均未具体解"衡"字而直译为"太平之政"，似与"衡"字义不符。马、郑、王音读同，其义解亦当同也。

---

① 阮刻《十三经注疏》，页215下—216上。参黄怀信整理本《尚书正义》，页602。

## 《多士》

**"……肆尔多士，非我小国敢弋殷命……"**

弋，马、郑、王本均作"翼"。然马、王训翼为取也，郑则训翼为驱。

伪孔传："天佑我，故汝众士臣服我。弋，取也。非我敢取殷王命，乃天命。"《释文》："弋，徐音翼，马本作翼，义同。"

《正义》："○传'天佑'至'天命'。○正义曰：肆，训故也。直云'故尔多士'，辞无所结。此经大意叙其去殷事周，知其'故尔众士'，言其臣服我。弋，射也，射而取之，故弋为取也。郑玄、王肃本弋作翼。王亦云翼，取也。郑云：翼，犹驱也，非我周敢驱取女殷之王命。虽训为驱，亦为取义。周本殷之诸侯，故周公自称小国。"①

李振兴案：《释文》云："弋，马本作翼，义同。"郑氏本亦作翼，云："翼，犹驱也。"（《诗·驺虞·正义》）伪孔传作弋，云取也。翼，取也。盖翼同弋也。《易·小过》云："公弋取彼在穴。"高诱注《吕氏春秋》云："弋，猎也。"其义俱为取。郑氏注"翼犹驱"者，《诗·驺虞》云："壹发五豝。"传云："虞人翼五豝以待公之发。"又《吉日诗》云："悉率左右，以燕天子。"传云："驱禽之左右，以安待天子。"是翼、驱同谊也。王鸣盛云："驱即取，故马言取，孔改弋，非也。"（《尚书后案》）段玉裁《古文尚书撰异》云："弋、翼古音同在第一部，训取者，读翼为弋也。孔本作弋者，因马、王之说而改经字

---

① 阮刻《十三经注疏》，页219中—下。参黄怀信整理本《尚书正义》，页619。

也。"所言甚是。①

**应勇案**：此条残存郑、王义解可对应比勘者惟一"弋"字。马、郑、王本均作"翼"，郑、王解义词异而义同，王鸣盛亦以为是。蔡《传》亦以弋为取。孙《疏》亦无不同。伪孔氏改"翼"为"弋"之由，段玉裁说甚是。

**"……予一人惟听用德，肆予敢求尔于天邑商……"**

"郑玄云：言天邑商者，亦本天之所建。"

"王肃云：言商今为我之天邑。"

伪孔传："言我周亦法殷家，惟听用有德，故我敢求汝于天邑商，将任用之。"

《正义》："○传'言我'至'用之'。○正义曰：夏人简在王庭，为其有德，见用。言我亦法殷家，惟听用有德，汝但有德，我必任用，故我往前敢求汝有德之人于天邑商都，将任用之也。郑玄云：言天邑商者，亦本天之所建。王肃云：言商今为我之天邑。二者其言虽异，皆以天邑商为殷之旧都。言未迁之时，当求往迁后有德任用之必矣。"②

李振兴案："天邑商"者，言商之都城也。郑康成云："言天邑商者，亦本天之所建。"（《正义》）孔颖达云："二者（案：指郑、王二家之说）虽异，皆以天邑商为殷之旧都。"《白虎通·京师篇》云："天子所都，夏、商曰邑，周曰京师。"王念孙曰："'天'与'大'同义。《孟子·滕文公篇》引《书》云：惟臣附于大邑周。《多士》云：肆予敢求尔天邑商。天邑，犹大邑也。"(《广雅疏证》)王国维《观堂集林·说商》云："杜预《春秋释地》以商邱为梁国睢阳。又云：宋、商、商邱，三名一地。其说是也。始以地名为国号，继以为有天下

---

① 李振兴《王肃之经学》，页237—238。
② 阮刻《十三经注疏》，页220中—下。

之号,其后虽不常厥君,而王都所在,仍称大邑商,讫于失天下而不改。"寻王氏之意,有商都今乃已成天之为我所建,予一人惟德听用,尔商民不可逆天,凡有德者,予皆用之。意亦安抚之言也。至于天邑、大邑之辨,黎建寰学长于其《周书考释》中论之甚详,兹不赘言。①

**应勇案**：此条残存之郑、王义解可对应比勘者为"天邑商"之解。《正义》虽调和郑、王,认为"其言虽异",但均以"天邑商"为商之旧都,其实郑、王之解在意义取向方面有大不同,依郑解,商之本有政治地位凸显;依王解,则商都现在已成为我周地盘之意凸显。

---

① 李振兴《王肃之经学》,页238。

## 《无逸》

**"周公曰:'呜呼！我闻曰:昔在殷王中宗……其在高宗……其在祖甲,不义惟王,旧为小人。作其即位,爰知小人之依……'"**

郑注:"祖甲,武丁子帝甲也,有兄祖庚贤,武丁欲废兄立弟,祖甲以此为不义,逃于人间,故云'久为小人'"。

王注:祖甲,汤孙太甲也。先中宗,后祖甲,先盛德,后有过也。(参《史记·鲁周公世家·集解》)

伪孔传:"汤孙太甲,为王不义,久为小人之行,伊尹放之桐。"

《正义》:"○传'汤孙'至'之桐'。○正义曰:以文在高宗之下,世次颠倒,故特辨之此祖甲是汤孙太甲也。'为王不义',谓汤初崩,久为小人之行,故伊尹放之于桐。言其废而復兴。为下'作其即位'起本也。王肃亦以祖甲为太甲。郑玄云:祖甲,武丁子帝甲也,有兄祖庚贤,武丁欲废兄立弟,祖甲以此为不义,逃于人间,故云'久为小人'。案《殷本纪》云:'武丁崩,子祖庚立;祖庚崩,弟祖甲立,是为帝甲。① 淫乱,殷道復衰。'《国语》说殷事云:帝甲乱之,七代而殒。则帝甲是淫乱之主,起亡殷之源。宁当与二宗齐名,举之以戒无逸？武丁贤王,祖庚復贤。以武丁之明,无容废长立少。祖庚之贤,谁所传说？武丁废子,事出何书？妄造此语。是负武丁而诬祖甲也。"②

李振兴案:王说非是。马融曰:"祖甲有兄祖庚,而祖甲贤,武

---

① 今《史记·殷本纪》文作"……是为帝甲。帝甲淫乱……"《正义》此引略去一"帝甲"。
② 阮刻《十三经注疏》,页 221 下—222 上。参黄怀信整理本《尚书正义》,页 632—633。

丁欲立之，祖甲以王废长立少不义，逃亡民间，故曰'不义惟王，久为小人'也。"（《史记·集解》）郑康成曰：……（见上引——笔者注）蔡《传》亦以为马是而王非，其言云："《史记》：高宗（案：即武丁）崩，子祖庚立，祖庚崩，弟祖甲立。则祖甲，高宗之子，祖庚之弟也。殷世二十有九，以甲名者五帝，以太、以小、以沃、以阳、以祖别之，不应二人俱称祖甲。《国语》传讹承谬，旁记曲说，不足尽信。要以周公之言为正。又下文周公言自殷王中宗，及高宗，及祖甲，及我周文王。'及'云者，因其先后次第而枚举之辞也。则祖甲之为祖甲，而非太甲明矣。"王鸣盛辨之最切，其言曰："郑是传非也。（案郑承马说，传承王说。）三宗世次相承，历然不紊。下文言自殷王中宗及高宗，及祖甲，及我周文王。'及'云者，因其先后次第而枚举之辞也。则祖甲非太甲明矣。其辨一也。礼：祖有功，宗有德。考之史，太甲称太宗而未尝称祖。《正义》于此说，已持之不坚，足征其妄。其辨二也。殷世二十有九，以甲名者五帝，以太、以小、以沃、以阳、以祖别之，不应有二帝俱称祖甲。其辨三也。孔传之意，以'不义惟王'与大甲，兹乃'不义'惟一，彼伪文固不足信，且此小人言其位，非言其德，乃云太甲为小人之行，不亦妄乎？其辨四也。唐司马贞《史记·索隐》：按《纪年》，太甲惟得十二年，此云祖甲，享国三十三年，知祖甲是帝甲明矣。司马贞所见《纪年》旧本，自是可据。太甲享国甚短，所以不数，又何疑乎？其辨五也。"是说得之。①

**应勇案：** 此条残存郑、王义解可对应比勘者惟"祖甲"一解。郑解合《史记》，王肃则不同。伪孔传及《正义》申王说而与郑异。马融则同郑说。马融说见《史记·鲁周公世家·集解》引。则郑说源自其师马融也。所谓王肃"好贾、马之说而不好郑氏"，于此条则不成立也。王肃说亦见《鲁周公世家·集解》引。蔡《传》同

---

① 李振兴《王肃之经学》，页239—240。李振兴所引文字有阙漏，笔者重录时已补。

马、郑之说而不用王说。孙《疏》存疑。(孙《疏》,页 439)皮锡瑞则曰:"今文作'昔在殷王太宗',从此句至'三十有三年',句在'周公曰呜呼'句下,其在'中宗'句上。段玉裁说……是今文《尚书》与古文《尚书》大异。考《殷本纪》太甲称太宗,太戊称中宗,武丁庙为高宗。周公为毋逸之戒,举殷三宗以劝戒成王,倪非《尚书》有太宗二字,……据此,今文《尚书》'祖甲'二字作'太宗'二字。其文之次当云'昔在殷王太宗、其在中宗、其在高宗',不则今文家末由倒易其次序也。锡瑞案:段说是也……《白虎通·姓名篇》曰:殷以生日名子何? 殷家质,故直以生日名子也,以《尚书》道殷家太甲、帝乙、武丁也。《白虎通》引《尚书》皆今文……《史记》作'其在祖甲',后人改之。○今文'惟'作'维','旧'作'久'。○《史记》曰:'不义维王,久为小人。'《集解》马融曰:'祖甲有兄祖庚,而祖甲贤,武丁欲立之,祖甲以王废长立少不义,逃亡民间,故曰不义惟王,久为小人也。'王肃曰:'祖甲,汤孙太甲也。先中宗,后祖甲,先盛德,后有过也。'锡瑞谨案:马说不知所据,与西汉今文说不合。《书》正义引郑说与马说略同,孔氏已驳之矣。若王肃,兼用今文之义,傅合古文之次序,以祖甲为太甲,而又置之高宗之后,作伪孔传解'不义惟王'为'为王不义',倒易经文以就己说……不知此篇屡言小人,皆谓小民,……且古君子、小人皆以位言,无有以小人之行为小人者。周公举殷三宗以劝戒成王,当举其美,不当举其颠覆典刑之恶。是王说尤非也。经云'不义维王'者,义,古仪字,拟也。'不义维王',谓不拟居王位。《孟子》曰:汤崩,太丁未立,外丙二年,仲壬四年。殷法兄终弟及,立子不立孙。使外丙、仲壬或有一人永年,则太甲无次立之势。故太甲不自拟维王。殷时王子多在民间,太甲未立之时,或亦在外,故云'久为小人'。于外,知小人之依也。"[1]则皮锡瑞以为,王肃解"祖甲"为

---

[1] 皮锡瑞《今文尚书考证》卷二〇。

"太甲"是正确的,但解"不义惟王,旧为小人"不能如伪孔传之说。伪孔传关于此八字之解说是否与王肃相同,尚难确指,但显然与郑说大相径庭。皮锡瑞的逻辑理由在于他尊信今文《尚书》说而不信古文《尚书》说,最终结果则出现他选择了一半郑说、一半王说的有趣现象。他的具体理由是:传世伪孔传本古文《尚书·无逸》篇中上述此段经文之次序有误,是搞颠倒了,而且文字也有误,当从今文《尚书》说,将"祖甲"二字改为"太宗"二字,并将相关经文置于"中宗"之前,于是疑问迎刃而解。王肃解"祖甲"为"太甲"没错,历史上汤孙太甲正是庙号太宗者,但经文所述"不义惟王,旧为小人"也当如今文《尚书》,当为"不义维王,久为小人",是指汤孙太甲(太宗)看到在兄终弟及的制度下,自己的两个叔父还健在,自己根本没有什么希望即位,也就"不拟居王位",故长期居在民间,此所谓"久为小人"。这里的"义"字,非道义之"义",而是"仪"字之假借。这里的"小人"也是"以位言",非道德层面之"小人",这一点与郑玄说正好相同。而郑玄说以"祖甲"为武丁子帝甲之故事,以及废兄立弟是否在道义上"不义",则皮锡瑞坚决不取。据今人刘起釪考,王肃说源于刘歆,陈梦家亦以刘歆、王肃说为是。①

"……文王受命惟中身,厥享国五十年。……"

"经言'受命'者,郑玄云:受殷王嗣位之命。"

"王肃云:文王受命嗣位为君,不言受王命也。"

伪孔传:"文王九十七而终,中身即位,时年四十七。言中身,举全数。"

《正义》:"○传'文王'至'全数'。○正义曰:'文王年九十七而终',《礼记·文王世子》文也。于九十七内减享国五十年,是未

---

① 参刘起釪《东晋出现伪古文尚书》,见氏著《尚书研究要论》。

立之前有四十七在。礼:诸侯踰年即位。此据代父之年,故为即位时年四十七也。计九十七年半折以为中身,则四十七时于身非中。言中身者,举全数而称之也。经言'受命'者,郑玄云:受殷王嗣位之命。然殷之末世,政教已衰,诸侯嗣位何必皆待王命?受先君之命亦可也。王肃云:文王受命嗣位为君,不言受王命也。"①

**李振兴案**:郑康成曰:……(见上引——笔者注)郑说是也。《周礼·典命》云:"凡诸侯之適子,誓于天子。"郑注云:"誓,犹命也。"《春秋》经文公元年曰:"天子使毛伯来锡公命。"《谷梁传》曰:"礼有受命,无来锡命。锡命非正也。"是诸侯世子嗣位为君,必受命天子。齐召南《尚书注疏考证》云:"王肃云:文王受命嗣位为君,不言受王命也。按郑康成言,受殷王嗣位之命是也。古者诸侯嗣位,必请命于天子,况文王为臣,忠敬之至乎?文王嗣位,在帝乙之七祀,殷王命令尚行于海内,与衰周不同也。孔疏是王而非康成何哉!"是言允矣。②

**应勇案**:郑、王之争除礼制问题外,西周文王、周公史事歧异最多。此条依郑解,文王"受命",是受殷王之命,凸显其本该是殷之诸侯地位;依王肃之解,则文王"受命",非受殷王之命也。受谁之命?《正义》未具引,后人难于下断语,或如《正义》之说,到文王的时代,殷人政教已衰,文王"受命"不一定要通过殷王了,那么,文王是擅自称王了?李振兴以求史实之是非为著作之宗旨,而其言"郑说是",依然以政治规则、政治道理为据,而非以史实为据。历史上规则、道理与史实不符者比比皆是。历史上文王"受命"到底是否为殷王所封?首先,本经《无逸》相传为周公所作,周公所言文王"受命"并未明受命为王还是受命为诸侯。据杨宽先生考证,历史上文王曾受殷王册封而为"西伯",是具体哪个殷王时代

---

① 阮刻《十三经注疏》,页222上—中。
② 李振兴《王肃之经学》,页240—241。

的事已难知,但此时文王已称"王"。那么,文王称"王"时是否"受命"而王? 如果是,受谁之命? 均无从知晓。或许如杨宽先生所述,周文王是不断利用有利的形势扩充自己的实力,以利灭殷①,那么称"王"时很可能就是擅自称王,则王肃说是也。或说殷商时地方诸侯称王并非不合法,那么,郑、王争论文王是否受殷王之命的问题就是以古人说今话,与历史事实本身无关。蔡《传》解"受命"指受命为诸侯,那么当是指受殷王之命? 孙《疏》亦以郑说为是。(孔《疏》,页442)王鸣盛力主郑说为是,但所引文献却让我们发现了郑氏解经之又一处矛盾——"《诗·文王》序云:文王受命作周也。郑笺云:受天命王天下。"②可此处却明确说受殷王之命。皮锡瑞考郑说为今文家言。③

**"……厥或告之曰:小人怨汝詈汝,则皇自敬德……"**

郑本如上引伪孔本,作"……皇自敬德"。郑以皇为暇,言宽暇自敬。

王肃本"皇"作"况"。王云:况,滋。言益用敬德也。

伪孔传:"其有告之,言小人怨詈汝者,则大自敬德,增修善政。"

《正义》:"……周公言而叹曰:呜呼,自殷王中宗及高宗及祖甲及我周文王,此四人者,皆蹈明智之道以临下民,其有告之曰小人怨恨汝,骂詈汝,既闻此言,则大自敬德,更增修善政……○传'其有'至'善政'。○正义曰:《释诂》云:皇,大也。故传言'大自'。敬德者,谓增修善政也。郑玄以皇为暇,言宽暇自敬。王肃本皇作况。况,滋。益用敬德也。"④

---

① 杨宽《西周史》,上海人民出版社1999版,页69—74。
② 王鸣盛《尚书后案》卷二一。参《毛诗·大雅·文王》序。
③ 皮锡瑞《今文尚书考证》卷二〇。
④ 阮刻《十三经注疏》,页223上。参黄怀信整理本《尚书正义》,页637。

**李振兴案**：王氏之言是也。况，今本作皇。王氏以皇作况，乃沿《古文尚书》也。惠栋《九经古义》云："蔡邕《石经》皇作兄，自作曰。上文无皇曰同。《正义》云：王肃本皇作况。(《秦誓》云：我皇多有之。《公羊传》载云：而况乎我多有之。亦以皇为况。蔡邕、王肃所载皆《古文尚书》也。)况，滋。益用敬德也。兄，本古况字(《樊毅碑》况作兄)。《管子》、《书》皆以兄为况。(《汉书》：尹翁归字子兄。注云：兄读曰况。《桑柔》诗云：仓兄填兮。《召旻》云：职兄斯引。传皆云：兄，滋也。《释文》：兄音况，本亦作况。)"王氏之意乃谓当益加自敬其德也。郑康成曰："皇，谓暇，言宽暇自敬。"(《正义》)依郑氏之意，则为宽暇自敬其德。义亦洽。[①]

**应勇案**：此条残存之郑、王义解可对应比勘者为"皇"字之解。依《正义》，郑本与伪孔本同，作"皇"。郑以皇为暇，与孔不同。依郑义，彼四人即使遇有小人不满而骂詈之，亦会从容宽暇而自敬其德。依王义，则为遇有小人不满而骂詈之，便更加努力地敬德而施善政也。二说小异。

---

① 李振兴《王肃之经学》，页241。

## 《君奭》

**"……又曰：天不可信，我道惟宁王德延……"**

（1）郑、王均以"宁王"为文王。

（2）"又曰"："郑云'人又云'，则郑玄以此'又曰'为周公称人之言也。王肃云：重言天不可信，明己之留，盖畏其天命。则肃意以周公重言，故称'又曰'。孔虽不解，当与王肃意同。"

伪孔传："无德去之，是天不可信，故我以道惟安宁王之德，谋欲延久。"

《正义》："周公又言曰：天不可信。无德则去之，是其不可信也。天难信之，故恐其去我周家，故我以道惟安行宁王之德，谋欲延长之……○传'无德'至'延久'。○正义曰：此经言'又曰'，传不明解。郑云'人又云'，则郑玄以此'又曰'为周公称人之言也。王肃云：重言天不可信，明己之留，盖畏其天命。则肃意以周公重言，故称'又曰'。孔虽不解，当与王肃意同。言宁王者，即文王也。郑、王亦同。"①

李振兴案："周公重言，故称'又曰'。"审诸《正义》，乃孔颖达释王氏"重言"之义，非王氏所云。王氏云"重言不可信，明己之留，盖畏其天命"者，其义乃谓天不可信赖，惟为修文王之德，方可永延不失。我之所以为师而不去者，实为畏天命之不可信也。故下文列举"成汤既受命，时则有若伊尹，格于皇天；在太甲，时则有若保衡；在太戊，时则有若伊陟、臣扈，格于上帝，巫咸乂王家；在祖乙，时则有若巫贤；在武丁，时则有若甘盘"。皆明君之得贤臣，

---

① 阮刻《十三经注疏》，页223下。

方能延年不失也。我之留佐成王,亦谓此也。郑康成曰:"'又曰',人又云。周公称人之言也。"(《正义》)江声《尚书集注音疏》云:"周公言:我又念曰:天命靡常,不可信也,我惟道文王之德,使延长之,则天不用捨于文王所受之命矣。""《正义》谓郑以此'又曰'为周公称人之言。声案:此'又曰'固是周公口中所称道,若以为称人之言,则未见审然。盖'又'之为言,必前有所因……此当承前文而来,亦是周公道己意念,故云'周公言我又念曰'云云,如此解说则上下文意一贯,乃为允协。"①郑注《洛诰》云:"周公谓文王为宁王。"此亦为周公之言。是以《正义》云:"言宁王者,即文王也。郑、王亦同。"自是释《尚书》者多从其说,惟蔡《传》以宁王为武王,其说亦原于郑氏,因郑氏注《大诰》于"周公谓文王为宁王"下又云:"成王亦谓武王为宁王,此一名二人兼之。"(《诗·何彼秾矣·正义》)今审诸经文乃周公之言。周公既谓文王为宁王,此宁王当为文王无疑矣。蔡说非也。金文中"文"字多从心,字形与"宁"字近似,传写者误为"宁王",实即"文王"也。(说见方浚益《缀遗斋彝器考释》及吴大澂《字说》)又案:本句经文我道之"道"字,马融作迪(《释文》)。王引之《经义述闻》云:"作'迪'者,原文也。作'道'者,东晋人所改也。《尚书》'迪'字,多语词,上文曰'迪惟前人光',《立政》曰'迪惟有夏',此云'我迪惟宁王德延'。'迪'字皆语词也。后人训为蹈,或训为道,皆于文义不安。此句'迪'字,既解为道,遂改'迪'作'道'以从,误解之义顛矣。幸有马本,犹得考见原文耳。"是言得之。②

**应勇案:** 此条郑、王义解可对应比勘者有二:(1)"宁王"之解。郑、王无不同,均以"宁王"为文王。蔡《传》则"宁王"为武王。(2)关于"又曰",郑、王义解大不同。郑以为之所以称"又曰"者,

---

① 李振兴《王肃之经学》,页242。
② 李振兴《王肃之经学》,页242—243。

乃是称人之言,即今人所言"有人说……"。王肃则不仅认为这不是周公称人之言,是周公自己的意见,而且之所以称"又曰",是有加强语气、特别强调的意思。伪孔用王肃说。蔡《传》亦以"又曰"为周公又申言之。

"……公曰:君奭,天寿平格,保乂有殷,有殷嗣,天灭威……"
郑以为此经专言臣事,"格,谓至于天也"。

"王肃以为兼言君臣,注云:殷君臣之有德,故安治有殷。言是者不可不法,殷家有良臣也。"

伪孔传:"言天寿有平至之君,故安治有殷,有殷嗣子纣,不能平至,天灭亡加之以威。"

《正义》:"周公呼召公曰:君奭,皇天赋命,寿此有平至之君。言有德者必寿考也。殷之先王有平至之德,故能安治有殷。言故得安治也。有殷嗣子纣,不能平至,故天灭亡而加之以威……○传'言天'至'以威'。○正义曰:格,训至也。平,谓政教均平。至,谓道有所至也。上言'不弔'[①],谓道有不至者。此言格,谓道至者。天寿,有平至之君,有平至之德,则天与之长寿,如中宗、高宗之属是也。由其君有平至之德,故能安治有殷。言有殷国安而民治也。有殷嗣子纣,其德不能平至,国不安,民不治,故天灭亡之而加之以威也。孔传之意:此经专说君之善恶,其言不及臣也。王肃以为兼言君臣,注云:殷君臣之有德,故安治有殷。言是者不可不法,殷家有良臣也。郑注以为专言臣事。格,谓至于天也。与孔不同。"[②]

李振兴案:"天寿平格",王氏以"殷君臣之有德"释之。乃统言之也。蔡《传》最能申扬此说,其引吕氏之言曰:"坦然无私之谓

---

① 此"不弔",盖指前文"周公若曰:'君奭,弗弔,天降丧于殷……'"之"弗弔"。
② 阮刻《十三经注疏》,页 224 中。参黄怀信整理本《尚书正义》,页 650。

平。格者,通彻三极而无间者也。天无私寿也,惟至平通格于天者,则寿之。伊尹而下六臣,能尽平格之实,故能保乂有殷。"蔡氏之言,实为不易之论。是以王又云:"言是者不可不法,殷家有良臣也。"可谓深得经旨矣。①

**应勇案**:此条残存之郑、王义解可对应比勘者非某字之解,而是关于此段经文针对何人而言。郑以为周公这段话专说臣事,那么,强调的是臣子有"平至"之德,则国安民治,本人寿考。王则认为兼言君臣之事,那么,强调的是君臣共有"平至"之德,则国安民治,本人寿考。孔传意专言君事,与郑、王均异,证伪孔传非王肃伪也。

---

① 李振兴《王肃之经学》,页244。

# 《多方》

"……乃大降罚,崇乱有夏,因甲于内乱……"

"甲",郑、王本均作"狎"。"郑云:习为鸟兽之行,于内为淫乱。""王云:狎习灾异,于内外为祸乱。"

伪孔传:"桀乃大下罚诛于民,重乱有夏。言残虐,外不忧民,内不勤德,因甲于二乱之内。言昏甚。"

《正义》:"○传'桀乃'至'昏甚'。○正义曰:《释诂》云:崇,重也。桀既为恶,政无以梭改,乃復大下罪罚于民,重乱有夏之国。言其残虐大也。夹,声近甲。古人甲与夹通用。夹于二事之内而为乱行,故传以二事充之,外不忧民,内不勤德。桀身夹于二乱之内,言其昏闇甚也。郑、王皆以'甲'为'狎'。王云:狎习灾异,于内外为祸乱。郑云:习为鸟兽之行,于内为淫乱。与孔异也。"①

李振兴案:"狎,习也",《尔雅·释言》文。郑康成云:……(见上引——笔者注)云"鸟兽行"者,《周礼·大司马》云:"外内乱,鸟兽行,则灭之。"注引《王霸记》曰:"悖人伦,外内无有异于禽兽。"是也。王言狎习灾异,其义虽是,然终未若郑氏之具体而有据也。孙《疏》云:"内乱者,桀嬖有施氏女妹喜"。"言桀乃大下诛罚,终乱夏邑","因习于好内以乱政。"此亦即郑氏所言之"鸟兽行",王氏之"灾异"也。②

应勇案:此条残存之郑、王义解可对应比勘者为"狎"字。今伪孔传本作"甲"。郑、王本原均作"狎",解义亦基本相同。因经

---

① 阮刻《十三经注疏》,页228中。
② 李振兴《王肃之经学》,页245。孙星衍《尚书今古文注疏》,页461。本条李振兴原引文字亦多讹误,重录时已校正。

字不同,故孔传与郑、王解义均不同。据孙星衍《疏》,郑、王说异而实同也。蔡《传》经字亦作"甲",却解"甲"为始,谓"其所因则始于内嬖",言不同而所指事同也。

# 《立政》

**"……夷微、卢烝,三亳、阪尹……"**

伪孔传:"蛮夷微、卢之众帅,及亳人之归文王者三所,为之立监,及阪地之尹长,皆用贤。"

"郑、王所说皆与孔同,言亳民之归文王者。"

《正义》:"○传'蛮夷'至'用贤'。○正义曰:《牧誓》所云有'微、卢、彭、濮人',此举'夷微、卢',以见'彭、濮'之等诸夷也。烝,训众也。此篇所言皆立官之事。此经惟'阪'下言'尹',则'夷微'已下以一'尹'摠之,故传言:'蛮夷微、卢之众帅,及亳民之归文王者三所,为之立监,及阪地之尹长。'故言'帅',言'监',亦是言为之立长,义出经文'尹'也。亳是汤之旧都,此言'三亳',必是亳民分为三处。此篇说立官之意,明是分为三亳,必是三所各为立监也。亳人之归文王,经传未有其事,文王既未伐纣,亳民不应归之。郑、王所说皆与孔同,言亳民归文王者。盖以此章杂陈文王、武王时事,其言以文王为主,故先儒因言亳民归文王尔。即如此意,三亳为已归周,必是武王时也。'及阪地之尹长',传言其山阪之地立长尔,不知其指斥何处也。郑玄以'三亳、阪尹'者共为一事,云:'汤旧都之民服文王者,分为三邑,其长居险,故言阪尹'。盖东成皋、南轩辕、西降谷也。皇甫谧以为三亳,三处之地皆名为亳,蒙为北亳,谷熟为南亳,偃师为西亳。古书亡灭,既无要证,未知谁得旨矣。"[①]

李振兴案:《正义》云:"《牧誓》所云有'微、卢、彭、濮人',此举

---

[①] 阮刻《十三经注疏》,页231下—232上。参黄怀信整理本《尚书正义》,页693。黄本标点,笔者有不以为然者。

'夷微、卢',以见'彭、濮'之等诸夷也。……(见上引,此处略。——笔者注)古书亡灭,既无要证,未知谁得旨矣。"《正义》之释孔传,亦所以释郑、王也。然则王氏之说是乎?曰非也。烝,君也(《尔雅·释诂》)。王氏训众,义有未洽。《牧誓》云:"庸、蜀、羌、髳、微、卢、彭、濮人。"此八国曾助武王灭纣。此举微、卢以概其余也。经言"夷、微、卢烝"者,乃谓四夷及微、卢等八国,立君以治之也。"三亳、阪尹"者,王夫之《尚书稗疏》云:"商都西亳,而南北二亳,皆设尹者,意商当建二亳以为亳辅,故皆以亳名之。"细绎其言,较之郑玄、皇甫谧二氏之说为洽。阪,盖指地形之险阻者而言。《说文》云:"阪,坡者曰阪,……一曰泽障也,一曰山胁也。"是皆险阻之地,兵家之所必争者也。是以置尹以治之。《左传》隐公元年云:"庄公即位,为之请。公曰:制,严邑也,虢叔死焉,佗邑唯命。"庄公所言之"制",犹此阪也。尹者,正长也。经义乃谓商故都三亳,及天下险阻之地,皆立长以治之也。①

**应勇案**:此条郑、王解义与伪孔传同,均以"三亳"为"亳民之归文王者"。《正义》则对此有疑义。值得注意的是,李振兴不以"夷"为"微、卢"之定语,而以为与微、卢并列,则经文断句有所不同,见上引。黄怀信及《尚书今古文注疏》之点校者陈抗、盛冬铃则均断为"夷微、卢烝",即如上《正义》所释,以微、卢等为夷也。又,所谓"郑玄以三亳、阪尹者共为一事",即将上引经文断为"三亳阪尹",而非如上断为"三亳、阪尹",即以"三亳"与"阪尹"所指为一,即归文王之亳民,分为三处,但其尹长所居皆险要之地,故谓之"三亳阪尹",所指大概就是所谓"东成皋、南轩辕、西降谷"三地。伪孔则以"三亳"与"阪尹"是两回事,"三亳"之解与郑、王同,"阪尹"则与郑不同,意另有所指,但到底指哪一个地方的尹长,《正义》亦言未知也。盛冬铃、陈抗点校之《尚书今古文注疏》经文用郑说,断为"三亳阪尹",而不用伪孔之意。(孙《疏》,页474)

---

① 李振兴《王肃之经学》,页248—249。

## 《顾命》

"……思夫人自乱于威仪,尔无以钊冒贡于非几……"

"冒,马、郑、王作勖。贡,马、郑、王作赣。"

伪孔传:"群臣皆宜思夫人,夫人自治正于威仪,有威可畏,有仪可象,然后足以率人。汝无以钊冒进于非危之事。"

《释文》:"冒,马、郑、王本作勖。贡,马、郑、王本作赣。"①

《正义》:"王召群臣既集,乃言而叹曰:呜呼!我疾大进益重,惟危殆矣。病日日益至,言病困已甚。病既久留于我身,恐一旦暴死,不得结誓出言语以继续我志。以此故我今详审教训,命诰汝等。昔先君文王、武王布其重光累圣之德,安定天命,施陈教诲,则勤劳矣。文、武定命陈教,虽劳而不违于道,用能通殷为周,成其大命,代殷为主。至文、武后之侗稚,成王自谓己也。言己常敬迎天之威命,终当奉顺天道,继守文、武大教,无敢昏乱逾越。言当战栗畏惧,恐坠文、武之业。今天降疾于我身,甚危殆矣,不能更起,不复觉悟。言己必死。汝等庶几明是我言,勿忽略之,用我之语,敬安太子钊,大渡于艰难。言当安和远人,又须能和近人,当为善政,远近俱安之。又当安劝小大众国于彼,小大众国皆安之劝之。安之使国得安存,劝之使相劝为善。汝群臣等思夫人,夫人众国各自治正于威仪,有威有仪,然后可以率人,无威无仪,则民不从命。戒使慎威仪也。汝无以钊冒进于非事危事。欲令戒其不为恶也。……"②

---

① 参陆德明《经典释文》,上海古籍出版社据北京图书馆藏宋刻本影印,1984,页193。
② 阮刻《十三经注疏》,页238上一中。参黄怀信整理本《尚书正义》,页725。

李振兴案：冒，马、郑、王作勖者，乃以同音假借①也。勖以冒为声，声当为冒者。《说文》力部云："勖，勉也，从力冒声。"是勖以勉为谊，以冒为声。而勉谊不可以施于此文，而古字或假借，故《礼记·缁衣》引"君牙"文作君雅，郑注云："雅，《书叙》作牙，假借字也。"是以雅得牙声，而遂为牙。此经勖字，亦以冒声而借为冒也，故读当为冒。孔氏轻改旧文直作冒字，马、郑（、王）不敢也。（见江声《尚书集注音疏》）贡，马、郑、王作赣者，乃以贡、赣二字古字通用。《论语·学而篇》"子贡"，《释文》云："本作赣。"《尔雅·释诂》云"赉贡"，《释文》亦曰："本作赣。"《礼记·乐记》曰："子赣见师乙而问焉。"《仪礼·燕礼》注则引作"子贡"。是以贡、赣二字古通用也。马氏云："赣，陷也。"经义乃言：汝众师无以钊（成王名）为贪，而进奉以非法之财贿也。（孙《疏》说）②

应勇案：此条下残存郑、王注可对应比勘者无义解内容，惟"冒"、"贡"二字之用字不同于伪孔也，郑、王本同马本，"冒"作"勖"，"贡"作"赣"，证伪孔传非王肃伪也。《正义》亦未有对应之解传文字，未有引《释文》、郑、王注文，于例为少见。

**"……西序东嚮，敷重厎席，缀纯，文具仍几。"**

（1）"郑玄云：厎，致也，篾纤致席也。郑谓此厎席亦竹席也。""王肃云：厎席，青蒲席也。"

（2）郑、王均以此为旦夕听事之坐。

伪孔传："东西厢谓之序。厎，蒻苹，缀杂彩有文之贝饰几。此旦夕听事之坐。"《释文》："厎，之履反，马云青蒲也。……"

《正义》："○传'东西'至'之坐'。○正义曰：'东西厢谓之序'，《释宫》文。孙炎曰：堂东西墙所以别序内外也。《礼》注谓蒲

---

① "假借"，李振兴原文作"假昔"，误。
② 李振兴《王肃之经学》，页250—251。

席为蒻苹。孔以厎席为蒻苹,当谓蒲为蒲蒻之席也。史游《急就篇》云'蒲蒻蔺席'。蒲蒻,谓此也。王肃云:厎席,青蒲席也。郑玄云:厎,致也,篾纤致席也。郑谓此厎①席亦竹席也。凡此重席,非有明文可据,各自以意说耳。缀者,连缀诸色席,必以彩为缘,故以缀为杂彩也。贝者,水虫,取其甲以饰器物,《释鱼》于贝之下云:余蚳,黄白文;余泉,白黄文。李巡曰:贝甲以黄为质,白为文彩,名为余蚳;贝甲以白为质,黄为文彩,名为余泉。'有文之贝饰几',谓用此余蚳、余泉之贝饰几也。此旦夕听事之坐。郑、王亦以为然。牖间是见群臣、觐诸侯之坐,见于《周礼》。其东序西向,养国老、享群臣之坐者。案《燕礼》云:坐于阼阶上西向。则养国老及享与燕礼同。其西序之坐在燕享坐前,以其旦夕听事,重于燕饮,故西序为旦夕听事之坐。夹室之坐在燕享坐后。又夹室是隐映之处,又亲属轻于燕享,故夹室为亲属私宴之坐。案《朝士职》掌治朝之位,王南面。此'西序东向'者,以此诸坐并陈,避牖间南向觐诸侯之坐故也。王肃说四坐皆与孔同。"②

李振兴案:马融云:"厎,青蒲也。"(《释文》)王氏从之。郑康成曰:"厎,致也,篾纤致席也。"(《正义》)孔颖达云:"《礼》注谓蒲席为蒻苹。孔以厎席为蒻苹,当③谓蒲为蒲蒻之席也。史游《急就篇》云:蒲蒻蔺席。蒲蒻,谓此也。王肃云:厎席,青蒲席也。郑玄云:……(见上引——笔者注)凡此重席,非有明文可据,各自以意说耳。"然而……段玉裁曰:"孔安国以今文字读之,易为蔑,卫包改为篾。"如是言之,蔑席当为蒲蒻之席。而此经之厎席,亦应为青蒲席也。此旦夕听事之坐者,其西序之坐,在燕飨坐前,以其旦夕听事,重于燕饮,故西序为旦夕听事之坐。郑、王二氏之说

---

① 所引《正义》文以上四"厎"字,阮刻《十三经注疏》原文均作"底",恐误,《校勘记》亦无说明。黄怀信整理本《尚书正义》作"厎"。
② 阮刻《十三经注疏》,页239上、中。参黄怀信整理本《尚书正义》,页731。
③ "当",李先生原引作"常",误。

同。(《正义》)①

**应勇案**：此条郑、王义解可对应比勘者有二：一为"厎席"之解，王与马同而与郑异；二为总体解释这"西序东嚮，敷重厎席"之坐，郑、王无不同，均以此为旦夕听事之坐，伪孔亦同。此二事均是名物问题而不涉及观念。蔡《传》及皮锡瑞《今文尚书考证》，经文均作"底席"，恐误。蔡《传》解为"蒲席"，则近马、王而远郑说矣。盖马、王之说以"厎席"乃蒲草为之，郑说以"厎席"乃竹簟为之。难知其详也。


**"东序西向，敷重丰席，画纯，雕玉仍几……"**

丰席，"郑玄云：'丰席'，刮涑竹席"。王肃云："'丰席'，莞。"

伪孔传："丰，莞。彩色为画。雕，刻镂。此养国老、享群臣之坐。"

《正义》："○传'丰莞'至'之坐'。○正义曰：《释草》云：莞，苻蓠。郭璞曰：今之西方人呼蒲为莞，用之为席也。……樊光曰：《诗》云：'下莞上簟'。郭璞曰：似莞而纤细，今蜀中所出莞席是也。王肃亦云：'丰席'，莞。郑玄云：'丰席'，刮涑竹席。《考工记》云：画缋之事杂五色。是彩色为画。盖以五彩色画帛以为缘。郑玄云：似云气，画之为缘。《释器》云：玉谓之雕，金谓之镂，木谓之刻。是雕为刻镂之类，故以'刻镂'解'雕'。盖杂以金玉，刻镂为饰也。"②

**李振兴案**：郑康成曰："丰席，刮涑竹席。"盖以簟、厎皆以竹言。此丰席当亦为竹席也。王氏云"丰席，莞"者，《释草》云："莞，苻蓠。"郭璞曰："今之西方人呼蒲为莞，用之为席也。又云……"樊光曰："《诗》云：下莞上簟。"郭璞曰："似莞而纤细。今蜀中所出

---

① 李振兴《王肃之经学》，页253。
② 阮刻《十三经注疏》，页239上、中。

莞席是也。"(《正义》)此养国老、享群臣之坐者。孙《疏》云:"东序西向者,《文王世子》云:始之养也,适东序,释奠于先老,遂设三老五更之席位焉。《特牲》云:祝命彻胙俎豆笾,设于东序下。注云:胙俎,主人之俎,设于东序下,将私燕也。是东序为养国老、燕群臣之坐也。"(孙《疏》,页 490—491)此说甚申王义。①

**应勇案:**此条郑、王义解可对应比勘者惟"丰席"一名物。郑以为竹席,与上"厎席"相同。王则解为"莞"。《说文》:"莞,草也,可以作席。"即蒲草席也。郑、王解经名物亦多见有不同。伪孔同样用王说而不用郑说。蔡《传》云:"丰席,笋席也。"笋,今作箰,竹胎也。近郑解。与上条不同。可以看出,宋人在名物方面无非随文释义而已,无一以贯之"例"可寻。而其解为"笋席",刘起釪则以为误也。② 孙《疏》解郑"刮涑竹席"为:盖以竹为席,加之以洒刷也。(页 491)

"……越玉五重:陈宝,赤刀,大训,弘璧,琬、琰,在西序。"

大训,"郑云大训谓礼法,先王德教"。王肃与伪孔传同,以为"虞书典谟"。

伪孔传:"宝刀,赤刀削。大训,虞书典谟。大璧、琬琰之珪为二重。"

《正义》:"〇传'宝刀'至'二重'。〇正义曰:上言'陈宝',非宝则不得陈之,故知赤刀为宝刀也。谓之赤刀者,其刀必有赤处。刀,一名削,故名赤刀削也。《礼记·少仪》记执物授人之仪云:刀授颖,削授拊。郑玄云:避用时也。颖,镮也。拊,谓把也。然则刀施镮,削用把。削,似小于刀,相对为异,散文则通。故传以赤刀为赤刀削。吴录称吴人严白虎聚众反,遣弟兴诣孙策,策引白

---
① 李振兴《王肃之经学》,页 253—254。
② 顾颉刚、刘起釪《尚书校释译论》,页 1752。

削斨虎①,兴体动曰:我见刃为然。然则赤刃为赤削,白刃为白削。是削为刀之别名明矣。《周礼·考工记》云:筑氏为削,合六而成规。郑注云:白刃,刀也。又云:赤刀者,武王诛纣时刀,赤为饰,周正色。不知其言何所出也。大训,虞书典谟。王肃亦以为然。郑云大训谓礼法,先王德教。皆是以意言耳。弘训大也。'大璧、琬琰之圭为二重',则琬、琰共为一重。《周礼·典瑞》云:琬圭以治德,琰圭以易行。则琬、琰别玉。而共为重者,盖以其玉形质同,故不别为重也。《考工记》:琬圭、琰圭皆九寸。郑玄云:大璧、大琰皆度尺二寸者。孔既不分为二重,亦不知何所据也。"②

李振兴案:"大训"之释,亦颇异词。郑康成曰:……(见上引——笔者注)孙《疏》云:"《说文》云:典,五帝之书也。从册在丌上,尊阁之也。……"王鸣盛《尚书后案》云:"'大训'谓礼法先王德教者,郑意盖总谓古先王。王、孔以为虞书典谟,先王多矣,何独举虞书乎?恐非也。"王夫之《尚书稗疏》云:"'大训',孔传谓是虞典。蔡疑兼数代之书及文、武之训。然《顾命》在成王末,则文王之训,初为成王所藏,不足以昭世守,而三皇五帝之书,外史所掌,不入宝藏,竟虞典旧文为当时故简者犹存,武王克殷,获以归而宝之,与外史所掌,文是而简非者不同,孔氏必有师承,不可轻驳。"以上就郑意立说,而稍有出入耳。然而王国维《观堂集林》云:"'大训',盖镌刻古之谟训于玉。"是说极有启发之功,一新历代之解。衡诸经之上下文,王氏国维之言甚是。因经文云:"越玉

---

① 阮刻《十三经注疏》本原文作"……策引白削斨虎兴体动曰……"阮元《校勘记》曰:"宋板闽本同毛本,'虎'误作'席',……字形近之譌也。"(页242)黄怀信整理本《尚书正义》"校勘记"则曰:"策引自削斨虎,'席'原误'虎',据殿本改。"(页759)
② 阮刻《十三经注疏》,页239上一下。黄怀信整理本《尚书正义》,页733。末句"郑玄云:大璧、大琰皆度尺二寸者",阮刻本如上录,黄怀信整理本作"大璧、大琬、大琰皆度尺二寸者",中多"大琬"二字,而无"校勘记"。

五重:陈宝、赤刀、大训、弘璧、琬、琰在西序,大玉、夷玉、天球、河图在东序。"此皆言玉也。因下文"舞衣、大贝、鼖鼓在西房,兑之戈,和之弓,垂之竹矢在东房……"所言甚明。各从其类故也。王氏国维又云:"以文义言,则西序、东序所陈,即五重之玉也。重者,非一玉之谓。盖陈宝、赤刀为一重,大训、弘璧为一重,琬、琰为一重,在西序者三重,大玉、夷玉为一重,天球、河图为一重,在东序者二重,合为五重。何以言之?《史记·秦本纪》文公十九年获陈宝,而《封禅书》言文公获若石,云'于陈仓北阪城祠之,其神或岁不至,或岁数来。来也常以夜,光辉若流星,从东南来,集于祠城,则若雄鸡,其声殷,云野鸡夜雊,以一牢祠,名曰陈宝。'是秦所得陈宝,其质在玉、石间,盖汉益州金马碧鸡之比,秦人殆以为《周书·顾命》之陈宝,故以名之。是'陈宝'亦玉石也。"赤刀者,周人尚赤,而宝刀涂之以赤,名曰赤刀,亦古之玉刀也。《观堂集林》云:"赤刀,内府藏古玉赤刀,屡见于高宗纯皇帝御制诗集。又浭阳端氏旧藏一玉刀,长三尺许,上涂以朱,色烂然,《书》之'赤刀',殆亦此类。"审诸经义,益觉《观堂集林》之言之不可易也。①

**应勇案:**此条郑、王义解可对应比勘者为"大训"一解。郑解笼统些,伪孔传、《正义》同王肃,似更具体。蔡《传》解"大训"曰:"大训,三皇五帝之书,训诂亦在焉。文武之训亦曰大训。"似近郑说而异王解。

**"大玉,夷玉,天球,河图,在东序……"**

(1)夷玉,郑云:"夷玉,东方之珣、玗、琪也"。王肃云:"夷玉,东夷之美玉。"

(2)天球,郑云:"天球,雍州所贡之玉,色如天者。"王肃云:"天球,玉磬也。"

---

① 李振兴《王肃之经学》,页254—255。

（3）河图，依郑义，乃"天神言语所以教告王者也"①，或曰："河图出于河，帝王圣者之所受"，均未言即指八卦。王肃曰："河图，八卦也。"

伪孔传："三玉为三重。夷，常也。球，雍州所贡。河图，八卦。伏羲王天下，龙马出河，遂则其文以画八卦，谓之河图。及典谟，皆历代传宝之。"《释文》："夷玉，马云：东夷之美玉。《说文》：夷玉，即珣、玗、琪。球，音求，马云玉磬。雍，于用反，本亦作邕。"

《正义》："○传'三玉'至'宝之'。○正义曰：三玉为三重，与上共为五重也。'夷，常'，《释诂》文。《禹贡》雍州所贡：球、琳、琅、玗。知球是雍州所贡也。常玉，天球，传不解。'常'、'天'之义，未审孔意如何。王肃云：夷玉，东夷之美玉；天球，玉磬也。亦不解称'天'之意。郑玄云：大玉，华山之球也；夷玉，东方②之珣、玗、琪也；天球，雍州所贡之玉，色如天者；皆璞，未见琢治，故不以礼器名之。《释地》云：东方之美者，有医无闾之珣、玗、琪焉。东方实有此玉。郑以夷玉为彼玉，未知经意为然否。河图，八卦，是伏羲氏王天下，龙马出河，遂则其文以画八卦，谓之河图。当孔之时，必有书为此说也。《汉书·五行志》刘歆以为伏羲氏继天而王，受河图，则而画之，八卦是也。刘歆亦如孔说。是必有书明矣。《易·系辞》云：古者伏羲氏之王天下也，仰则观象于天，俯则观法于地，观鸟兽之文与地之宜，近取诸身，远取诸物，于是始作八卦。都不言河图也。而此传言河图者，盖《易》理宽弘，无所不法，直如《系辞》之言，所法已自多矣，亦何妨更法河图也？且《系辞》又云：河出图，洛出书，圣人则之。若八卦不则河图，余复何所则也？王肃亦云：河图，八卦也。璧玉，人之所贵，是为可宝之物。八卦、典谟，非金玉之类，嫌其非宝，故云河图及典谟皆历代传宝

---

① 见皮锡瑞《六艺论疏证》，清光绪25年刻本，收入《续修四库全书》经部群经总义类(171)。
② "方"，原文作"北"，阮元《校勘记》曰当为"方"。据下李振兴解，"北"字亦通。

之。此西序、东序各陈四物,皆是临时处置,未必别有他义。下二房各有二物亦应无别意也。"①

李振兴案:马融曰:"夷玉,东夷之美玉。球,玉磬。"(《释文》)王承马说也。郑康成云:"夷玉,东北之珣、玗、琪也。天球,雍州所贡之玉,色如天者。河图,图出于河,帝王圣之所受。"郑云"夷玉,东北之珣、玗、琪也"者,《周礼·职方氏》云:"东北曰幽州,其山医无闾。"是可言东北矣。《说文》云:"珣,医无闾之珣、玗、琪,《周书》所谓'夷玉'也。"是马、郑、王言夷玉之义同也。天球,玉磬也。郑云"雍州所贡之玉,色如天"者,《皋陶谟》云:"戛击鸣球。"是球为磬也。此玉为雍州所贡,盖即苍璧,是以郑氏云然。王云:河图,八卦也。郑云:河图出于河,帝王圣者之所受。王氏直指,郑较函隐。先儒均是其说,因有古籍可资也。(见《礼记·礼运》及《易·系辞》)然而衡诸经文,容有可说者。前条引经,以证"陈宝、赤刀、大训"之为玉,而此河图,继大玉、夷玉、天球之下,当亦为玉也。王国维《观堂集林》曰:"河图,玉之自然成文者。"天然成文之怪石,往往有吾人意想不到之美者,然亦不可为吾人所未见信以为乌有。如《三国志·魏书·管宁传》云:"青龙四年辛亥诏书:张掖郡玄川溢涌,激波奋荡,宝石负图,状像灵龟,宅于川西,嶷然磐峙,仓质素章,麟凤龙马,焕炳成形,文字告命,粲然著明。太史令高堂隆上言,古皇帝所未尝蒙,实有魏之祯命,东序之世宝。"其言容有可疑,其石多所象形则断然可知。以天地之大,自然之化,寓美函英之理,时至今日,当为吾人所尽知,如本省花莲所产大理石,其文之象多矣,有山林,有云气,有河川、水流,亦有人物鸟兽虫鱼,若以人意会之,则又不可尽言者矣。是以《观堂集林》云:"河图,玉之自然成文者。"其说良是。②

---

① 阮刻《十三经注疏》,页239上—下。
② 李振兴《王肃之经学》,页255—256。

**应勇案**：此条郑、王义解可对应比勘者有三名物：一为"夷玉"，一为"天球"，一为"河图"，郑、王义解均不同。（1）夷玉，郑解更为具体，王解则较为笼统，王承马说而异郑。郑说同《说文》。《说文》："夷玉，即珣、玗、琪。"孔颖达《正义》觉得郑说有根据，却还是对郑说提出了疑义，故曰："《释地》云：'东方之美者，有医无闾之珣、玗、琪焉。'东方实有此玉。郑以夷玉为彼玉，未知经意为然否。"而清人孙星衍《尚书今古文注疏》则以为此"夷玉"之解，郑与马实同，则郑与王亦无异也（页492）。此是大略言之无大异也，经典诠释学意义下之细微区别则不能不注意，如郑说之具体与王说之笼统之差异。据今人刘起釪考，源自《说文》的郑玄"夷玉"之解，已有现代地质矿物学的佐证。① 此更见郑玄具体解说的意义所在。（2）天球，郑、王二说更加大相径庭，郑解为一种色如天之玉，王则解为一种乐器，王亦承马说而异郑。此处是马、王用《说文》而郑不采。《说文·玉部》："球，玉磬也。"上条则是郑用《说文》而马、王不采。（3）关于"河图"，本条经传下《正义》未引郑说，只引有王肃说，王肃直解为"八卦"。据他经所引郑说，郑、王不同，郑从未言"河图"指八卦，"河图"指八卦之说似首出于王肃。李振兴言"王氏直指，郑较函隐"，笔者不以为然。此条郑、王有大不同。李振兴引郑康成云"河图，图出于河，帝王圣者之所受"一句，见于孙《疏》所引（页492），其意似与《六艺论》所言同。蔡《传》解"河图"曰："河图，伏羲时龙马负图出于河，一六位北，二七位南，三八位东，四九位西，五十居中者。《易·大传》所谓'河出图'是也。"似亦与八卦有异也。刘起釪《尚书校释译论》则谓："河图，不论汉学、宋学的经师们，自汉迄清撰写解说之文，无不袭用西汉末年方士谶纬家所编造的河图妄说以释此，现一律不予引录。……"刘起釪要跳出前代经师的思维框架重新予以解说，以

---

① 详参顾颉刚、刘起釪《尚书校释译论》，页1760—1761。

为"河图"与前列大玉、夷玉一样,同属大玉宝器一类。①

"……大辂在宾阶面,缀②辂在阼阶面,先辂在左塾之前,次辂在右塾之前。"

"郑玄以缀、次是从后之言,二者皆为副贰之车,先辂是金辂也,缀辂是玉辂之贰,次辂是金辂之贰,不陈象辂、木辂、革辂者,主于朝祀而已。"依郑义,此经所言四辂只涉及《周礼》中所言五辂中之玉辂、金辂而已,其它三辂不涉及。

《正义》曰王肃与马融同,以此经中所陈四辂只缺一"革辂",其它与《周礼》所言玉辂、金辂、象辂、木辂分别对应。与郑不同也。

伪孔传:"大辂,玉;缀辂,金。面、前,皆南向。先辂,象;次辂,木。金、玉、象皆以饰车,木则无饰。皆在路寝门内左右塾前,北面。凡所陈列皆象成王生时華国之事,所以重顾命。"

《正义》:"○传'大辂'至'南向'。○正义曰:《周礼·巾车》掌王之五辂:玉辂,金辂,象辂,革辂,木辂。是为五辂也。此经所陈四辂,必是《周礼》五辂之四大辂。辂之最大,故知大辂,玉辂也。缀辂,系缀于下,必是玉辂之次,故为金辂也。'面、前'者,据人在堂上,面向南方,知'面、前,皆南向',谓辕向南也。地道尊右,故玉辂在西,金辂在东。○传'先辂'至'顾命'。○正义曰:此经四辂,两两相配。上言大辂、缀辂,此言先辂、次辂,二者各自以前后为文。五辂金即次象,故言'先辂,象',其木辂在象辂之下,故云'次辂,木'也。又解四辂之名,金、玉、象皆以饰车,三者以饰为之名,木则无饰,故指木为名耳。郑玄《周礼》注云:革辂,鞔之以革而漆之;木辂,不鞔以革,漆之而已,以直漆其木,故以木为名。木

---

① 详参顾颉刚、刘起釪《尚书校释译论》,页1761。
② 孙《疏》经文"缀"作"赘"。(页494)

辂之上犹有革辂,不以次辂为革辂者,《礼》五辂而此四辂,于五之内必将少一,盖以革辂是兵戎之用,于此不必陈之,故不云革辂而以木辂为次。马融、王肃皆云:不陈戎辂者,兵事非常,故不陈之。孔意或当然也。郑玄以缀、次是从后之言,二者皆为副贰之车,先辂是金辂也,缀辂是玉辂之贰,次辂是金辂之贰,不陈象辂、木辂、革辂者,主于朝祀而已。未知孔、郑谁得经旨。成王殡在路寝,下云'二人执惠立于毕门之内',毕门是路寝之门,知此陈设车辂皆在路寝门内也。《释宫》云:门侧之堂谓之塾。孙炎曰:夹门堂也。塾前陈车,必以辕向堂,故知左右塾前皆北面也。左塾者谓门内之西,右塾者门内之东,故以北面言之为左右。所陈坐位器物皆以西为上,由王殡在西序故也。其执兵宿卫之人则先东而后西者,以王在东,宿卫敬新王故也。顾氏云:先辂在左塾之前,在寝门内之西,北面对玉辂,次辂在右塾之前,在寝门内之东,对金辂也。凡所陈列,自'狄设黼扆'已下至此,皆象成王生时华国之事,所以重顾命也。郑玄亦云:陈宝者,方有大事以华国也。《周礼·典路》云:若有大祭祀则出路,大丧、大宾客亦如之。是大丧出辂为常礼也。"①

李振兴案:《正义》云:"此经四辂,两两相配。……未知孔、郑谁得经旨。"(见上引——笔者注)先辂、缀辂为辂之贰者,经无明文。是以郑氏之言不可信。王鸣盛已指其非矣(见《尚书后案》)。马、王言"不陈戎辂者,兵事非常,故不陈之。"所言是也。《周礼·巾车》载天子辂有五:曰玉辂,曰金辂,曰象辂,曰革辂,曰木辂。于此仅得其四,而独缺革辂者,以革辂乃戎兵所用。(案《周礼·巾车》云:革辂以即戎,以封四卫。)于此丧事之时,故不必陈之也。②

---

① 阮刻《十三经注疏》,页239上—240上。参黄怀信整理本《尚书正义》,页734—735。
② 李振兴《王肃之经学》,页256—257。李氏原所引《周礼·巾车》"天子辂有五"以下"辂"字均作"路"。

**应勇案**：此条郑、王不同亦为王承马说而异于郑。郑以此经所列之四辂——大辂、缀辂、先辂、次辂只涉及《周礼》五辂中之玉辂、金辂，分别对应的是"大辂"和"先辂"，其"缀辂"和"次辂"依字面意思解为副贰之意，即为主车旁之陪车，故四辂不涉及其余象、革、木三辂。王肃则从马融说，以为大辂即玉辂，缀辂即金辂，先辂即象辂，次辂即木辂。伪孔传同马、王之说而不从郑义。孔颖达《正义》本该疏不破注，遵孔传，但"三礼"《正义》之既定规则是"礼是郑学"，以郑说为宗，而《尚书》等非"三礼"之经，也要时不时地涉及礼制问题，此遵时乖郑义之伪孔传，彼则一遵郑义，难免互相矛盾，因此《正义》中时有如上引文中"未知孔、郑谁得经旨"之惑。蔡《传》解此礼制则又不同："大辂，玉辂也；缀辂，金辂也；先辂，木辂也；次辂，象辂、革辂也。王之五辂，玉辂以祀不以封，为最贵；金辂以封同姓，为次之；象辂以封异姓，为又次之；革辂以封四卫，为又次之；木辂以封蕃国，为最贱。其行也，贵者宜自近，贱者宜远也。王乘玉辂，缀之者金辂也，故金辂谓之缀辂；最远者木辂也，故木辂谓之先辂。以木辂为先辂，则革辂、象辂为次辂矣。宾阶，西阶也。阼阶，东阶也。面，南嚮也。塾，门侧堂也。五辂陈列，以象成王之生存也。《周礼·典辂》云：若有大祭祀则出辂①，大丧大宾客亦如之。是大丧出辂为常礼也。又按所陈宝玉器物皆以西为上者，成王殡在西序故也。"所解又与马、郑、王均不同。据皮锡瑞考，"今文辂作路，缀作贅。……陈乔枞说，案……马融、王肃以贅路为金路，以次路为木路，与郑说异，马用古文说，则郑注为今文说可知矣。"②刘起釪《尚书校释译论》之解，近王解而远郑说。③

---

① 此"辂"字，蔡《传》原文如此，今本《周礼·典路》作"路"。见上引。
② 皮锡瑞《今文尚书考证》卷二十四。
③ 顾颉刚、刘起釪《尚书校释译论》，页1767。

"二人雀弁执惠,立于毕门之内,四人綦弁,执戈,上刃,夹两阶阤,一人冕执刘,立于东堂,一人冕执钺,立于西堂,一人冕执戣,立于东垂,一人冕执瞿,立于西垂,一人冕执锐,立于侧阶……"

(1)"郑玄云:惠,状盖斜刃,宜芟刈;戈即今之句孑戟;刘,盖今镵斧;钺,大斧;戣、瞿,盖今三锋矛;锐,矛属。凡此七兵,或施矜,或着柄。《周礼》戈长六尺六寸。其余未闻长短之数。王肃惟云:皆兵器之名也。"

(2)"郑玄云:青黑曰綦。王肃云:綦,赤黑色。"

(3)"郑、王皆以'侧阶'为东下阶也。"

伪孔传:"士卫殡与在庙同,故雀韦弁。惠,三隅矛。路寝门,一名毕门。綦,文鹿子皮弁,亦士。堂廉曰阤,士所立处。"《释文》:"綦,音其,马本作骐,云青黑色。……廉,……棱也。"伪孔传:"冕,皆大夫也。刘,钺属,立于东西厢之前堂。戣、瞿,皆戟属,立于东西下之阶上。"《释文》:"戣,音逵。……"伪孔传:"锐,矛属也。侧阶,北下立阶上。"

《正义》:"礼:大夫服冕,士服弁也。此所执者,凡有七兵,立于毕门之内及夹两阶立堂下者。服爵弁、綦弁者,皆士也,以其去殡远,故使士为之。其在堂上服冕者,皆大夫也,以其去殡近,皆使大夫为之。先门,次阶,次堂,从外向内而叙之也;次东、西垂,次侧阶,又从近向远而叙之也。在门者,两守门,两厢各一人,故二人;在阶者,两厢各二人,故四人。《礼记·明堂位》:三公在中阶之前。《考工记》:夏后氏世室九阶。郑玄云:南面三,三面各二。郑玄又云:宗庙及路寝,制如明堂。则路寝南面亦当有三阶矣。此惟四人夹两阶,不守中阶者。路寝制如明堂,惟郑玄之说耳。路寝三阶不书,亦未有明文,纵有中阶,中阶无人升降,不须以兵卫之。○传'士卫'至'毕门'。○正义曰:士入庙助祭乃服雀弁。于此服雀弁者,士卫王殡,与在庙同,故雀韦弁也。郑玄云:

赤黑曰雀,言如雀头色也,雀弁制如冕,黑色,但无藻耳。然则雀弁所用当与冕同。阮谌《三礼图》云:雀弁以三十升布为之。此传言'雀韦弁'者,盖以《周礼·司服》云:凡兵事,韦弁服。此人执兵,宜以革为之,异于祭服,故言'雀韦弁'。下云'綦弁',孔言鹿子皮为弁。然则下言冕执兵者,不可以韦为冕,未知孔意如何。天子五门:皋、库、雉、应、路也。下云'王出在应门之内',出毕门始至应门之内,知毕门即是路寝之门,一名毕门也。此经所陈七种之兵,惟'戈'经传多言之,《考工记》有其形制,其余皆无文。传惟言'惠,三隅矛',锐亦矛也,'戣、瞿,皆戟属',不知何所据也。'刘,钺属'者,以刘与钺相对,故言'属',以似之而别,又不知何以为异。古今兵器名异体殊,此等形制皆不可得而知也。郑玄云:惠,状盖斜刃,宜芟刈;戈即今之句孑戟;刘,盖今镬斧;钺,大斧;戣、瞿,盖今三锋矛;锐,矛属。凡此七兵,或施矜,或着柄。《周礼》戈长六尺六寸。其余未闻长短之数。王肃惟云:皆兵器之名也。○传'綦文'至'立处'。○正义曰:郑玄云:青黑曰綦。王肃云:綦,赤黑色。孔以为綦,文鹿子皮弁。各以意言,无正文也。大夫则服冕,此服弁,知亦士也。'堂廉曰阢',相传为然。廉者,棱也。所立在堂下,近于堂棱。○传'冕皆'至'前堂'。○正义曰:《周礼·司服》云:大夫之服,自玄冕而下。知服冕者皆大夫也。郑玄云:序内半以前曰堂,谓序内檐下自室壁至于堂廉,中半以前揔名为堂。此立于东堂、西堂者,当在东西厢近阶而立,以备升阶之人也。○传'戣、瞿'至'阶上'。○正义曰:《释诂》云:疆、界、边、卫、圉,垂也。则'垂'是远外之名。此经所言,冕则在堂上,弁则在堂下,此二人服冕,知在堂上也。堂上而言'东垂'、'西垂',知在堂上之远地,当于序外。东厢、西厢,必有阶上堂,知此立于东、西堂之阶上也。○传'锐矛'至'阶上'。○正义曰:郑、王皆以'侧阶'为东下阶也。然立于东垂者已在东下阶上,何由此人复共并立?故传以为北下阶上,谓堂北阶。北阶则惟堂北一阶而已。侧,犹特也。"①

**李振兴案**:王云皆兵器名,是也。郑康成曰:"惠,状盖斜刃,宜芟刈。戈,即今之句孑戟。刘,盖今镵斧。钺,大斧。毅、瞿,盖今三锋矛。锐,矛属。凡此七兵,或施矜,或着柄。《周礼》戈长六尺②,其余未闻长短之数。"(《正义》)历代说《书》者,皆依郑氏之解。是以王云皆兵器名也。③

**应勇案**:此条残存郑、王义解可对应比勘者有三:(1)郑具体解释此场重要政治礼仪中涉及到的"七兵"各自的形制,而王则只笼统地解为"皆兵器之名也"。郑以礼学知名,故名物度数是他的强项,王要与郑立异,不能不避开此问题。王肃难于在名物度数方面与郑一一较短长,故每每概而言之以避之。而对于经典中名物度数之详解与略解,本身是二种风格不同的解经方法,详解名物往往略于经典的思想性诠释,略解名物则往往是注重思想性诠释的端倪。蔡《传》解此"七兵"亦各有其说,但与郑说有异。(2)关于"綦"字之解,由《释文》所引可见,郑说与马说相同而与王有异,王说虽与郑、马无大异,但更见所谓"王肃好贾、马之学而不好郑氏"之说,只是大概言之,根本上还是有意与郑立异,遇郑与马同,王则每每宁可与马异,亦要与郑有所不同。蔡《传》则用伪孔说。(3)关于"侧阶",郑、王无不同。伪孔与《正义》则认为郑、王义解不可取,另立新说。此条礼仪制度,引起后代礼学家诸多争议,但对于这一问题,王肃并未能提出与郑玄不同的意见。可以看出,王肃很难在礼制名物方面反驳郑玄。这是他在经典诠释方面要全面与郑玄立异的一个难题。自伪孔传提出与郑、王不同的"北下阶"说后,后代经学家解此一直分成"东下阶"与"北下阶"两

---

① 阮刻《十三经注疏》,页240上—下。参黄怀信整理本《尚书正义》,页736—737。
② "六尺"下脱"六寸"二字。李振兴所引多取自孙星衍《尚书今古文注疏》。此处孙《疏》即缺"六寸"二字。
③ 李振兴《王肃之经学》,页257。

派,此不赘。①

"……乃受同、瑁,王三宿,三祭,三咤……"

咤,"郑玄云:徐行前曰肃,却行曰咤";王肃与马融、《说文》、伪孔传均以为"奠爵"。

伪孔传:"王受瑁为主,受同以祭。礼成于三,故酳者实三爵于王。王三进爵,三祭酒,三奠爵,告已受群臣所传《顾命》。"《释文》:"咤,陟嫁反,字亦作宅,又音……《说文》作诧,丁故反,奠爵也。马作诧,与《说文》音义同。"

《正义》:"王受册命之时,立于西阶上,少东,北面,太史于枢西南,东面读策书,读册既讫,王再拜。上宗于王西南,北面奉同、瑁以授王,王一手受同,一手受瑁。王又以瑁授宗人,王乃执同就樽,于两楹之间酳酒,乃于殡东,西面立,三进于神坐前,祭神,如前祭。凡前祭,酒酳地而奠爵,讫,复位,再拜。王又于樽所,别以同酳酒祭神如前,复三祭,故云'三宿三祭三咤',然后酳福酒以授王。上宗赞王曰:……○传'王受'至'顾命'。○正义曰:天子执瑁,故受瑁为主。同是酒器,故受同以祭。郑玄云:王既对神,则一手受同,一手受瑁。然既受之后,王受同而祭,则瑁以授人。礼成于三,酳者实三爵于王,当是实三爵而续送。三祭各用一同,非一同而三反也。《释诂》云:肃,进也。宿即肃也。故以宿爵而续送。祭各用一同为一进。三宿,谓三进爵。从立处而三进至神所也。'三祭酒',三酳酒于神坐也。每一酳酒则一奠爵,三奠爵于地也。为此祭者,告神言己已受群臣所传《顾命》,白神使知也。经典无此'咤'字。'咤'为奠爵,传记无文。正以既祭必当奠爵,既言'三祭',知'三咤'为三奠爵也。王肃亦以'咤'为奠爵。郑玄云:徐行前曰肃,却行曰咤。王徐行前三祭,又三却,复本位。与

---

① 详参顾颉刚、刘起釪《尚书校释译论》,页1799—1802。

孔异也。"①

**李振兴案**：马融咤作诧(《释文》)。郑康成曰："却行曰咤。王徐行前三祭，又三却復本位。"郑氏之言，说《书》者皆云不详，是以江声不用其义(见《尚书集注音疏》)。而王鸣盛是其说(详见《尚书后案》)。咤，俗字，《说文》作……段玉裁《尚书撰异》云："《说文》七篇冂部曰：冞，奠爵酒也。从冂托声。《周书》曰：……许所据盖壁中古文原本。马本作诧者，字之误也。孔本作咤者，又诧之误也。其作宅者，别本也。"据此，则咤乃奠爵酒是也。②

**应勇案**：此条郑、王义解亦大不同。郑解"咤"为向后退却，王则以为"奠爵"。"礼是郑学"，伪孔传又与郑不同，《正义》从伪孔，后却具引郑氏解说，并说"经典无此'咤'字，'咤'为奠爵，传记无文"以志其疑。蔡《传》亦以"咤"为"奠爵"。孙《疏》引郑说"却行曰咤"后曰"未详"，似亦以郑说为可疑。(孙《疏》，页503)王鸣盛引《说文》以证郑说为是，却恰恰证明王之"奠爵"说更为有据，"又云却行曰咤，则因伪孔作咤，作疏者并郑注亦引作咤。《说文》卷七下冂部：'冞，奠爵酒也，从冂託声，《周书》曰：王三宿三祭三冞。'……郑本必亦作冞，但解则异训为却，当亦以音近得训也。……"③可以看出，王鸣盛于此处也觉得郑说有勉强处。晚近王国维亦以"奠爵"说为是④。看来郑玄于礼说亦有疏漏处。

---

① 阮刻《十三经注疏》，页241上。参黄怀信整理本《尚书正义》，页741—742。
② 李振兴《王肃之经学》，页258。
③ 王鸣盛《尚书后案》卷二五。参《说文解字》卷七下，中华书局1963年影印本，页156。
④ 顾颉刚、刘起釪《尚书校释译论》，页1828。

## 《吕刑》

**应勇案**：据清代学者考订，马、郑古文《书序》均列《吕刑》于《费誓》后，依据为"贾逵所奏《别录》"，今文《尚书》之篇次则未知。① 盖王肃亦同郑本。而伪孔本则《吕刑》在《费誓》前。本书篇次主要依传世之伪孔本，重点关注经下郑、王注文之对应比勘，篇次则不努力恢复郑、王之旧，书前《凡例》已言。

"……乃命三后，恤功于民：伯夷降典，折民惟刑；禹平水土，主名山川；稷降播种，农殖嘉谷……"

折，马、郑、王均音逝。马云逝，智也。

伪孔传："伯夷下典礼教民而断以法，禹治洪水山川，无名者主名之，后稷下教民播种，农亩生善谷，所谓尧命三君，忧功于民。"《释文》："折，之设反，下同，马、郑、王皆音逝，马云智也……"②

李振兴案：《释文》又云："逝，智也。"江声《尚书集注音疏》云："伪孔本逝作折。马云智也。《汉书·刑法志》云：逝③民维刑。然则字直当作逝。"段玉裁《古文尚书撰异》云："《释文》云：'马、郑、王皆音逝，马云智也。'此谓马、郑、王本字作折，而读为逝，又单举马说以著其义也。"又云："《汉书·刑法志》曰：《书》云：伯夷降典，逝民惟刑。言制礼以止刑，犹隄之防溢水也。师古曰：逝，知也。

---

① 参皮锡瑞《今文尚书考证》卷二十六；吴通福《晚出古文尚书公案与清代学术》，页41。
② 阮刻《十三经注疏》，页248下。
③ 此"逝"字，李振兴原引作"折"，误。兹核江声《尚书集注音疏》原文，当作"逝"。

言伯夷下礼法以道民,民习知礼,然后用刑也。玉裁按:悊当作折。班意以制止训折,正同《大传》说。浅人用马、郑本改折作悊,小颜又取马、郑说注之,殊失班意。"又云:"古文、今文,盖皆作折,惟《墨子》作悊为异。"王引之《经义述闻》云:"折之言制也。《墨子·尚贤篇》引作:哲民惟刑。折,正字也。哲,借字也。"又案:《集韵》云:"哲,《说文》:知也,或从心。"《汉书·刑法志》:"圣人既躬明悊之性。"是折、哲、悊、制,于古通用也。且经上文云:"伯夷降典,折民惟刑。"是以孙《疏》云:"折、制,声相近。陶潜四八目引折亦作制。"就经文言,折,应训制,有制止之意。马氏训智,于义难洽。①

**应勇案**:此条郑、王解义相同。后人则均不从之。因不需《正义》疏解郑、王义说,故本条未引录《正义》文字。

### "……墨辟疑赦,其罚百锾,阅实其罪……"

锾,"如郑玄之言,一锾之重六两,多于孔、王所说。""王肃之徒皆以六两为锾。"郑解"锾"当六两大半两,王以"锾"为六两。

伪孔传:"刻其颡而涅之曰墨,刑疑则赦从罚。六两曰锾。锾,黄铁也。阅实其罪,使与罚名相当。"《释文》:"……锾,徐户关反,六两也。郑及《尔雅》同《说文》,云六锊也。锊,十一铢二十五分铢②之十三也。马同。又云贾逵说俗儒以锊重六两。《周官》剑重九锊,俗儒近是。……"

《正义》:"○传'刻其'至'相当'。○正义曰:五刑之名见于经传,唐虞已来皆有之矣,未知上古起在何时也。汉文帝始除肉刑,其刻颡、截鼻、刖足、割势者皆法传于先代,孔君亲见之。《说

---

① 李振兴《王肃之经学》,页261。参校段玉裁《古文尚书撰异》卷二九。
② "铢",阮刻《十三经注疏》本作"述",恐误,阮元《校勘记》无及,黄怀信整理本《尚书正义》作"铢"。

文》云:颊,颔也。墨,一名黥。郑玄《周礼》注:墨,黥也,先刻其面,以墨窒之。言刻领为疮,以墨塞疮孔,令变色也。'六两曰锾',盖古语,存于当时未必有明文也。《考工记》云:戈、矛重三锊。马融云:锊,量名,当与《吕刑》锾同,俗儒云锊六两为一川,不知所出耳。郑玄云:锾,称轻重之名,今代、东莱称或以太半两为钧,十钧为锾,锾重六两太半两,锾、锊似同也。或有存行之者,十钧为锾,二锾四钧而当一斤,然则锾重六两三分两之二。《周礼》谓锾为锊。如郑玄之言,一锾之重六两,多于孔、王所说,惟校十六铢尔。《舜典》云:金作赎刑。传以金为黄金。此言黄铁者,古者金、银、铜、铁揔号为金,今别之以为四名。此传言黄铁,《舜典》传言黄金,皆是今之铜也。古人赎罪悉皆用铜,而传或称黄金,或言黄铁,谓铜为金为铁尔。'阅实其罪',检阅核实其所犯之罪,使与罚名相当,然后收取其赎。此既罪疑而取赎,疑罪不定,恐受赎参差,故五罚之下皆言'阅实其罪',虑其不相当故也。"①

李振兴案:马融曰:"锾,锊也。锊,十一铢二十五分铢之十三也。"(《释文》)贾逵云:"俗儒以锊重六两,《周官》剑重九锊,俗儒近是。"(孙《疏》)郑康成曰:……(见上引——笔者注)《正义》云:"锾,六两也。郑及《尔雅》同。《说文》云:六锊也。"是以王氏云:"六两为锾。"屈万里先生引王献堂《汉书食货志订议》云:"古圆形货币,通用于周代。"②

应勇案:此条郑、王义解可对应比勘者惟"锾"字之解。二说亦不同。陈梦家言郑、王同,恐误③。此经下《正义》明言"如郑玄之言,一锾之重六两,多于孔、王所说。"虽有莫名其妙之惑,但可证郑、王此解不同,或在当时经学界尽人皆知,只是或因《正义》作

---

① 阮刻《十三经注疏》,页249下—250中。参黄怀信整理本《尚书正义》,页787。
② 李振兴《王肃之经学》,页263。
③ 参陈梦家《尚书通论(外二种)》,页151。

者难于面对"礼是郑学"的原则与己作伪孔本《尚书正义》时遇到的礼制矛盾,故为此含混之说,亦未具引郑、王说。今要解此疑惑,不能不与相关礼经郑注及《正义》文字相对勘。《周礼·考工记·冶氏》下郑注云:"郑司农云:锊,量名也,读为刷。玄谓:许叔重《说文解字》云:锊,锾也,今东莱称或以大半两为钧,十钧为环,环①重六两大半两,环、锊似同矣②,则三锊为一斤四两。"《正义》曰:"先郑读锊为刷,取音同后郑。引许叔重《说文解字》云'锊,锾也'者,《尚书·吕刑》有'墨罚疑赦,其罚百锾'及'大辟千锾'③,许氏以此'锊'与《尚书》'锾'为一;云'今东莱称或以大半两为钧为锾,锾重六两大半两,锾、锊似同矣'者,锊、锾轻重无文,故王肃之徒皆以六两为锾,是以郑引许氏及东莱称为证也。云大半两为钧者,凡数言大者,皆三分之二为大,三分之一为少,以两二十四铢,十六铢为大半两也,云十钧为锾者,锾则百六十铢,二十四铢为两,用百四十四铢为六两,余十六铢为大半两,是锾有六两大半两也。云'锾、锊似同矣'者,此从许君之说。"④是郑、王"锾"解不同也,依郑解"锾"当六两大半两,王以"锾"为六两。蔡《传》用王肃说。江声《尚书集注音疏》曰:"今文'锾'为'率',说云'六两为率'。古文作'锾',说云'锾者,率也。'……二说多寡之数悬殊,窃以古文说为是。……古文说云'锾者,率也',是皆假借'率'为'锊'也。……云'锊者,六两三分两之二'者……兹从古文'锾'字,因即从古文所说之数尔。……然则古文家说以'率'当'锾'虽

---

① 阮元《校勘记》曰:"余本两'环'字空缺。浦镗云:锾误环。按《释文》不出'环'字,'三锊'下云:或音环。贾疏两引此注,先作环,后作锾。"——阮刻《十三经注疏》,页920中、下。
② 阮刻《十三经注疏》本原文作"锾、锊似同矣"。阮元《校勘记》曰:"《汉读考》云:当作环,锾似同。"——阮刻《十三经注疏》,页920下。
③ 伪孔本《尚书·吕刑》文作"墨辟疑赦,其罚百锾","大辟疑赦,其罚千锾。"——阮刻《十三经注疏》,页249下。
④ 阮刻《十三经注疏》,页915下。

未是,其说锾之数则是。"据王鸣盛说,则郑、马说"意同"。王鸣盛自从郑说而不从王说,曰:"俗儒虽脱去'太半两',但言六两,犹为近之……有是理乎?"皮锡瑞则以王说为是。①

---

① 皮锡瑞《今文尚书考证》卷二十六。详参顾颉刚、刘起釪《尚书校释译论》,页2018—2022。

## 《费誓》

**"……善敹乃甲胄,敿乃干,无敢不吊……"**

敿乃干,"郑云:敿,犹系也。王肃云:敿楯当有纷系持之。是相传为此说也"。

伪孔传:"言当善简汝甲铠胄兜鍪,施汝楯纷,无敢不令至,攻坚使可用。"《释文》:"敹,了雕反。敿,居表反。……"

《正义》:"○传'言当'至'可用'。○正义曰:《世本》云:杼作甲。宋仲子云:少康子杼也。《说文》云:胄,兜鍪也。兜鍪,首铠也。经典皆言甲胄,秦世已来始有铠、兜鍪之文。古之作甲用皮,秦汉已来用铁,铠、鍪二字皆从金,盖用铁为之,而因以作名也。甲胄为有善有恶,故令敹简,取其善者。郑云:敹,谓穿彻之。谓甲绳有断绝,当使敹理穿治之。干,是楯也。'敿乃干',必施功于楯,但楯无施功之处,惟系纷于楯,故以为'施汝楯纷'。纷如绶而小,系于楯以持之,且以为饰。郑云:敿,犹系也。王肃云:敿楯当有纷系持之。是相传为此说也。吊,训至也。无敢不令至极,攻坚使可用。郑云:至,犹善也。"[1]

李振兴案:《说文》攴部云:"敹,系连也。"郑康成云:"敿,犹系也。"(《正义》)王鸣盛《尚书后案》云:"王、孔云云,似与郑同也。"孙《疏》云:"系连其干盾,无敢不至军所。"王意乃言系盾之纷绶,便于携持也。《正义》云:"敿楯当纷系持之。是相传为此说也。"又云:"敿乃干,必施功于楯,但楯无施功之处,惟系纷于楯,故以

---

[1] 阮刻《十三经注疏》,页255上。参黄怀信整理本《尚书正义》,页807。

为'施汝楯纷'。纷如绶而小,系于楯以持之,且①以为饰。"又案:楯与盾通。《礼记·明堂位》:"朱干玉戚。"《疏》:干,楯也。②

**应勇案**:此条郑、王可对应比勘者为"敿乃干"之义解。或郑、王无不同。而据孙星衍《尚书今古文疏证》与李振兴之解,则郑、王抑或有不同。然孙星衍之说,或为推测,难证其即为郑玄本意。(孙《疏》,页512)江声《尚书集注音疏》即无此解,曰:"郑云穿彻,即谓缝缀之也。"此即与《正义》所解王义相同。蔡《传》、苏轼、王先谦及刘起釪均如此说。③ 看来孙星衍之说难信也。

"……杜乃擭,敜乃穽,无敢伤牿。牿之伤,汝则有常刑……"

关于经文中擭、穽二种捕兽器的诠解,"郑玄云:山林之田,春始穿地为穽,或设擭其中以遮兽;擭,柞鄂也。""王肃云:杜,闭也;擭,所以捕禽兽机槛之属;敜,塞也;穽,穿地为之,所以陷堕之,恐害牧牛马,故使闭塞之。"

伪孔传:"擭,捕兽机槛,当杜塞之。穽,穿地陷兽,当以土窒敜之,无敢令伤所以牿牢之牛马。牛马之伤,汝则有残人畜之常刑。"

《正义》:"○传'擭捕'至'常刑'。○正义曰:《周礼·冥氏》掌为阱、擭以攻猛兽。知穽、擭皆是捕兽之器也。擭以捕虎豹,穿地为深坑,又设机于上,防其跃而出也。穽以捕小兽,穿地为深坑,入必不能出,其上不设机也。穽以穿地为名,擭以得兽为名。擭亦设于穽中,但穽不设机为异耳。'杜塞之','窒敜之',皆闭塞之义,使之填坑废机,无敢令伤所放牿牢之牛马。'牛马之伤,汝则有残人畜之常刑',今律文施机枪作坑穽者杖一百,伤人之畜产者

---

① "且",李振兴所引承阮刻本原文误作"其",依《校勘记》参证文义当作"且"。
② 李振兴《王肃之经学》,页265。
③ 顾颉刚、刘起釪《尚书校释译论》,页2145。

偿所减价。王肃云：杜，闭也；擭，所以捕禽兽机槛之属；敜，塞也；穽，穿地为之，所以陷堕之，恐害牧牛马，故使闭塞之。郑玄云：山林之田，春始穿地为穽，或设擭其中以遮兽；擭，柞鄂也。"①

李振兴案：杜，《说文》……云闭也，读若杜。擭，一曰布擭也。穽，《说文》为阱。重文云：阱，陷也。敜，《说文》云：塞也。《周书》曰："……敜乃阱，时秋也。"《鲁语》云："鸟兽成，设穽鄂。"注云："鄂，柞格，所以误兽。"是也。郑康成云："山林之田，春始穿地为穽，或设擭其中以遮兽。擭，柞鄂也。"（《正义》）'擭，柞鄂也'者，即王氏云："所以捕禽兽机槛之属"也。此经乃言：今大放舍牢中之牛马，宜杜塞穽擭，以放牧之，亦无使久牢，以伤其牲畜也。王氏之言，与郑同。②

**应勇案**：此条残存之郑、王义解可对应比勘者为擭、穽两种捕兽器的诠解。郑、王基本相同，互有详略，郑解"擭"更具体些，王解"穽"更具体些。郑解源自《周礼》注。《周礼·秋官·雍氏》："春令为阱擭。"郑注："擭，柞鄂也。坚地陷浅，则设柞鄂于其中。"《疏》："柞鄂者，或以为竖柞于中，向上鄂鄂然，所以载禽兽，使足不至地，不得跃而出，谓之柞鄂也。"此述有类早年东北山林中之捕兽陷阱及其中所设之构器也。

**"……峙乃糗粮，无敢不逮，汝则有大刑。……峙乃桢榦……无敢不供，汝则有无馀刑，非杀……"**

"郑玄云：'无馀刑，非杀'，谓尽奴其妻子，不遗其种类，在军使给厮役，反则入于罪隶舂槁，不杀之。《周礼·司厉》云：其奴男子入于罪隶，女子入于舂槁。郑玄云：奴从坐而没入县官者，男女同名。"

---

① 阮刻《十三经注疏》，页255中。参黄怀信整理本《尚书正义》，页809。
② 李振兴《王肃之经学》，页265。

"王肃云:'汝则有无馀刑',父母妻子同产皆坐之,无遗免之者,故谓无馀之刑,然入于罪隶,亦不杀之。"

伪孔传:"峙具桢榦,无敢不供,不供,汝则无有馀之刑①,刑者非一也,然亦非杀汝。"

《正义》:"○传'峙具'至'杀汝'。○正义曰:上云'无敢不逮',此云'无敢不供',下云'无敢不多'。文异者,糗粮难备,不得偏少,故云'无敢不逮';桢榦易得,惟恐阙事,故云'无敢不供';刍茭贱物,惟多为善,故云'无敢不多'。量事而为文也。'不供,汝则有无馀之刑'者,言'刑者非一',谓合家尽刑之。王肃云:'汝则有无馀刑',父母妻子同产皆坐之,无遗免之者,故谓无馀之刑,然入于罪隶,亦不杀之。郑玄云:'无馀刑,非杀'者,谓尽奴其妻子,不遗其种类,在军使给厮役,反则入于罪隶舂槀,不杀之。《周礼·司厉》云:其奴男子入于罪隶,女子入于舂槀。郑玄云:奴从坐而没入县官者,男女同名。郑众云:输于罪隶舂人、槀人之官也。然不供桢榦,虽是大罪,未应缘坐尽及家人,盖亦权以胁之使勿犯耳。"②

李振兴案:郑康成曰:"'无馀刑非杀'者,谓尽奴其妻子,不遗其种类,在军使给厮役,反则入于罪隶舂槀,不杀之。"(《正义》)《周礼·司厉职》云:"其奴,男子入于罪隶,女子入于舂槀。"注郑司农云:"谓坐为盗贼,而为奴者,输于罪隶舂人、槀人之官也。"《周礼》又云:"凡七十者与未龀者,不为奴。"孙《疏》云:"此为馀刑,亦有不为奴之者,言其大略耳。云'不杀'之者,不供桢榦,法无死刑。"伪孔传云:"峙具桢榦,无敢不供,汝则无有馀之刑。刑

---

① 阮刻《十三经注疏》本伪孔传原文如此,依经文当作"有无馀之刑",下《正义》文亦作"有无馀之刑"。《校勘记》亦未出校。阮刻《十三经注疏》本此类疏漏不少。下李振兴引承其误。黄怀信整理本《尚书正义》所引伪孔传作"有无馀之刑"。(页810)

② 阮刻《十三经注疏》,页255中—256上。参黄怀信整理本《尚书正义》,页810。

者非一也,然亦非杀汝。"《正义》云:"郑众云:输于罪隶舂人、槁人之官也。然不供桢榦,虽是大罪,未应缘坐尽及家人,盖亦权以脅之,使勿犯耳。"衡诸经义,乃言刑之不释,非刑不可无有释之者,但不杀耳。《正义》、孙《疏》就《周礼》申其义,自为想当然之辞耳。郑、王之义同,宜从。①

  **应勇案**:此条残存之郑、王义解可对应比勘者惟"无馀刑,非杀"之解。就《正义》所引及其诠解,郑、王基本相同,无大异。郑解"无馀"为"尽奴其妻子,不遗其种类",王肃解为"父母妻子同产皆坐之,无遗免之者",义同。关于"不杀"而具体如何处置,郑解较王解具体,王肃只说入罪隶而未明服什么劳役,郑玄则连具体服什么劳役也说了。然此条孙诒让之诠解颇具新意,姑录于此,其曰:"案此篇鲁公誓师,曰'汝则有常刑'者三,曰'汝则有大刑'者二,唯桢榦不供独曰'有无馀刑',他书或无见文。以前后文义推之,'常刑'谓劓刖以诸刑,'大刑'谓死刑(孔传及《史记·集解》引马融说并如是),此特曰'无馀刑',则必重于常刑,又特曰'非杀',则必轻于大刑皆可知矣。但郑谓尽奴其妻子,盖据《甘誓》、《汤誓》'孥戮'之刑。然《周礼·司厉》郑司农注释'孥为奴'。则唯本身役作,不尽奴其妻子,其说较长。假令如郑康成说,桢榦不供而戮及妻孥,于法既嫌太重,孔云刑者非一,亦望文生训,恐皆未得其义。窃谓此'馀'当为'舍'之借字。《说文》'馀'从余声,'舍'亦从余省声。古'馀'字亦或省作'余',见《周礼·委人》,故余、舍二字得相通借。……此'无馀刑'者,或流放,或役作,终身不释,故曰'无馀'。究贷其死,故又云'非杀'也。"②据此,则孙诒让以为此"无馀刑"即有类今人所谓无期徒刑也。

---

① 李振兴《王肃之经学》,页266。
② 顾颉刚、刘起釪《尚书校释译论》,页2154。

## 《秦誓》

"……如有一介臣,断断猗,无他技,其心休休焉,其如有容……。"

(1) 断断,郑玄曰:"断断,诚一之貌";王肃云:"断断,守善之貌"。
(2) 休休,"郑注《尚书》云宽容貌",王肃云:"好善之貌"。

伪孔传:"如有束脩一介臣,断断猗然专一之臣,虽无他技艺,其心休休焉乐善,其如是,则能有所容。言将任之。"《释文》:"介,音界,马本作界,云:一介,耿介,一心端悫者,字又作个……技,其绮反,本亦作伎。他,本亦作它,吐何反。……"

《正义》:"○传'如有'至'任之'。○正义曰:孔注《论语》以'束脩'为束带脩饰。此亦当然。一介,谓一心耿介、断断守善之貌。休休,好善之意。如有束带脩饰、一心耿介、断断守善、猗然专一之臣,虽復无他技①艺,休休焉好乐善道,其心行如是,则能有所含容。言得此人将任用之。猗者,足句之辞,不为义也。《礼记·大学》引此作'断断兮猗'。是'兮'之类。《诗》云'河水清且涟漪'是也。王肃云:一介,耿介,一心端悫;断断,守善之貌;无他技能,徒守善而已;休休,好善之貌。其如是人能有所容忍小过,宽则得众,穆公疾技巧多端,故思断断无他技者。"②

---

① "断断猗无他伎",阮元《校勘记》曰:"'断',古本作'䎒',注同。按《说文》……陆氏曰:'他',本亦作'它';'技',本亦作'伎'。按唐石经、宋板、葛本'伎'俱作'技',与《释文》合,至监本始从人,其所载《释文》亦误倒。下文'人之有技'仍从手,舛误之甚。此节传中'伎'字,葛本亦从人,宋板从手。○按'它'、'他'古今字;'技'正字,'伎'假借字。"——阮刻《十三经注疏》,页257下。
② 阮刻《十三经注疏》,页256中、下。参黄怀信整理本《尚书正义》,页816—817。

## 《秦誓》

**李振兴案**：马融曰："一介，耿介，一心端悫者。"耿介者，《楚辞·离骚》云："彼尧舜之耿介。"注云："耿，光；介，大也。"是"耿介"为光大也。然"介"，《释文》云："字又作个。"《大学》引作"个"。何氏注《公羊传》云："一介，犹一概。断断，犹尊也。他技，奇巧异端也。休休，美大貌，能含容贤者逆耳之言"。则此言：如有一概臣，其心专一，无他技巧，其心休美宽大，如有所容纳也。郑云"休休，宽容也"者，因何氏注《公羊》云：休休，美大貌。大，即宽容之义也。王鸣盛《尚书后案》云："马、王并以'一介'为耿介一心者。何休《公羊注》：一介，犹一概。义与马、王合也。断断，王云守善，传云专一。'守善'则与'专一'义通。《大学》引此经郑注云：断断，诚一之貌。则郑义与王、孔同也。"就经义言，王氏之训释，自有所见。与后人之训亦无甚出入。今人多解为：如有一个臣，非常诚实专一，而无其它技能，其胸襟宽大，且能包容他人也。①

**应勇案**：此条经下《正义》未引郑注文字，然《礼记·大学》有引此段《尚书》文字："《秦誓》曰：若有一个臣②，断断兮无他技，其心休休焉，其如有容焉，人之有技，若己有之；人之彦圣，其心好之，不啻若自其口出，寔能容之，以能保我子孙黎民，尚亦有利哉。人之有技，媢嫉以恶之，人之彦圣而违之。俾不通，寔不能容，以不能保我子孙黎民，亦曰殆哉。"郑注："《秦誓》，《尚书》篇名也。秦穆公伐郑，为晋所败于殽，还誓其群臣而作此篇也。断断，诚一之貌。他技，异端之技也。有技，才艺之技也。若己有之，不啻若自其口出。皆乐人有善之甚也。美士为彦。黎，众也。尚，庶几

---

① 李振兴《王肃之经学》，页268。
② "个"，阮元《校勘记》曰："惠栋挍：宋本、宋监本并作'介'，石经、岳本同，此本'介'作'个'，嘉靖本、闽监、毛本同，卫氏《集说》同。《释文》出'若有一个'，云一读作介。《石经考文提要》云：宋大字本作'一介'。案《正义》说'一介'为一耿介，则当以作'介'者为是。《释文》作'个'，与《正义》本异。"——阮刻《十三经注疏》，页1677下—1678上。

也。媢,妒也。违,犹戾也。俾,使也。佛戾贤人所为,使功不通于君也。殆,危也。彦,或作盘。"《释文》:"一个,古贺反,一读作介,音界臣。此所引与《尚书》文小异。……休休,……《尚书》传曰乐善也,郑注《尚书》云宽容貌,何休注《公羊》云美大之貌。……媢,莫报反,《尚书》作冒,音同,谓覆蔽也……"①由此见此条郑、王义解可对应比勘者有二:(1)"断断"之解。郑、王解义表述不同,郑曰"诚一",王曰"守善"。伪孔传云"断断猗然专一之臣",似略近郑义。李振兴曰其义实同,其实微有异也,"诚一"强调专一、诚敬,与王肃解"一介"之所谓"一心端悫"义近;"守善"虽亦有诚敬意,但更强调"善"字。蔡《传》解"断断"为"诚一之貌",用郑说。《广雅·释训》:"断断,诚也。"何休注《公羊》云:"断断,犹专一也。"(孙《疏》,页554)是郑说与何休说、《广雅》说同。②(2)"休休"之解。郑、王之解义相去益远,郑曰"宽容",王曰"好善"。"宽容"是心胸的问题,"好善"是追求的方向。王肃义与伪孔传同。两相对比,郑玄更多从诚一、宽容的方面解之,王肃则更多从"善"字立意。蔡《传》解"休休"则用王肃说。王鸣盛则于此种细微区别未能体察得出,竟少见地说郑、王及上述何休之"美大貌"说,"义皆通也"。③

---

① 阮刻《十三经注疏》,页1675上、中。
② 参皮锡瑞《今文尚书考证》卷二十九。
③ 王鸣盛《尚书后案》卷二九。

## 《书》序内容之郑、王义解比勘

　　《尚书》之序文,相传在伏生所传《尚书》中即有,一般认为是周秦时代的产物。但对于《尚书》序文内容的编次方式,汉代传世本《尚书》与晚出之伪孔传本《尚书》有所不同,前者将百篇书序总为一篇,置于书后;后者则将百篇书序分置于各篇前,逸篇之序也按篇次置于其间。据皮锡瑞考,"西汉经师不为序作训……《诗》、《书》之序至马、郑始为之注"[①]。看来,为序文作训,也是东汉以后经学家的一种创新。可惜的是,马、郑、王《尚书注》原本均已失传,如今只能从后人的征引中,零星找到他们关于书序内容的讨论若干条,而其中可对应比勘之条目又有限,笔者尽最大努力辑出郑、王关于书序内容的解义可对应比勘条目共13条。

---

[①] 《毛诗正义》篇首云:"毛传不训序,是汉初治经者未有为序作训者也。"——参皮锡瑞《今文尚书考证》卷三十。

**1 百篇书序,郑、王均以为孔子所作。**

**应勇案**：前已述,《尚书》序文古已有之,但汉代所传《尚书》本均将百篇书序总为一篇,置于书后,直至郑玄为《尚书》作注时,《尚书》序文仍完整而置于书后,并不分散①,王肃《尚书注》本之序文想必也置于书后。伪孔传本出现后,所见序文则是一百篇零散的小序,分别置于各篇前,对应五十八篇之序各置于篇前,其余四十二篇有序无经,则序文分别按照次序插在各篇之间。关于书序的作者,马融、郑玄、王肃均承认是孔子所作,这是汉以来的传统说法,未有不同,《汉志》以及后来的《隋志》等均如是说,所谓"唐以前尊信无异辞"。② 宋以后,诸多前人的基本经典认识都开始遭到怀疑,其中关于所见《尚书》各篇前的小序,也成为主要被怀疑的问题之一。如朱熹就绝不相信各篇小序为孔子作。③ 这种怀疑后来为学者们的进一步考订所证实。现代《尚书》学家陈梦家早就考订后指出,所谓的孔子小序,乃秦汉人的作品。④ 因此当今徐有富教授又颇废笔墨考证以申说书序为周秦时之产物,实在意义不大。⑤ 现在我们大体可认定,这各篇前的小序乃是秦汉间的《尚书》学者所作而挂名孔子,其内容主要是陈述各篇《尚书》文字的著作由来。

**2 马、郑、王均以为"书契""文籍"起自"五帝",且郑、王对于**

---

① 孔颖达《尚书正义》曰："郑玄谓之赞者,以序不分散,避其序名,故谓之赞。"——参黄怀信整理本《尚书正义》,页 3。并参[宋]王应麟《汉书艺文志考证》,[清]朱彝尊《曝书亭集》卷 55《书论二》,引自徐有富《书序考》,刊《古代文献的考证与诠释——海峡两岸古典文献学国际学术会议论文集》,李浩、贾三强主编,上海古籍出版社 2006。
② 参《尚书正义·尧典序》；徐有富《书序考》；皮锡瑞《今文尚书考证》卷三十。
③ 详参杨新勋《宋代疑经研究》第三章,南京师范大学古典文献研究丛刊,中华书局 2007。
④ 陈梦家《尚书通论(外二种)》,页 113—114。
⑤ 见徐有富《书序考》。

**结绳记事之说意见也一致。**

应勇案：伪孔《尚书序》曰："古者伏犧氏之王天下也，始画八卦，造书契，以代结绳之政，由是文籍生焉。"由于整部伪孔传《尚书》已被后来的学者证伪，所以那篇伪孔短序也就难信其为孔安国所作了，大概就是伪《古文尚书》的作者所作。问题是，不管谁为《尚书》作序，都可能要"述《尚书》起之时代"，从而要述及文字出现的时代，关于这个问题的相关认识，郑、王二位经学大宗师各自作如何解释？伪孔认为，"书契"创自伏犧。所谓"书契"，即今人所谓文字。关于这一点，马、郑、王意见一致，均与伪孔传说不同——"……班固、马融、郑玄、王肃诸儒皆以为文籍初自五帝，亦云三皇未有文字。与此说不同。……郑玄注《中候》，依《运斗枢》，以伏犧、女娲、神农为三皇……"①也就是说，郑、王与东汉前期的著名经学家班固、马融都认为文字书籍诞生在"五帝"时代，而不在伏犧所在的"三皇"时代。不知为什么，伪孔传的作者把文字书籍的诞生时间推得那么早。《正义》作者对这种异说感到非常困惑，但最后还是只能勉强维持疏不破注的规则，尊重所谓孔安国的意见，"……自所见有异，亦不可难孔也。……"②当然，"三皇五帝"各自到底在什么时代，古人其实一直搞不清，一直是一笔糊涂账。郑玄在注《中候》时解释了所谓三皇，而王肃怎么界定三皇，或许与郑有不同，但孔颖达《正义》未引，我们已无从知晓。至于五帝，郑、王解释本有不同③，但在"书契"、"文籍"起自五帝而非三皇这一点上，郑、王意见是一致的。而且，关于"书契"、"文籍"产生之前一个时代——结绳记事的解释，郑、王的认识也基本一致，郑云："为约事大大其绳，事小小其绳"，王肃云："结绳识其政

---

① 阮刻《十三经注疏》，页113中。
② 《正义》又考说伏犧之前就可能有文字了。《正义》文字中此类摇摆不定、疑惑的现象很多。——此条见黄怀信整理本《尚书正义》，页3。
③ 参本书前文条目。

事是也",只是郑解更具体些。① 我们不能见到郑、王《尚书序》的原始文献,但《正义》所引这些郑、王相关解说,即可视为郑、王有关《尚书序》文的一些见解。在此,我们见到了这二位经学敌手关于这一问题的相同解说。可见他们在一些基本问题上并无不同,如我在拙著《郑玄通学及郑王之争》中所指出的,王肃对郑玄虽做了全方位的批判,但还是在原有框架予以修正,并未从根本上予以颠覆,此经学"中变"之特色。②

### 3 关于《书》何以被称为《尚书》。

郑玄云:"尚者,上也,尊而重之,若天书然,故曰《尚书》。"

王肃则云:"上所言,史所书,故曰《尚书》。"

**应勇案**:郑玄笃信谶纬之言,其六艺观颇具神意,在今天的理性观念下,这种认识显得颇为妖妄。《尚书》,在今人看来,这本是一部历史文件汇编,没有多少神圣性,但在1800多年前这位经学宗师郑玄看来,《尚书》绝不简单地是一部历史文献,而是一部"天书"。"天书",并非如今人俗世所言,是让人看不懂的书,而是意在彰显《尚书》的神圣性。郑玄在《六艺论》中明确说过:六艺,乃天神言语昭告王者也。③ 作为六艺之一的《尚书》,当然也具有相当的神圣意义。郑玄的这种认识,主要来自他笃信的纬书《尚书璇玑钤》:"尚者,上也,上天垂文象,布节度。书者,如也,如天行也。……"(《初学记》、《太平御览》引)④ 在强化儒家经典的神异性方面,郑玄比他的老师马融有过之而无不及。马融在解释《书》之所称《尚书》的问题时显得平实许多,曰:"上古有虞氏之书,故曰《尚书》。"伪孔曰:"以其上古之书,谓之《尚书》。"孔颖达《正义》

---

① 详阮刻《十三经注疏》,页113中。
② 参拙著《郑玄通学及郑王之争研究》,页384。
③ 参拙著《郑玄通学及郑王之争研究》第六章。
④ 引自李振兴《王肃之经学》,页152。

曰:"马融虽不见孔君此说,理自然同。"意思是说,马说与伪孔说是一致的,但显然因信伪孔而本末因果倒置。而王肃自幼习郑学,但成年后越来越觉得郑学在诸多方面有不合理处,于是决心重新全方位地注解群经,让世人知道,六经还应该有一种与"经神"郑玄不一样的解释。在《书》之所以被加一"尚"字而成为《尚书》的问题上,王肃并未如后人所总结的"好贾、马之学",而是另创一新说,既不同于马融,又不同于郑玄——"上所言,史所书,故曰《尚书》。"它既不同于马融只强调时间古远的解释取向,又不同于郑玄将《尚书》的神异性诠释得有些过头。在王肃的笔下,《尚书》的神圣性是存在的,但只是因为它为"上所言"。此说较郑玄之说现实了许多,但又不像马融只强调它的时间性,而不强调它的神圣性;同时又与"尚者,上也"的古训相合。孔颖达《正义》当然本着疏不破注的原则,尊重伪孔的说法,同时特别对郑玄之说予以了批评:"郑玄依《书纬》,以'尚'字是孔子所加。故《书赞》曰:孔子乃尊而命之曰《尚书》。……郑玄溺于《书纬》之说。何有人言而须系之于天乎?且孔君亲见伏生,不容不悉,自云伏生以其上古之书谓之《尚书》,何云孔子加也?"[1]

**4 关于《尚书》之篇目分类。**

马、郑、王均将《尚书》篇目分为三类,即虞夏书、商书、周书。

**应勇案:** 此问题不见于《尚书序》文,姑作为关于《书》序的相关问题置于此。相传《尚书》原有100篇。这100篇是否在孔子时或在孔子后学时已被分成几大类别并被标明,我们已无从知晓。我们只知道汉以后学者就有分《尚书》各篇为几大类的传统。今人所见伪孔传本《尚书》被分为虞书、夏书、商书、周书四部分并逐篇标明。这种分法始于何时,据自谁氏,已难考。据宋元之际

---

[1] 黄怀信整理本《尚书正义》,页1—16。

的著名学者王应麟说:"《大传》说《尧典》谓之《唐传》,则伏生不以是为《虞书》。"则伏生时代《尚书》篇章的分类方法显与伪孔传本不同。孔颖达《正义》说马、郑、王《尚书注》均分《尚书》为虞夏书、商书、周书三部分,则伪孔传不用马、郑、王之分法矣,此又证伪孔传非王肃伪矣。① 据阎若璩考,自西汉至西晋,均未见虞书、夏书分而为二者,至"东晋梅氏《书》出,然后《书》题卷数篇名尽乱其旧矣。"②

5 "帝釐下土,方设居方,别生分类,作《汩作》、《九共》九篇、《稾饫》。"

郑康成曰:"《汩作》、《九共》已逸。"(《正义》)

王肃云:共,己勇反,法也。《汩作》、《九共》,故逸。(《释文》)

伪孔传:"稾,劳也。饫,赐也。凡十一篇,皆亡。"《释文》:"共,音恭,王己勇反,法也。马同。……《稾饫》亦《书》篇名也。《汩作》等十一篇同此序,其文皆亡,而序与百篇之序同编,故存。今马、郑之徒百篇之序揔为一卷,孔以各冠其篇首,而亡篇之序即随其次篇见存者之间。众家经文并尽此,唯王注本下更有'《汩作》、《九共》故逸。'故,亦作古。"

《正义》:"此序也。孔以《书序》序所以为作者之意,宜相附近,故引之各冠其篇首。其经亡者,以序附于本篇次而为之传,故此序在此也。……作《汩作》篇,又作《九共》九篇,又作《稾饫》之篇,凡十一篇,皆亡。……凡此三篇之序,亦既不见其经,……孔氏为传,復顺其文……"③

李振兴案:《释文》云:"下土"绝句,一读至"方"字绝句,汩音

---

① 阮刻《十三经注疏》,页269上。王应麟《困学纪闻》卷二,[清]翁元圻等注,栾保群、田松青、吕宗力校点,上海古籍出版社2008。
② [清]阎若璩《尚书古文疏证》。引自马士远《周秦尚书学研究》,页26。
③ 黄怀信整理本《尚书正义》,页112。

骨,共音恭,王已勇反,法也,马同。……(见上引——笔者注)又案:马融曰:"厘,赐也,理也。共,法也。"(《释文》)郑康成曰:"《汩作》、《九共》已逸。"(《正义》)孙《疏》云:"云厘者,……厘,予赐也。今《尔雅》作赉予。又云理者,理与厘声相近。……逸者,不立学官,逸在秘府也。亡者,竟亡其文,故汉人所云逸十六篇,亡于晋永嘉之时也。"汩,依伪传训治。槁①,依伪传训劳。全文之义,依伪传为:"言舜理四方诸侯,各设其官,居其方,别其姓族,分其类,使相从。言其治民之功兴,故为《汩作》之篇。"②

**应勇案**:此条《尚书》序文见于伪孔传本《尚书正义·舜典》篇末,后人考辩其文,多复其置于书后之旧,如孙《疏》置于卷末合编《书序》部分,李振兴《王肃之经学》之《尚书》部分亦如孙星衍之篇次。③ 此条郑、王同注为"《汩作》、《九共》逸"而非"十一篇逸"。证伪孔本非王肃伪也。

**6** "皋陶矢厥谟,禹成厥功,帝舜申之,作《大禹》、《皋陶谟》、《益稷》。"

马、郑、王所据《书序》作《弃稷》,而非《益稷》。

伪孔传:"矢,陈也,陈其成功。申,重也,重美二子之言。大禹谋九功,皋陶谋九德。凡三篇。禹称大,大其功。谟,谋也。"

《正义》:"皋陶为帝舜陈其谋,禹为帝舜陈己成所治水之功。帝舜因其所陈,从而重美之。史录其辞,作《大禹》、《皋陶》二篇之谟,又作《益稷》之篇,凡三篇也。篇先《大禹》、序先言《皋陶》者,《皋陶》之篇,皋陶自先发端,禹乃然而问之,皋陶言在禹先,故序先言皋陶。其此篇以功大为先,故先禹也。

---

① "槁",李氏案语原文如此。依经文当作"橐"。
② 李振兴《王肃之经学》,页268。
③ 参见阮刻《十三经注疏》,页132;孙《疏》,页559;李振兴《王肃之经学》,页268。

《益稷》之篇亦是禹之所陈,因皋陶之言,而禹论益稷在皋陶谟后,故后其篇。……○传'禹称'至'谋也'。○余文单称'禹'而此独加'大'者,故解之。禹与皋陶同为舜谋而禹功实大,禹与皋陶不等,史加大其功,使异于皋陶,于此独加'大'字,与皋陶并言故也。'谟,谋',《释诂》文。此三篇皆是舜史所录,上取尧事,下录禹功,善于尧之知己,又美所禅得人,故包括上下,以为虞书。其事以类相从,非由事之先后,若其不然,上篇已言舜死,于此岂死后言乎?此篇已言禅禹,下篇岂受禅后乎?明史以类聚为文。计此三篇,《禹谟》最在后,以禹功大,故进之于先。《孟子》称舜荐禹于天,十有七年则禹摄,一十七年舜陟方乃死。不知禹征有苗在摄几年。史述禹之行事,不必以摄位之年即征苗民也。"①

李振兴案:《正义》云:"禹言暨益暨稷,是称其二人。二人佐禹有功,因以此二人名篇。既美大禹,亦所以彰此二人之功也。禹先言暨益,故益在稷上。马、郑、王所据《书序》此篇名为《弃稷》,弃、稷一人,不宜言名又言官,是彼误耳。又合此篇于《皋陶谟》,谓其别有《弃稷》之篇,皆由不见古文,妄为说耳。"屈万里先生云:"《大禹谟》已佚,见于伪孔本者,乃后人伪作。《皋陶谟》今存。《益稷》,马、郑本作《弃稷》,原文已佚。伪孔本分《皋陶谟》'帝曰来禹'以下,谓之《益稷》,非是。"②

**应勇案**:此条《尚书》序文见于伪孔本《尚书正义·大禹谟》篇首,孙《疏》本同上,置于其卷末之合编《书序》部分,李振兴《王肃之经学》亦如之。③ 此条郑、王解义可对应比勘者,主要是关于

---

① 阮刻《十三经注疏》,页134中。参黄怀信整理本《尚书正义》,页122。
② 李振兴《王肃之经学》,页269。所引《正义》文字有误,笔者重录时已校正。——参阮刻《十三经注疏》,页141上。
③ 参阮刻《十三经注疏》,页134中;孙《疏》,页559;李振兴《王肃之经学》,页269。李氏所引"禹成"后无"厥"字,《益稷》直作《弃稷》。

《益稷》与《弃稷》篇名不同的问题。郑、王所据《书序》均作《弃稷》而不作《益稷》。据考，其内容均在马、郑、王本之《皋陶谟》篇中。（参本书《益稷》篇下笔者案语）孙《疏》及李振兴引此序文径作《弃稷》而不作《益稷》。此条亦证伪孔传本非王肃伪造。

**7** "启与有扈战于甘之野，作《甘誓》。"

郑、王均曰：有扈，与夏同姓。（《正义》引孔、马、郑、王与皇甫谧等）

伪孔传："夏启嗣禹立，伐有扈之罪。"《释文》："启，禹子，嗣禹为天子也。……有扈，国名，与夏同姓，马云姒姓之国，为无道者。案京兆鄠县即有扈之国也。甘，有扈郊地名，马云南郊地也。甘，水名，今在鄠县西。誓，马云军旅曰誓，会同曰诰。"

《正义》："夏王启之时，诸侯有扈氏叛，王命率众亲征之，有扈发兵拒启，启与战于甘地之野，将战，集将士而誓戒之，史叙其事，作《甘誓》。〇传'夏启'至'之罪'。〇正义曰：孟子称禹荐益于天，七年禹崩之后，益避启于箕山之阴，天下诸侯不归益而归启，曰吾君之子也，启遂即天子位。《史记·夏本纪》称启立，有扈氏不服，故伐之。盖由自尧舜受禅相承，启独见继父，以此不服。故云：夏启嗣禹立，伐有扈之罪。言继立者，见其由嗣立，故不服也。"①

李振兴案：马融云"姒姓之国"，郑康成曰"有扈，与夏同姓"。《汉书·地理志》："右扶风鄠，古国，有扈谷亭。扈，夏启所伐。"《说文》："鄠，右扶风县名。扈，夏后氏同姓所封。"《释文》云姒姓之国者，《周语》：帝嘉禹德，赐姓曰姒氏，曰有夏，谓能以嘉祉殷富生物也。注云：尧赐禹姓曰姒。姒犹祉也。《楚语》观射父曰：尧有丹朱，舜有商均，夏有观扈，周有管蔡。是观及有扈，皆夏同姓。

---

① 阮刻《十三经注疏》，页155下。

高诱注《吕氏春秋·先己篇》云:"有扈,夏同姓诸侯。"其地即今陕西鄠县。①

**应勇案**:此条序文见于伪孔传本《尚书正义·甘誓》篇首。孙《疏》则将之置于卷末合编之《书序》部分。马、郑、王关于此条序文之解并同,马融之解较详。

**8 关于"商"之名号之由来。**

郑康成云:"契始封商,遂以商为天下之号。商国在今太华之阳。"

王肃云:契孙相土居商丘,故汤取商为号。(《春秋》襄九年《正义》。《汤誓·正义》引无"契孙"及"故"字。)

伪孔传:"契始封商,汤遂以为天下号。汤称王,则比桀于一夫。"

《正义》:"○传'契始'至'一夫'。○以汤于此称王,故本其号。商之意,契始封商,汤遂以商为天下之号。郑玄之说亦然。惟王肃云:相土居商丘,汤取商为号。若取商丘为号,何以不名商丘而单名商也?若八迁国名商不改,则此商犹是契商,非相土之商也。若八迁,迁即改名,则相土至汤,改名多矣。相土既非始祖,又非受命,何故用其所居之地以为天下号名?成汤之意,復何取乎?知其必不然也。汤取契封商,以商为天下之号,周不取后稷封邰为天下之号者,契后八迁,商名不改,成汤以商受命,故宜以商为号,后稷之后,随迁易名,公刘为豳,大王为周,文王以周受命,故当以周为号。二代不同,理则然矣。《泰誓》云'独夫受',此汤称为王,则比桀于一夫,桀既同于一夫,故汤可称王矣。是言汤于伐桀之时始称王也。……郑玄以文王生称王亦谬也。"②

---

① 李振兴《王肃之经学》,页201。
② 阮刻《十三经注疏》,页160中。参黄怀信整理本《尚书正义》,页286。

李振兴案：郑康成云："契始封商，遂以商为天下之号。商国在今太华之阳。"(《正义》)《殷本纪》云："殷契佐禹治水有功，封于商，赐姓子氏。"此为郑氏之所据。又《史记·正义》引《括地志》云："商州东八十里商洛县，本商邑，古之商国，帝喾之子离所封也。"是契始封之地乃在今陕西商县，正处太华山之阳。郑氏所言甚确。然而《左传》襄九年《疏》引服虔之言云："相土居商丘，故汤以为天下号。"此说与郑异，亦王氏之所本。孙《疏》云："案《春秋左氏》襄九年传：士弱曰：陶唐氏之火正阏伯所居，非契所封之商。《殷本纪》云：自契至成汤八迁，盖自相土迁居于此，此商丘在今河南归德府，为县名。《左传》疏引释例：宋商、商丘，二名一地，梁国睢阳县也，或以为漳水之南，故殷虚商丘，非也。据此，则与郑所称商国，在今太华之阳者，相去甚远。服说失之。"襄九年《疏》又云："如郑玄意，契居上洛之商，至相土而迁于宋之商，及汤有天下，远取契所封商，以为一代大号。"此说何其明确也。王氏据服虔为说，失之。①

　　**应勇案**：此条郑、王异解内容见于伪孔本《尚书·汤誓》开篇经文下《正义》所引，皮锡瑞《今文尚书考证》则将相关问题的解说置于序文"自契至于成汤八迁，汤始居亳，从先王居，作《帝告》、《釐沃》"一句下（伪孔本将此句序文置于《胤征》篇后）。关于夏、商、周三代国号名称之由来，在经学家看来，自是相当重要的问题。孔颖达《正义》之解乃传统经学家路径，李振兴之解乃现代人考史之路径。孔颖达《正义》全力支持郑氏之说，主要在郑氏之前半句，即商之为商，自始祖契已确定，乃是契之商，是太华之阳之商，非因其孙迁其商丘才称商。当然，契所封商之具体地理位置，本不是孔颖达《正义》所考量的重点。王肃则认为商之为商，取名是因为相土迁商丘而得名，那么这个商，其来由要比郑说短暂得

---

① 李振兴《王肃之经学》，页202。

多。此其为郑、王不同之关键。由此条《正义》所引亦可见,相传郑玄本亦曾注《左氏》,快要完成时,"与服子慎遇宿客舍,先未相识,服在外车上,与人说己注《传》意,玄听之良久,多与己同。玄就车与语曰:吾久欲注,尚未了,听君向言,多与吾同,今当尽以所注与君,遂为服氏注。"①后人因此有将《左氏》服氏注语等同于郑氏语,不可信也,关于"商"之名号之由来,郑与服虔就有完全不一样的意见。皮锡瑞考曰:"……亳非一地。《殷本纪》曰:契封于商。《集解》郑玄曰:商国在太华之阳。皇甫谧曰:今上洛商是也。《六国表》:汤起于亳。徐广曰:京兆杜陵有亳亭,是汤所起之亳,在西方,即契所封之商。《商颂》称契为元王,故曰从先王居。汤起亳得天下,其后遂以亳为大名,故得天下之后,迁都偃师,偃师与景亳皆称亳,盤庚迁殷亦称亳,殷纣都朝歌,而《国语》曰:纣踣于亳。周时犹有三亳之称。是商时以亳为大名,犹周起于京,遂以京为大名,而丰镐、洛皆称京也。契始封商,汤又起于商州之亳,故国号曰商,必非以相土之商邱得名。……"②皮锡瑞解此已理性、全面得多。郑玄平衡群经异说时曾左右采获,使各家异说得以融通,在"商"之名号由来的问题上,却只知其一,不知其二。王肃有意与郑立异,也是只知其一,不知其二。

**9** "殷既错天命,微子作诰父师、少师。《微子》。微子若曰:父师少师……"

"郑玄以为微与箕俱在圻内。"

"王肃云:微,国名;子,爵;入为王卿士。""肃意盖以微为圻外"。

伪孔传:"错,乱也。"《释文》:"错,……马云废也。"伪孔传:

---

① 参《世说新语·文学门》;王利器《郑康成年谱·著述》,齐鲁书社1983;拙著《郑玄通学及郑王之争研究》,页30。
② 皮锡瑞《今文尚书考证》卷三十。

"告二师而去纣。"

《正义》:"殷纣既暴虐无道,错乱天命,其兄微子知纣必亡,以作言诰告父师箕子、少师比干,史叙其事而作此篇也。名曰《微子》而不言'作《微子》'者,已言微子作诰,以可知而省文也。〇传'错,乱也。'〇正义曰:交错是浑乱之义,故为乱也。不指言纣恶而言错乱天命者,天生蒸民,立君以牧之,为君而无君道,是错乱天命。为恶之大,故举此以见恶之极耳。"

伪孔传:"微,圻内国名。子,爵。为纣卿士。去无道。"

《正义》:"微国在圻内,先儒相传为然。郑玄以为微与箕俱在圻内。孔虽不言箕,亦当在圻内也。王肃云:微,国名;子,爵;入为王卿士。肃意盖以微为圻外,故言'入'也。微子名启,《世家》作开,避汉景帝讳也。启与其弟仲衍皆是纣之同母庶兄,《史记》称微仲衍。衍亦称'微'者,微子封微,以微为氏,故弟亦称微,犹如春秋之世,虞公之弟称虞叔,祭公之弟称祭叔,微子若非大臣,则无假忧纣,亦不必须去,以此知其为卿士也。传云'去无道'者,以去见其为卿士也……"①

李振兴案:王氏云……(见上引——笔者注)是也。而云"入为王卿士",是圻外之国,故言入也。郑康成云:"微与箕,俱在圻内"。箕子,纣之诸父。微子与纣同母,当生微子,母犹未正,及生纣时,已得正为妻也。故微子大而庶,纣小而嫡也。《吕氏春秋·仲冬纪·当务篇》云:"纣之同母三人,其长曰微子启,其次曰仲衍,其次曰受德。受德乃纣也,甚少矣。纣母之生微子启与仲衍也,尚为妾,已而为妻,而生纣。"孙《疏》云:"说在史迁之前,当有古书所本也。"《礼记·王制·疏》引《郑志》云:"张逸问:殷爵三等,公、侯、伯,《尚书》有微子、箕子何? 答曰:微子、箕子畿内采地之爵,非畿外治民之君,故云子。"《论语集解》马曰:"微、箕,二国

---

① 阮刻《十三经注疏》,页177中。

名;子,爵也。"①

**应勇案：**此条经文见于伪孔传本《尚书正义·微子》篇首。郑、王之异主要在：郑以微子在圻内，王肃以微子在圻外。伪孔传及《正义》用郑说而不用王说。"微"之具体位置，至今仍无法考证。②

**10**　"惟十有一年，武王伐殷，一月戊午，师渡孟津，作《泰誓》三篇。……"

郑玄云："武王誓众以伐纣之辞"。③

王肃云：《大誓》，武王以大道誓众。

伪孔传："周自虞、芮质厥成，诸侯并附，以为受命之年，至九年而文王卒，武王三年服毕，观兵孟津，以卜诸侯伐纣之心，诸侯佥同，乃退以示弱。十三年正月二十八日，更与诸侯期而共伐纣。渡津乃作。大会以誓众。"

《正义》："惟文王受命十有一年，武王服丧既毕，举兵伐殷，以卜诸侯伐纣之心，虽诸侯佥同，乃退以示弱。至十三年纣恶既盈，乃复往伐之，其年一月戊午之日，师渡孟津，王誓以戒众，史叙其事，作《泰誓》三篇。〇传'周自'至'示弱'。〇《武成》篇云：我文考文王诞膺天命，以抚方夏，惟九年大统未集。则文王以九年而卒也。《无逸》称文王享国五十年，则嗣位至卒，非徒九年而已。知此十一年者，文王改称元年至九年而卒，至此年为十一年也。《诗》云：虞芮质厥成。《毛传》称天下闻虞、芮之讼息，归周者四十余国。故知'周自虞、芮质厥成，诸侯并附，以为受命之年，至九年

---

① 李振兴《王肃之经学》，页209。李氏原引《吕氏春秋·仲冬纪·当务篇》文字为"纣之同母弟三人……"，"弟"字衍，《吕氏春秋》原文无"弟"字。参《吕氏春秋》，[汉]高诱注，[清]毕沅校，十大古典哲学名著丛书，上海古籍出版社1996。
② 参刘起釪《甲骨学推进尚书研究》，见氏著《尚书研究要论》。
③ 参杨天宇《礼记译注》，页885。

而文王卒'。至此十一年,武王居父之丧三年服毕也。案《周书》云:文王受命九年,惟暮春在镐……武王服丧至十一年三月大祥,至四月观兵,故今文《泰誓》亦云四月观兵也。知此十一年非武王即位之年者,《大戴礼》云:文王十五而生武王。则武王少文王十四岁也。《礼记·文王世子》云:文王九十七而终,武王九十三而终。计其终年,文王崩时,武王已八十三矣。八十四即位,至九十三而崩,适满十年,不得以十三年伐纣。知此十一年者,据文王受命而数之。必继文王年者,为其卒父业故也。纬候之书言受命者,谓有黄龙、玄龟、白鱼、赤雀负图衔书以命人主。其言起于汉哀、平之世,经典无文焉。孔时未有此说。《咸有一德》传云:所征无敌,谓之受天命。此传云:'诸侯并附,以为受命之年'。是孔解受命,皆以人事为言,无瑞应也。《史记》亦以断虞、芮之讼为受命元年。但彼以文王受命七年而崩,不得与孔同耳。三年之丧,二十五月而毕,故九年文王卒,至此一年服毕。此经武王追陈前事云:肆予小子,发以尔友邦冢君,观政于商。是十一年伐殷者,止为观兵孟津以卜诸侯伐殷之心。言'于商',知亦至孟津也。○传'十三年正月'至'伐纣'。○正义曰:以一月戊午乃是作誓月日。经言十三年春大会于孟津,又云戊午次于河朔,知此一月戊午是十三年正月戊午日,非是十一年正月也。序不别言十三年,而以'一月'接'十一年'下者,序以观兵至而即还,略而不言月日,誓则经有年有春,故略而不言春,止言一月,使其互相足也。戊午是二十八日,以历推而知之,据经亦有其验。《汉书·律历志》载旧说云:死魄,朔也;生魄,望也。《武成》篇说此伐纣之事云:惟一月壬辰旁死魄。则壬辰近朔而非朔,是为月二日也。二日壬辰,则此月辛卯朔矣。以次数之,知戊午是二十八日也。不言正月而言一月者,以《武成》经言一月,故此序同之。《武成》所以称一月者,《易·革卦·象》曰:汤武革命,顺乎天而应乎人。《象》曰:君子以治历明时。然则改正治历,必自武王始矣。武王以殷之十二月发行,正月四日杀纣,既入商郊,始改正朔,以殷之正月为周之二月,其初发时犹是殷之十二月,未为周之正月,改正在后,不可追名为正月,以其实是周之一月,故史以一月名之。顾氏以为古史质,或云正月,或云一月,不与《春秋》正月同,义或然也。《易纬》称文王受命改正朔,布王号于天下。郑玄依而用之,言文王生称王,已改正。然天无二日,民无二王,岂得殷纣尚在而称周王哉?若文王身自称王,已改正朔,则是功业成矣,武王何得云'大勋未集',欲卒父业也?《礼记·大传》云:牧之野,武王之大事也,既事而退,追王大王亶父、王季历、文王昌。是追为王。何以得为文王身称王已改正朔也?《春秋》'王正月'谓周正月也。《公羊传》曰:王者孰谓?谓文王。其意以正为文王所改。《公羊传》汉初俗儒之言,不足以取正也。《春秋》之王,自是当时之王,非改正之王。晋世有王愆期者,知其不可,注《公羊》以为《春秋》制,文王指孔子耳,非周昌也。《文王世子》称武王对文王云:西方有九国焉,君王其终抚诸。呼文王为王,是后人追为之辞。其言未必可信,亦非实也。○传'渡津乃作'。○孟者,河北地名,《春秋》所谓向盟是也,于孟地置津,谓之孟津。言师渡孟津乃作《泰誓》,知三篇皆渡津乃作也。然则中篇独言戊午次于河朔者,三篇皆河北乃作,分为三篇耳。上篇未次时作,故言十三年春。中篇既次乃作,故言戊午之日。下篇则明日乃作,言时厥明。各为首引,故文不同耳。《尚书》遭秦而亡,汉初不知篇数,武帝时有太常蓼侯、孔臧者,安国之从兄也,与安国书云:时人惟闻《尚书》二十八篇,取象二十八宿,谓为信然,不知其有百篇也。然则汉初惟有二十八篇,无《泰誓》矣。后得伪《泰誓》三篇,诸儒多疑之。马融《书序》曰:《泰誓》后得,案其文似若浅露,文云:八百诸侯不召自来,不期同时,不谋同辞,及火复于上,至于王屋,流为鵰至五,以谷俱来。举火神怪,得无在子所'不语'中乎?又《春秋》引《泰誓》曰:民之所欲,天必从之。《国语》引《泰誓》曰:'朕梦协朕卜,袭于休祥,戎商必克。'①《孟子》引《泰誓》曰:我武惟扬,侵于之疆,取彼凶残,我伐用张,于汤有光。孙卿引《泰誓》曰:独夫受。《礼记》引《泰誓》曰:'予克受,非予武,惟朕文考无罪,受克予,非朕文考有罪,惟予小子无良。'②今文《泰誓》皆无此语。吾见书传多矣,所引《泰誓》而不在《泰誓》者甚多,弗復悉记,略举五事以明之,亦可知矣。王肃亦云:《泰誓》近得,非其本经。马融惟言后得,不知何时得之。《汉书》娄敬说高祖云:武王伐纣,不期而会盟津之上者八百诸侯。伪《泰誓》有此文,不知其本出何书也。武帝时董仲舒对策云:《书》曰:白鱼入于王舟,有火入于王屋,流为鸟,周公曰:復哉復哉。今引其文,是武帝之时已得之矣。李颙集注《尚书》,于伪《泰誓》篇每引'孔安国曰'。计安国必不为彼伪《书》作传,不知颙何由为此言。梁王兼而存之,言本有两《泰誓》,古文《泰誓》伐纣时事,圣人取为《尚书》,今文《泰誓》观兵时事,别录之以为《周书》。此非辞也。彼伪《书》三篇,上篇观兵时事,中、下二篇亦伐纣时事,非尽观兵时事也。且观兵示弱即退,復何誓之有?设有其誓,不得同以《泰誓》为篇名也。○传'大会以誓众'。○经云'大会于孟津',知名曰《泰誓》者,其大会以示众也。王肃云:武王以大道誓众。肃解彼伪文,故说谬耳。《汤誓》指汤为名,此不言《武誓》而别立名者,以武誓非一,故史推义作名《泰誓》,见大会也。《牧誓》举战地时,史意也。顾氏以为泰者,大之极也,犹如天子诸侯之子曰太子,天子之卿曰太宰,此会中之大,故称《泰誓》也。"③

李振兴案:大,今本作泰。伪孔传云:"大会以誓众。"《正义》

---

① 参《国语·周语下》,上海师范大学古籍整理研究所校点本,上海古籍出版社1998。
② 今本《礼记·坊记》引此段《大誓》文字日:"予克纣,非予武,惟朕文考无罪;纣克予,非朕文考有罪,惟予小子无良。"参杨天宇《礼记译注》。
③ 阮刻《十三经注疏》,页179下—180上。参黄怀信整理本《尚书正义》,页397—400。

曰:"经云大会于孟津。知名曰《泰誓》者,其大会以示众也。王肃云:……(见上引——笔者注)肃解彼伪文,故说谬耳。"马融曰:"《泰誓》后得,案其文似若浅露。"又云:"八百诸侯不召自来,不期同时,不谋同辞,及火复于上,至于王屋,流为鸟至五,以谷俱来。举火神怪,得无在子所'不语'中乎?"又《春秋》引《泰誓》曰:"民之所欲,天必从之。《国语》引《泰誓》曰:'朕梦协朕卜,袭于休祥,戎商必克。'《孟子》引《泰誓》曰:我武惟扬,侵于之疆,取彼凶残,我伐用张,于汤有光。孙卿引《泰誓》曰:独夫受。《礼记》引《泰誓》曰:'予克受,非予武,惟朕文考无罪,受克予,非朕文考有罪,惟予小子无良。'"又云:"今文《泰誓》皆无此语。吾见书传多矣,所引《泰誓》,而不在《泰誓》者甚多,弗復悉记,略举五事以明之,亦可知矣。"王肃亦云:《泰誓》近得,非其本经。"屈万里先生曰:"《泰誓》已亡,汉时河内女子所献之《泰誓》亦亡。伪孔本《泰誓》三篇皆伪作。"是也。①

  **应勇案**:此条《尚书》序文见于伪孔本《尚书正义·泰誓上》篇首。孙《疏》所列同上,见于卷末合编之《书序》部分。李振兴《王肃之经学》亦如之。② 此条小序意在说明《泰誓》一篇之来历,对此,郑、王之解本无不同,均以为武王伐纣时誓众之辞,只是郑为一般性解释,王则更强调武王誓众时之合法性,所谓"以大道誓众",具体内容即《史记·周本纪》所述:"……十一年十二月戊午,师毕渡盟津,诸侯咸会……武王乃作《太誓》告于众庶:今殷王纣乃用其妇人之言,自绝于天,毁坏其三正,离逖其王父母弟,乃断弃其先祖之乐,乃为淫声,用变乱正声,怡说妇人,故今予发维共行天罚,勉哉!……"。"锡瑞案:……古文《书序》云'一月戊午',《史记》云'十二月戊午'者,殷之十二月,周之一月。古文《书序》

---

① 李振兴《王肃之经学》,页270—271。原引《礼记》所引《泰誓》一段文字,二"朕"字均作"脱",误。兹重录时订正之。
② 见阮刻《十三经注疏》,页179;孙《疏》,页586;李振兴《王肃之经学》,页270。

据周正言,《史记》用今文说,仍据殷正。其义非有异也。……"①关于《尚书·泰誓》篇之来历及其真伪,《正义》作者已不能言其详,但所引文字对于考订相关问题至关重要,故详录于次以备参。

### 11 "三监"究竟为谁?

郑以"三监"为管、蔡、霍。王以"三监"为管、蔡与武庚。

**应勇案:**《大诰》小序曰:"武王崩,三监及淮夷叛,周公相成王,将黜殷,作《大诰》。"伪孔传以为"三监"指"管、蔡、商",即《汉书·地理志》所谓:"殷畿内为三国,邶、鄘、卫是也。邶,封武庚;鄘,管叔尹之;卫,蔡叔尹之;以监殷民。"据《毛诗正义》,"王肃、服虔皆依《志》为说",同伪孔,是伪孔用王肃说也。郑则不然,以"三监"为管、蔡、霍。蔡《传》从郑说。康成说见于《毛诗·邶鄘卫谱》。《逸周书·作雒解》:"武王克殷,乃立王子禄父,俾守商祀。建管叔于东,建蔡叔、霍叔于殷,俾监殷臣。"《帝王世纪》:"自殷都以东为卫,管叔监之;殷都以西为鄘,蔡叔监之;殷都以北为邶,霍叔监之。"均与康成说合。薛季宣《书古文训》、黄度《书说》均从康成说。②孙《疏》亦以郑说为是,伪孔说为非,即以王肃说为非也。(孙《疏》,页598)此条李振兴《王肃之经学》所列郑、王《尚书》义解无,兹据《困学纪闻》补。

### 12 "成王既伐管叔、蔡叔,以殷余民封康叔,作《康诰》、《酒诰》、《梓材》。"

郑以为"康"为谥号。"以《史记·世家》云'生康伯'故也。"郑曰:"康为号谥,初封于卫,至子孙而并邶、鄘也。"(孙《疏》,页601)

王以为"康"为圻内国名(与马同)。王注曰:"封康叔:康,国

---

① 皮锡瑞《今文尚书考证》卷三十。
② 黄怀信整理本《尚书正义》,页504。王应麟《困学纪闻》,页231—232。

名,在千里之畿内。既灭管、蔡,更封为卫侯。"(余氏辑。《诗·邶鄘卫谱·正义》)①

伪孔传:"灭三监,以三监之民,国康叔为卫侯。周公惩其数叛,故使贤母弟主之。命康叔之诰。康,圻内国名。叔,封字。"

《正义》:"既伐叛人三监之管叔、蔡叔等,以殷余民国康叔为卫侯,周公以王命戒之作《康诰》、《酒诰》、《梓材》三篇之书也。其《酒诰》、《梓材》亦戒康叔,但因事而分之。然《康诰》戒以德刑,又以化纣嗜酒,故次以《酒诰》,卒若梓人之治材为器、为善政以结之。〇传'以三'至'主之'。〇正义曰:此《序》亦与上相顾,为首引。初言三监叛,又言黜殷命,此云既伐管叔、蔡叔,言以殷余民,圻内之余民,故云'以三监之民,国康叔为卫侯'。然古字邦、封同,故汉有上邦、下邦县,邦字如封字,此亦云'邦康叔',若《分器》序云'邦诸侯',故云'国康叔',并以三监之地封之者。'周公惩其数叛,故使贤母弟主之。'此始一叛而云数叛者,以六州之众悉来归周,殷之顽民叛逆天命,至今又叛,据周言之,故云数叛,故《多方》云:'尔乃不大宅天命,尔乃屑播天命。'以不从天命,故云叛也。古者大国不过百里。《周礼》上公五百里,侯四百里。孟轲有所不信。《费誓》注云:伯禽率七百里之内附庸诸侯。则鲁犹非七百里之封。而康叔封千里者,康叔时为方伯,殷之圻内诸侯并属之,故得揔言三监,且其实地不方平,计亦不能大于鲁也。故《左传》云:宋、卫,吾匹也。又曰:寡君未尝后卫君。且言千里,亦大率言之耳。何者?邢在襄国,河内既东圻之限,故以赐诸侯。西山即有黎潞,河济之西以曹地,约有千里也。以此郑云初封于卫,至子孙而并邶、鄘也。其《地理志》:邶、鄘之民皆迁分卫民于邶、鄘,故异国而同风,所以《诗》分为三。孔与同否,未明也。既三年灭三监,七年始封康叔,则于其

---

① 李振兴《王肃之经学》,页271。

间更遣人镇守,自不知名号耳。○传'命康叔'至'封字'。○正义曰:以定四年《左传》祝佗云'命以《康诰》',故以为命康叔之诰。知'康,圻内国名'者,以管、蔡、郕、霍皆国名,则康亦国名,而在圻内。马、王亦然。惟郑玄以为康为谥号,以《史记·世家》云'生康伯'故也。则孔以康伯为号谥,而康叔之康,犹为国而号谥不见耳。"①

李振兴案:康,圻内国名之说是也。《史记·卫康叔世家·索隐》云:"康,畿内国名。宋忠曰:康叔从康徙封卫。畿内之康,不知所在。"《卫世家》又云:"康叔卒,子康伯代立。"康叔子称康伯,则康为国名甚明。周公伐三监,乱平后,又恐其叛也,故命康叔于卫,作《康诰》。康叔名封,周武王同母少弟(见《史记·卫康叔世家》),成王之叔也。康叔先封于康,故曰康叔,康为地名,是以马、王皆曰:"康,圻内国名。"然而郑氏康成乃以康为谥号,其说非也。知者,以武王之弟,见于《史记·管蔡世家》者,若管叔鲜、周公旦、蔡叔度、曹叔振铎、成叔武、霍叔处、冉季载,俱以封地为名,则康叔之封,亦当以地为名,应无可疑也。后三监乱平,康叔又徙封于卫,卫在殷墟,是以《史记·卫康叔世家》云:"封康叔为卫君,居河、淇间,故商墟。"《集解》引宋忠之言曰:"康叔从康徙封卫,卫即殷墟定昌之地。"由以上所言,知王氏据《史记》立言也。云在"千里之畿内"者,《诗·商颂·玄鸟篇》云:"邦畿千里,惟民所止。"卫既为殷地,是以王氏云"在千里之畿内"也。②马融曰:"康,圻内国。"(《正义》)郑康成曰:"康为号谥,初封于卫,至子孙,而并因其国也。"孙《疏》云:"康为号谥者,《周书·谥法解》云:安乐抚民曰康。"以史实衡之,郑说非是。王承马说是也。所谓《康诰》者,乃周公假成王之命,诰康叔之辞也。康叔

---

① 阮刻《十三经注疏》,页202下。
② 李振兴《王肃之经学》,页232。

名封,周武王同母少弟,(《史记·卫康叔世家》)成王之叔也。康叔先封于康,故曰康叔。康为地名。故马融云:"康,圻内国名。"郑氏乃以康为谥号,其说非是。知其然者,……且谥法非周初所有。《逸周书·谥法解》言谥法创于周公,其说并无明据,仅为臆说之言耳。是以以康为谥号之说,不无可疑也。《正义》云:"以定四年《左传》祝佗云:命以《康诰》。故以为命康叔之诰。知康,圻内国名者,以管、蔡、霍皆国名,则康亦国名,而在圻内。马、王亦然。"又云:"而康叔封千里者,康叔时为方伯,殷之圻内诸侯并属之,故得总言三监,且其实地不方,平计亦不能大于鲁也。故《左传》曰:宋、卫,吾匹也。又曰:寡君未尝后卫君。且言千里,亦大率言之耳。何者?邢在襄国,河内即东圻之限,故以赐诸侯。西山即有黎潞,河济之西以曹约有千里也。以此郑云:初封于卫,至子孙而并邶、墉也。"孙《疏》云:"邶、墉、卫者,商纣畿内方千里之地,武王伐纣,以其京师封纣子武庚为殷后,乃三分其地,置三监,自纣城而北,谓之邶,南谓之墉,东谓之卫。成王既黜殷命,杀武庚,(案:实则周公东征杀武庚、管叔,放蔡叔。)复伐三监,更于此三国建诸侯,以殷余民封康叔于卫,使为之长,后世子孙稍并彼二国,混而名之是也。"是言甚申王义。《康诰》、《酒诰》、《梓材》三篇今存。①

**应勇案**:此条《尚书》序文见于伪孔传本《尚书正义·康诰》篇首,孙《疏》本同上,见于卷尾合编之《书序》部分,李振兴《王肃之经学》亦如之。② 此条下郑、王义解可对应比勘者为"康"字之解,郑以为谥号,王以为国名。伪孔传与王肃同而与郑异。据皮锡瑞考,王说同马融说,而皮氏承江声说,以郑说为是,"马、王、伪孔皆非也……谯周盖亦以康叔为谥号也……"③

---

① 李振兴《王肃之经学》,页271—272。
② 见阮刻《十三经注疏》,页202;孙《疏》,页601;李振兴《王肃之经学》,页271。
③ 皮锡瑞《今文尚书考证》卷三十。

**13 关于《顾命》与《康王之诰》的分合及内容次第。**

马、郑、王本相同,均分而为二篇,具体方法为:自"高祖寡命"以上纳入《顾命》,"王若曰"以下属《康王之诰》,前后二篇内容相接。

**李振兴案**:伏生本以《顾命》及《康王之诰》为二篇,欧阳及大小夏侯本,则合而为一篇。(《尚书释义》说)马融、郑康成、王肃本亦分为二篇。(见《正义》)伪孔本则自"诸侯出庙门俟"以上为《顾命》,"王出在应门之内"以下为《康王之诰》。其篇章之分,与王氏异。又《正义》云:"诸侯告王,王报诰诸侯。(报,答也。)而使告、报异篇,失其义也。"审诸经文,《正义》之言是也。①

**应勇案**:据《正义》所述,马、郑、王本分篇次第相同,即自"高祖寡命"以上纳入《顾命》,"王若曰"以下属《康王之诰》,前后二篇内容相接。《正义》以为马、郑、王本之分篇方法不尽合理,以为不及伪孔本更合理。伪孔本自"王出在应门之内"以下为《康王之诰》,《正义》认为这样才使告、报合而为一,更合情理。② 今见《康王之诰》篇前有小序曰:"康王既尸天子,遂诰诸侯,作《康王之诰》。"伪孔传:"尸,主也。主天子之正号。"《释文》:"马本此句上更有'成王崩'三字。"伪孔传:"既受《顾命》,群臣进戒,遂报诰之。因事曰遂。"《正义》:"康王既受《顾命》,主天子之位,群臣进戒于王,王遂报诰诸侯,史叙其事,作《康王之诰》。伏生以此篇合于《顾命》共为一篇,后人知其不可,分而为二。马、郑、王本此篇自'高祖寡命'已上内于《顾命》之篇,'王若曰'已下始为《康王之诰》。诸侯告王,王报诰诸侯,而使告、报异篇,失其义也。"③李振兴引《尚书释义》说,以为伏生本以《顾命》及《康王之诰》分而为二篇,至欧阳及大小夏侯氏才合而为一。此同皮锡瑞说。"锡瑞谨

---

① 李振兴《王肃之经学》,页259—260。
② 参陈梦家《尚书通论(外二种)》,页135。
③ 阮刻《十三经注疏》,页243下。参黄怀信整理本《尚书正义》,页744。

案:伏生传经二十九篇,实当并数《康王之诰》。疑今文博士增入《大誓》,乃合《顾命》、《康王之诰》为一篇耳。《史记》分《顾命》、《康诰》之序为二,即本伏生之书说。……"段玉裁则以为伏生本不分矣。① 关键是,马、郑、王本之分法与伏生本之分法同乎？不同乎？颇值得探究。

---

① 皮锡瑞《今文尚书考证》卷三十。

# 主要参考文献

《史记》,中华书局分册点校本。
《汉书》,中华书局分册点校本。
《三国志》,中华书局分册点校本。
《十三经注疏》,中华书局影印本,1980。
《尚书正义》,[汉]孔安国传,[唐]孔颖达正义,黄怀信整理,十三经注疏丛书本,上海古籍出版社2007。
《尚书详解》,[宋]夏僎撰,文渊阁四库全书本经部书类。
《九经古义》,[清]惠栋撰,文渊阁四库全书本经部五经总义类。
《周礼正义》,[清]孙诒让撰,十三经清人注疏本,中华书局1987。
《周礼注疏》(简体字标点本),北京大学出版社1999。
《白虎通疏证》,[清]陈立著,新编诸子集成本,中华书局1994。
《论衡校释》,[汉]王充撰,黄晖校释,新编诸子集成本,中华书局1990。
《老子 庄子》(合编本),[魏]王弼注,[晋]郭象注,[唐]陆德明音义,章行标校,十大古典哲学名著丛书,上海古籍出版社1995。
《经典释文》,[唐]陆德明撰,上海古籍出版社据北京图书馆藏宋刻本影印,1984。
《六艺论疏证》,[清]皮锡瑞撰,光绪己亥(1899)刊本,收入《续修四库全书》经部群经总义类。
《今文尚书考证》,[清]皮锡瑞撰,卢豫章、夏敬观等校,光绪二十三年(1897)

师伏堂刊本,收入《续修四库全书》经部书类。
《孟子译注》,杨伯峻著,中华书局1960。
《春秋左传注》,杨伯峻著,中华书局1981。
《礼记译注》,杨天宇著,上海古籍出版社1997。
《礼记正义》,[汉]郑玄注,[唐]孔颖达正义,吕友仁整理,十三经注疏丛书本,上海古籍出版社2008。
《说文解字》,[汉]许慎撰,中华书局1963。
《吕氏春秋》,[汉]高诱注,[清]毕沅校,十大古典哲学名著丛书,上海古籍出版社1996。
《书经集传》,[南宋]蔡沈著,上海古籍出版社1987年据世界书局影印本。
《尚书今古文注疏》,[清]孙星衍撰,十三经清人注疏本,中华书局1986。
《国语》,上海师范大学古籍整理研究所校点本,上海古籍出版社1998。
《尚书通考》,[元]黄镇成撰,文渊阁四库全书本经部书类(62)。
《尚书考异》,[明]梅鷟撰,文渊阁四库全书本经部书类(64)。
《戴震文集》,中国历史文集丛刊,赵玉新点校,中华书局1980。
《经韵楼集(附补编、年谱)》,[清]段玉裁撰,钟敬华校点,上海古籍出版社2008。
《古文尚书撰异》,[清]段玉裁撰,乾隆、道光间段氏刻经韵楼丛书本,收入《续修四库全书》经部书类(46)。
《尚书后案》,[清]王鸣盛撰,乾隆45年礼堂刻本,收入《续修四库全书》经部书类(45)。
《尚书集注音疏》,[清]江声撰,乾隆58年近市居刻本,收入《续修四库全书》经部书类(44)。
《揅经室集》,[清]阮元撰,中国历史文集丛刊,中华书局1993。
《越缦堂读书记》,[清]李慈铭著,新世纪万有文库本,由云龙辑,虞云国整理,辽宁教育出版社2001。
《清经解、清经解续编》(合刊本),[清]阮元、王先谦编,凤凰出版社(原江苏古籍出版社)2005。
《困学纪闻》,[宋]王应麟撰,[清]翁元圻等注,栾保群、田松青、吕宗力校点,上海古籍出版社2008。
《问字堂集 岱南阁集》(合编本),[清]孙星衍撰,中华书局1996。

《傅斯年全集》,欧阳哲生主编,湖南教育出版社2003。
《中国史学史》,张孟伦著,甘肃人民出版社1983。
《今古文经学新论》,王葆玹著,中国社会科学出版社2004。

《尚书通论(外二种)》,陈梦家著,二十世纪中国史学名著丛书,河北教育出版社2000。
《王肃之经学》,李振兴著,(台湾)嘉新水泥公司文化基金会出版,1980。
《郑玄通学及郑王之争研究》,史应勇著,巴蜀书社2007。
《商周文化比较研究》,王晖著,人民出版社2000。
《国史大纲》,钱穆撰,商务印书馆1996年修订第3版。
《夏商史话》,孟世凯著,中国青年出版社1986。
《西周史》,杨宽著,上海人民出版社1999。
《尚书史话》,马雍著,中华书局1982。
《尚书研究要论》,刘起釪著,齐鲁书社2007。
《尚书校释译论》,顾颉刚、刘起釪著,中华书局2005。
《古代文献的考证与诠释——海峡两岸古典文献学国际学术会议论文集》,李浩、贾三强主编,上海古籍出版社2006。
《晚出古文尚书公案与清代学术》,吴通福著,文史哲研究丛书,上海古籍出版社2007。
《宋代疑经研究》,杨新勋著,南京师范大学古典文献研究丛刊,中华书局2007。
《周秦尚书学研究》,马士远著,中华文史新刊,中华书局2008。


《尚书正义对郑玄、王肃之取舍研究》,林国钟著,台湾中正大学中国文学研究所硕士学位论文,指导教授:苏雅州,1994。
《开创与影响:王肃礼学义理及中古传播历程》,刘柏宏著,台湾政治大学中国文学系硕士学位论文,指导教师:杨晋龙、林启屏,2007。
《郑玄六天说之研究》,张寅成/刊《史原》(台湾)第15期。
《郑玄、王肃天神观探讨》,甘怀真/刊《史原》(台湾)第15期。
《"较好地"还是"不同地"理解:从诠释学论争看经典注疏中的诠释定位与取向问题》,张鼎国/刊《中国经典诠释传统(一):通论篇》,儒学与东亚文明研究丛书,黄俊杰主编,华东师范大学出版社2008。

# 跋

拙著《郑玄通学及郑王之争研究》出版后，笔者一直对其中残存郑、王注初步比勘部分之粗疏耿耿于怀，想再将这部分进行细化分析，但又时常有些懈怠，甚至心情有些灰暗，现有的工作环境和评价制度常常沉重地打击着我，自己又不愿意顺着"潮流"走。忽然有一天，我收到了沪上经学研究名家虞万里先生寄来的台湾李振兴所著《王肃之经学》一书的复制件，这使一直青灯古卷、孤独无友的我，一下子似乎又获得了莫大的鼓励，于是用二年多的时间，在原有基础上，完成了《尚书》部分的残存郑、王义解的重新清理与比勘分析。虞先生是在阅过我的上述小书后亲自将此书复制寄来的，其意在让我认真阅读此书，深化我的研究。这使我感佩不已。在这个功利主义盛行的时代，虞先生对一个不能为其带来任何好处的无名学人予以积极的支持与帮助，无疑可称高风亮节。

李振兴《王肃之经学》一书是此前于郑、王残存经义对勘最为完备的著作，因在大陆不易得见，故笔者先前一直未能觅得，曾求助于台湾学界朋友亦未果。此次幸得此书,笔者据之弥补了原据马国翰辑本与袁钧辑本对勘郑、王《尚书》注之阙漏。需要说明的是,李振兴此书文字、标点、校勘较为粗疏,舛误较多,使用时不得不重新校订,此在本书《凡例》中已有所说明。

先前拙著《郑玄通学及郑王之争研究》书稿曾搁置很久,本不太想出版,一是觉得尚不太成熟,二是没有出版经费支持,后在朋友的鼓励下,硬着头皮,自己掏腰包刊出了,算是对自己前一段研究的一个交待。

本书的出版,则要特别感谢刘小枫先生、朱杰人先生,感谢沪上邱立波先生和京城的赵林先生,因为有他们的支持和帮助,才使我这本小书得以顺利出版而不再用我的工资以为出版经费。华东师范大学出版社六点分社在学术著作出版没有经济效益的前景下,支持我这本书,让我特别感动。

本书原打算也申请一点体制内的所谓科研项目,即我校"百部精品学术著作"项目,以作经费支持,但最终被某评审专家枪毙。这本来再正常不过,可是我想要说明的是,这位对经学并不在行的专家,竟说我书中引用的文献材料"肯定"是从电子版下载云云,这让我十分委屈。在我完成本书初稿时,新版的黄怀信标点本《尚书正义》(上海古籍出版社 2007 年 12 月版)尚未购得,手头仅有一套中华书局缩印本阮刻《十三经注疏》,字迹小到看十分钟眼睛就会痛,还要抄录后重新标点。我这部小书中引用的大半文献资料都是长时间吃力地对照着这套书,逐字逐句抄录出来的,怕出错,必然每字反复地看了又看,对了又对。时至今日,我还没见过《十三经注疏》的电子版,见都没见过,又谈何下载?!我衷心希望今后有关部门邀请专家评审别人的研究时,要请懂行的专业人士,这样,即使枪毙,也是"咎由自取",否则,我们可要憋屈死了!

最后我要特别感谢清华大学的彭林先生与上海社会科学院

的虞万里先生在百忙中为这本小书赐序,文字自然主要是对本人的鼓励。这些年,他们对我的研究予以了诸多支持,晚学不胜荣幸,这也常使我从事这个领域的研究动力倍增。

还想说明的是,本书主要的视角是将郑玄、王肃对于同一部经典歧异的诠释放在经典诠释学的视野下进行文献梳理与分析。经典诠释学所关注的主要是经学解释的取向、态度、方法论等,因此学术史本身的一些细节,本书自还有不少缺憾,这一点,虞万里先生已有很好的提醒,笔者自当悉心遵受,以为今后努力的方向。自21岁读硕士开始走上曲折的学术研究之路后,我时常会有这样一种体验:经过一段时间的苦心钻研,某时忽然似有所发明,甚至有点志得意满,然当进一步深入钻研,或与师长请教交流后,当初的志得意满每每会颜色顿消,因为会不断发现自己研究的缺憾与新的努力方向。看来,王国维所说的"蓦然回首,那人却在灯火阑珊处"的喜悦并不长久,而换一种视角看,这种喜悦又是经常出现的。每个学者大概都会浸润于这种不断出现的喜悦中。

本稿清样读毕之际,我突然接到通知,刘小枫先生主持的古典文明工作坊授予拙稿"天骅学术奖",我的意外和感动无以言表。

史应勇
2010年11月19日

图书在版编目(CIP)数据

《尚书》郑王比义发微/史应勇著. ——上海:
华东师范大学出版社,2011.6
(政治哲学文库)
ISBN 978-7-5617-8585-0

I.①尚… II.①史… III.①尚书—阐释学—研究
IV.①K221.04
中国版本图书馆 CIP 数据核字(2011)第 075154 号

华东师范大学出版社六点分社
企划人 倪为国

本书著作权、版式和装帧设计受世界版权公约和中华人民共和国著作权法保护

政治哲学文库
**《尚书》郑王比义发微**
史应勇 著

| | |
|---|---|
| 责任编辑 | 欧雪勤 |
| 封面设计 | 吴正亚 |
| 责任制作 | 肖梅兰 |
| 出版发行 | 华东师范大学出版社 |
| 社　　址 | 上海市中山北路 3663 号 邮编 200062 |
| 网　　址 | www.ecnupress.com.cn |
| 电　　总 | 021—60821666　行政传真　021—62572105 |
| 客服电话 | 021—62865537 |
| 门市(邮购)电话 | 021—62869887　地址　上海市中山北路 3663 号华东师范大学校内先锋路口 |
| 网　　店 | http://ecnup.taobao.com |
| 印 刷 者 | 上海景条印刷有限公司 |
| 开　　本 | 890×1240　1/32 |
| 插　　页 | 2 |
| 印　　张 | 11 |
| 字　　数 | 230 千字 |
| 版　　次 | 2011 年 6 月第 1 版 |
| 印　　次 | 2011 年 6 月第 1 次 |
| 书　　号 | ISBN 978-7-5617-8585-0/B・635 |
| 定　　价 | 35.00 元 |
| 出 版 人 | 朱杰人 |

(如发现本版图书有印订质量问题,请寄本社客服中心调换或电话 021-62865537 联系)